传记文学 | 书系

胡适口述自传

胡适 ◎ 口述　[美]唐德刚 ◎ 译注

传记文学 | 书系 编委会

主编
彭明哲　曾德明

编委
赖某深　龚　昊　蒋　浩
彭天仪　于向勇　秦　青

中国文史出版社

图书在版编目（CIP）数据

胡适口述自传 / 胡适口述；（美）唐德刚译注. --
北京：中国文史出版社，2020.7

ISBN 978-7-5205-2076-8

Ⅰ.①胡… Ⅱ.①胡… ②唐… Ⅲ.①胡适（1891-
1962）—自传 Ⅳ.①K825.4

中国版本图书馆CIP数据核字（2020）第103284号

责任编辑：秦千里

出　　版：中国文史出版社
社　　址：北京市海淀区西八里庄路 69 号院　邮编：100142
电　　话：010-81136606　81136602　81136603（发行部）
传　　真：010-81136655
印　　装：北京中科印刷有限公司
经　　销：全国新华书店
开　　本：889 毫米 ×1194 毫米　　1/16
印　　张：19
字　　数：243 千字
版　　次：2020 年 10 月北京第 1 版
印　　次：2020 年 10 月第 1 次印刷
定　　价：60.00 元

目录
contents

编译说明

唐德刚

一、本稿为根据美国哥伦比亚大学"中国口述历史学部"所公布的胡适口述回忆十六次正式录音的英文稿，和笔者所保存并经过胡氏手订的残稿，对照参考，综合译出。

二、本稿原定与胡氏的《四十自述》英文译本，合二而为一。故凡《四十自述》中已有的故事，本稿均未重复。

三、胡氏口述的英文稿，按当初计划，只是胡氏英语口述自传全稿的"前篇"或"卷上"；故按"全稿"层次分为"三篇""二十九节"。既然"后篇"或"卷下"始终未能做出，则上项划分已失其意义。故本稿乃按原有目次重分为十章。庶几本稿可单独印行，自成一书。

四、凡原稿语意有欠清晰的地方在译文须加些字句来表明的，译文上均加六角括号〔〕，以表示为原稿所无。

五、凡原文所征引的其他著作上的文字，如果过于简略，有使读者不易明了的地方，译文则将引文前后酌量加长，使语意更为明显。

六、由于海外参考资料的限制，如原稿中的引文或人名、物名一时无法用汉语"复原"的，则暂时"意译"或"音译"，以待将来补正。

七、引文出处，原稿皆未注明；或其他字句有欠明白的地方，译文中就酌量情形，加注解予以说明。

八、胡氏当年与笔者对各项问题的讨论，以及笔者访问胡氏时的问难与感想，均为正式录音记录所未收。笔者亦酌量情形于注释中略加按语，来予以补充。

九、本稿的翻译事实上是一种汉语"复原"的工作。胡氏当年用中英双语掺杂口述时，所说的语言虽未必全系"语体"，译文仍全部用"白话"来表达，以符合"胡适之体"的"文体"。

十、本稿译述仓促，而笔者当年与胡先生工作时成筐的笔记又十遗其九，以故本稿凡是需详细注释的地方，而笔者在纽约附近各图书馆又找不到所需参考资料的时候，就只好暂付阙如，他日再设法增补。疏漏的地方，还希望读者贤达的指教和原谅！

原载《传记文学》第三十三卷　第二期

写在书前的译后感（代序）

唐德刚

　　在动手翻译这本书之前，我曾遵刘绍唐先生之嘱，先写一篇"导言"或"序文"。谁知一写就阴错阳差，糊里糊涂地写了十余万言；结果自成一书，取名"胡适杂忆"，反要请周策纵、夏志清两先生来为我作序了。

　　在我写那篇"序"的期间，我对这本书的英文原稿已经有二十年未去碰它了。我想原稿既然是我以前一个字一个字整理出来的，纵是倒背我也可倒背若干，翻译之前来写篇序，也用不着先读原稿再动笔了。所以只有在《杂忆》脱稿之后，我才又把英文原稿细读一遍；距上一次的细读，是整整的二十个年头！

　　二十年前我对这篇稿子的看法，大致有三点：（一）它的内容根本没有什么新鲜的材料；（二）它反映出胡适晚年期的思想与他中少年期的思想简直没有什么出入——说胡适的思想前后一致也好，说胡适没有进步也好；（三）不过就写作的体裁来说，他这部书，倒不失为别开生面、自成一格的"学术性的自传"。

　　十八年过去了。两年前我写《胡适杂忆》时，印象中强调的还是这三点。

可是最近一年来，我对我以前的看法，渐次觉得有修正或补充的必要。这不是近一年来，"胡适"在中国历史上的地位发生了变化；也不是我自己对胡氏的估价发生了什么"今日"对"昨日"的挑战。只是胡适之是位"实用主义者"，一辈子看重"实用价值"；因而以这本书对一般读者的"实用价值"来说，那它在二十年前和二十年后，却发生了显著的变化。这倒是我所始料不及的！

笔者说这句话，也是近一年来，面对海外中国知识界的实际现象，有感而发：

最近一两年来，由于报章杂志上，对胡氏生前一些有趣的小问题——如学位问题、恋爱问题等的讨论，甚或辩论的关系，"胡适"往往又变成一些学术上和社交上谈话的题材。在这些场合里，我也在无意中发现，那些自港台来美的"知青"——包括很多我自己的学生——对"胡适"这个命题已十分陌生。他们之间好多都能写一手好的白话诗文；但是"胡适"与"白话诗""白话文"，究竟有多深的关系，他们就不知其详了。至于什么"实验主义""杜威""罗素"……什么"乾嘉学派""言字解""吾我篇""问题与主义"……那就更不必说了。总之那样活生生的一位"天下何人不识"的"我的朋友"，现在已渐次被历史的潮流淹没了——淹没得如此之速！

最糟的要算是最近才从大陆上出来的一些"知中"了。我们偶尔聊起天来，他们所知道的有关"胡适"的旧闻就更少了。其中有些极有成就的科技专才，竟然对"胡适"和"胡适之"是否是同一个人，也发生了疑问！

适之先生是笔者所熟识的、最看重身后之名的一位前辈。他老人家的"身后之名"消逝得这样快，该是他生前所未曾想到的罢。

最近笔者接到老朋友朱文长教授的来信。他说他在看《传记文学》连载的《胡适口述自传》时，是"先看德刚，后看胡适"。骤读此信，我会觉得是老朋友对我错爱了。其实全不是那么回事。因为像朱文长教授那样，当年在大陆上受大、中学教育，今日在台湾教书的"知老"，胡适这本小书上的哪一句话，他未看过——甚至听胡氏亲口说过——十遍八遍乃至更多遍呢！

俗语说："话说三遍如烂草！"读书亦何尝不然？纵是胡适著的书，读过、听过三五十遍，也会变成一堆"烂草"，朱教授也就不要去"先睹为快"了。至于我这位无名作家，不管我写的是怎样地"瞎扯淡"，但是总归是朱教授"尚未寓目"的闲文、闲书。他老人家如史席有暇，和娘子一起来翻翻"报屁股"，消遣消遣，那我的"瞎扯淡"，自然也就在"先看"之列了。余小子如不知轻重，把这句"朱子语录"当真，而自觉"老子文章赛过胡适"，那我岂不是一名天大的阿Q吗？

须知胡适之先生生前在中国享盛名，历四十年而不稍衰。因此他的一生，简直就是玻璃缸里的一条金鱼；它摇头摆尾、浮沉上下、一言一笑……在在都被千万只眼睛注视着。稍有一点关于"胡适"的小故事，在报章杂志上不是"头条"，也是"花边"。全国上下——尤其是茶余酒后——对他都有极浓厚的兴趣。

以前的娱乐场中有句俗话说："会看的看门道，不会看的看热闹。"因而就"看胡适"（Hu Shih Watching）这宗娱乐项目来说，它和"看梅兰芳"实在是大同小异的。会看的专家和艺人们，便看其"门道"；一般遣兴的观众和读者，则看其"热闹"；而大家争看的兴致则是一样的。笔者不敏，当年在大陆上，夹在千百万"知青"之中，争看这场"热闹"，也是自七八岁就开始的。我想和我平辈或长一辈的中国知识分子，那时也是人人如此的。试问我们这一辈以前在大陆上受大、中学教育的人，哪一位不能对"我的朋友"，品头论足一番呢？既然大家对胡适之都很熟悉，也各自有一套主观的看法，那么一旦"朋友"不要了，把老胡适拖出来咒骂一通，则人人皆可骂出一套来——骂得个痛快淋漓，骂得他狗血喷头。这就是五十年代里，大陆上举国批胡的全盘经纬。

六十年代之初，适之先生不慎因贪酒亡身而引起港台两岛皆哭的现象，也是同一个道理。他老夫子文坛祭酒，风云际会五十年；最后撒杯人寰，含笑而去，死亦何憾？但是他的死，却使我们的社会上顿时失去了一位老少咸钦、热热闹闹的大众发言人，则生者奚堪？所以大家就望电视而堕泪了。

如今二十年快过去了。在历史上说二十年原不算长。但是便在这短短的二十年内，胡适之先生却由一位嬉笑欢乐、妙语如珠的"我的朋友"，转变成和韩文公、朱文公、王文成公等挤在一起的木头牌位了。这爿后来居上的"胡文公神位"，究竟代表些什么呢？这问题的答案也就随着地球的旋转而愈来愈模糊了。

记得笔者在一九七〇年冬季访台时，蒙林语堂先生盛情召宴。我按时前往。在一家嘈杂的大酒店内，我问那位衣冠楚楚的总招待："林语堂先生请客的桌子在哪里？"他把两眼一瞪，大声反问我一句说："林语堂是哪家公司的？！"失笑之余，我心里也在想，工商业社会的变动多大啊！

"胡适之"虽然和"林语堂"一样，今后永远不能和"公司"竞争了，但是胡适终究是胡适。他是个中国文化史的"客观实在"。后世学人还会去继续研究他的。

再者，胡氏生前提倡了一辈子什么"民主""自由""实验哲学""不疑处有疑""不让人家牵着鼻子走"……成筐成篓的大道理。虽然这些都不是胡适之享有专利的发明，但是当这些概念还在"反动"和"毒素"的阶段时，大家都慷慨捐输，把它们一股脑都寄存于"胡适"名下，变成胡适之的私产，而胡适也当仁不让地据为己有。因而在胡氏含笑归天之后，这些概念也就和"胡适的幽灵"结下了不解缘。有朝一日，时移势异，毒草变成香花，胡适的幽灵借尸还魂，又成为后世青年仰慕的对象，亦未可知。

但是"胡适"这个名词，除掉它的模糊的"历史形象"（historical

image）之外，究竟还有多少其他的实际含义呢？"后世青年"既无金鱼可看；也无小道消息可听，要了解"胡适"，那就只有求之于"书"了。但是哪样的"书"才能有效地提供他们所渴望的知识呢？《胡适思想批判全集》？《胡适丛谈》？《胡适与国运》？《胡适文存》《文选》《论学近著》……老实说，这些巨著都会使"后世青年"愈看愈糊涂，愈看愈不知道"胡适"是怎么回事。他们所需要的实在只是一本简单明了、童叟无欺，而包罗胡适学识、思想、生活、家庭背景等各方面的小书。如果这个文化需要，由于时代转换而成为事实的话，那么胡先生这本小小的《口述自传》（也是他一辈子编撰的最后的一本"上卷书"），对青年读者的"实用价值"，也就会逐渐地上升了。因为它是一部最浅近的、最适合青年读者需要的，胡适自撰的"胡适入门"。

研究中国近代文史的专家们，抽空浏览一过，这本小书或许也可帮助他们，把他们概念中的"胡适"，整理得更有条理。因为它是一本辞简意赅、夫子自道的"胡适学案"。

一般遣兴读者，工余饭后翻翻，也可大略体会出，胡适的"反动言论"和"毒素思想"的来龙去脉。至于它是毒草还是香花，胡适自己并没有"自卖自夸"；他只是"据实招来"而已。贤明的读者们——不论批胡也好，拥胡也好，既批又拥也好——自然会各自做其正确的判断。

上述这些雅俗共赏的"实用价值"——尤其是对后辈青年读者的"实用价值"——倒是适之先生和笔者当年未曾想到的。现在笔者既然有感于时事而千虑一得地想起了，所以就补写一点译后的感想。

还有我想在译后补充说明的，便是胡适之先生这本自述，从头到尾原是他老人家说给我一个人听的。他那时想象中的"将来读者"，则是美国大学里治汉学的研究生。因此我也就遵从他的意思，在章目结构、材料取舍上，以"美国研究生"为对象。同时我自觉我对这些可能的读者们的汉文底子和学习风尚，所知较深，因而在编稿时，有许多地方也是我替他硬性做主，其后才由适之先生查阅认可的。所以在那十余万言原稿的背后，还有胡老师与笔者千百万言的讨论和对话。如果这本书的读者，忽然从碧眼黄须的美国学生，转变成黑发无须的中国学生，那这些录音背后的讨论和对话，就可能比录音稿上的正文更为有趣而"实用"了。

本来，"对话"（dialogue）比"讲课"（lecture）更有价值，原是世界学术史上的通例。古代的圣哲如孔子、孟子、苏格拉底、释迦、耶稣、穆罕默德等都是述而不作的。他们的哲学和教义，多半是当时听众和弟子们，从对话中笔记或默记下来的。苏格拉底固有其有名的《对话录》传于后世；而儒教"经书"中的《论语》《檀弓》等著作，又何尝不是孔子的"对话录"呢？而这些对话录就远比其他"经书"更有价值。主要的原因便是"对话录"所记的往往都是些脱口而出的老实话，不像那些三思而后言的"讲学""说教"等的官腔官调也。

适之先生和我们的"对话"还不是一样的吗？例如在胡氏著作里，我们就很难找到他对"律诗"说过一句好话。但是在"对话"里，他却说作律诗要下几十年的工夫。

又如谈政治罢。他曾一再公开地说："CC反对我！"意思是说国民党里CC系的领袖们，曾经反对他做总统。可是后来他又私下告诉我说："CC在拥护我！"（笔者自己的一九五八年八月八日"日记"所载。）这句话我就未尝听他在公共场所说过。

其他的例子还多着呢。可惜当时我未留意把它们全部记下来，以后大半也都忘记了。可是每当我深夜独坐，回译胡氏自述时，昔年与胡老师的对话，往往又重浮脑海。想起来了，我就随手在译稿上写个小眉批。等到一章译完，我就把这些眉批稍稍整理一下，抄作"注译"的一部分。有时下笔不能自已，就写得老长老长的，简直变成胡适春秋里的《公羊传》《榖梁传》了。

　　当然一个人的记忆是很容易发生错误的，甚至本稿的录音和缮校都会有错误。朱熹就说过，记人言语最难。不得其意，则往往"以己意出之"。在本篇的英文原稿里，我也就不敢说绝对没有笔者"以己意出之"的地方。因为一切的"口述历史"，往往都是如此的，甚至古圣先哲，亦所难免。

　　《礼记》的《檀弓篇》里，就有一段孔门弟子误记"夫子之言"而引起抬杠的趣事。原来孔夫子曾说过一句"死欲速朽"（"死后就赶快烂掉算了"）的话。曾子听到了，便以为老师在丧葬的传统观念上，发生了"修正主义"。但是孔子一生都在誓死推行他的"三年之丧"的教义，这一下来个早死早烂，岂不是自相矛盾吗？所以诸弟子对曾参这位学长的"口述历史"不大信任。曾子急了，说："我是听老师亲口说的啊！"（"参也，闻诸夫子也！"）大家还是不相信。曾子又举出人证，说："我是和老同学子游一道听老师说的啊！"（"参也，与子游闻之！"）大家最后又去追问子游，才发现实在不是曾子在说谎，而是他的"录音机"，出了毛病。

　　原来当孔子在宋国逃难时，听到那位蓄意想谋杀他的贪官污吏司马桓魋，在订制一套预备将来"蒙主恩召"时自用的石头棺材。这个石棺的制造工程太大了，造棺工厂凿了三年还没有凿成。孔老夫子听到这故事，气得胡子直飘，所以才说："死后赶快烂掉算了！〔还造什么石头棺材呢？〕"

　　他老夫子这句气话，几乎被曾子在"口述历史"里，录错了音。如不经众人临时发觉加以改正，那么儒家两千年来的教条，便大大地不一样了。后世的孝子贤孙们，不用说要省掉多少事。

　　所以在这本小书里，我也不敢说，"吾闻之夫子也"，是绝对正确的。纵使我能找出个"子游"来人证一番，我还是不敢说，我的记录是没有错误的。好在现在还去古未远，适之先生的门生故旧，笔者的贤师益友，仍遍布五大洲，倘若不吝匡正，实在是感盼不尽的。

至于我自己的译文，我也不敢说绝对没有错误。这本小书上的文字，事实上是"复原"重于"翻译"。在我们当初编撰英文原稿时，为顾虑到洋学生的汉学程度，所以对中国古籍的征引，一般都是"削足适履"的。如今既然"复原"给中国读者们看，就得重行"量脚做鞋"才对。对着英文原稿，按照英语结构，一句句地硬翻下去，似乎也大可不必。为着使译文读起来比较顺口，并使古籍引证上比较明确易解，笔者乃于译文上酌添字句；然为求尽量忠实于原稿，凡是译文中为英文原稿所没有的，我一概加个"六角括号"〔 〕以标明之；或在注脚上加以说明，务使鱼目不致混珠。纵使如此，笔者还是不敢说译文与原文绝对一致也。

再者，笔者误生海外，平时实在忙乱不堪。尤其是我所服务的纽约市立大学，由于纽约市几度面临破产而动荡不安。日常课务与正规研究之外，杂务也多如牛毛，无法抽暇做太多的额外工作。晚间和周末虽可忙里偷闲，略事翻译，那往往也是在十分疲劳的情况之下执笔的，因而对译文的推敲斟酌，也就得过且过了。偶然误译，亦或难免。所以当拙译在《传记文学》上连载结束之时，笔者原打算把译文与原稿再逐字对校一遍，无奈俗务太忙，夜对荧光幕校书，往往也头昏目眩，力难从心；一拖数月，还未能终篇。然窃思译文中虽小误多有，大错应不会太多，甚或没有。自我安慰一番之后，重校工作也就掩卷作罢了。读者贤达，如发现译文有欠妥之处，至乞不遗在远，随时惠教是幸。

总之，胡适之先生是现代中国"最"了不起的大学者和思想家。他对我们这一代，乃至今后若干代的影响，是无法估计的。正因为如此，我们这些和他同时代的后学，耳濡目染之间，对他的观察和认识也最为真切——至少比后世学人或外国专家，要真切得多。值此"胡适"大名一天天地向历史的海洋下沉之时，我们和他老人家原先很熟识的人，乘大家记忆犹新之时，写一点对他的观察和感想，实在是义不容辞的。这也是笔者近两年来，信手涂鸦，写了几十万字的主要动机。如因拙作之付梓而引起时贤各抒己见，把我们大家都认识的胡适之先生的学术思想、政事文章，在他恩怨将尽之时，提出来公开讨论讨论，使他的学术地位，将来在中国文化史上，益得其平；这样，则笔者不学，写这两本小书，就是抛砖引玉了。

一九七九年冬于美国新泽西州北林寓庐

原载《传记文学》第三十八卷　第二期

▼

第一章

故乡和家庭

一、徽州人

我是安徽徽州人。

让我先把安徽省最南部，徽州一带的地理环境，做个综合的叙述：

徽州在旧制时代是个"府"，治下一共有六个"县"。我家世居的绩溪县，便是徽州府里最北的一县。从我县向南去便是歙县和休宁县，向西便是黟县和祁门县，祁门之南便是婺源县。婺源是朱子的家乡，朱熹原来是在福建出生的，但是婺源却是他的祖籍。**（参阅本文所附胡氏手绘的家乡地图）**

胡适之先生手绘地图（一九五六年冬绘，"上海""杭州"四字为笔者所补）

徽州全区都是山地，由于黄山的秀丽而远近闻名。这一带的河流都是自西北向东南流的，最后注入钱塘江。因为山地十分贫瘠，所以徽州的耕地甚少。全年的农产品只能供给当地居民大致三个月的食粮。不足的粮食，就只有向外地去购买补充了。所以我们徽州的山地居民，在此情况下，为着生存，就只有脱离农村，到城市里去经商。因而几千年来，我们徽州人就注定地成为生意人了。

徽州人四出经商，向东去便进入浙江；向东北则去江苏；北上则去沿长江各城镇；西向则去江西；南向则去福建。我们徽州六县大半都是靠近浙江的，只有祁门和婺源靠近江西。近些年来〔抗战前后〕，最西的婺源县，被中央政府并入江西。但是婺源与安徽的徽州有长久的历史渊源，居民引以为荣，不愿脱离母省，所以群起反对，并发起了一个"婺源返皖"运动……婺源终于被划回安徽；但是我听说在后来婺源又被划给江西了〔1〕。

所以一千多年来，我们徽州人都是以善于经商而闻名全国的。一般徽州商人多半是以小生意起家；刻苦耐劳，累积点基金，逐渐努力发展，有的就变成富商大贾了。中国有句话，叫"无徽不成镇！"那就是说，一个地方如果没有徽州人，那这个地方就只是个村落。徽州人住进来了，他们就开始成立店铺；然后逐渐扩张，就把个小村落变成个小市镇了。有关"徽州帮"其他的故事还多着哩〔2〕。

我们徽州人通常在十一二三岁时便到城市里去学生意。最初多半是在自家长辈或亲戚的店铺里当学徒。在历时三年的学徒期间，他们是没有薪金的；其后则稍有报酬。直至学徒〔和实习〕期满，至二十一二岁时，他们可以享有带薪婚假三个月，还乡结婚。婚假期满，他们又只身返回原来店铺，继续经商。自此以后，他们每三年便有三个月的带薪假期，返乡探亲。所以徽州人有句土语，叫"一世夫妻三年半"。那就是说，一对夫妇的婚后生活至多不过三十六年或四十二年，但是他们一辈子在一起同居的时间，实际上不过三十六个月或四十二个月——也就是三年或三年半了〔3〕。

　　当然徽州人也有经商致富的。做了大生意，又有钱，他们也就可以把家眷子女接到一起同住了。

　　徽州人的生意是全国性的，并不限于邻近各省。近几百年来的食盐贸易差不多都是徽州人垄断了。食盐是每一个人不可缺少的日食必需品，贸易量是很大的。徽州商人既然垄断了食盐的贸易，所以徽州盐商一直是不讨人欢喜的；甚至是一般人憎恶的对象。你一定听过许多讽刺"徽州盐商"的故事吧！所以我特地举出盐商来说明徽州人在商界所扮演的角色。

　　徽州人另一项大生意便是当铺。当铺也就是早年的一种银行。通常社会上所流行的"徽州朝奉"一词，原是专指当铺里的朝奉来说的；到后来就泛指一切徽州士绅和商人了。"朝奉"的原意本含有尊敬的意思，表示一个人勤俭刻苦；但有时也具有刻薄等批判的含意，表示一个商人，别的不管，只顾赚钱。总之，徽州人正如英伦三岛上的苏格兰人一样，四出经商，足迹遍于全国。最初都以小本经营起家，而逐渐发财致富，以至于在全国各地落户定居。因此你如在各地旅行，你总可发现许多人的原籍都是徽州的。例如姓汪的和姓程的，几乎是清一色的徽州人。其他如叶、潘、胡、俞、余、姚诸姓也大半是原出徽州。当你翻阅中国电话簿，一看人名，你就可知道他们的籍贯。正如在美国一样，人们一看电话簿，便知道谁是苏格兰人，谁是爱尔兰人，谁是瑞典人、挪威人等一样的清楚〔4〕。

二、我的家族——绩黟上庄胡氏

　　正因为我乡山区粮食产量不足，我们徽州人一般都靠在城市里经商的家人，按时接济。接济的项目并不限于金钱，有时也兼及食物。例如咸猪油（腊油），有时也从老远的地方被送回家乡。其他如布匹、棉纱等等，在城市里购买都远比乡间便宜，所以也常被送返家中。

所以离乡撇井、四出经商，对我们徽州人来说，实是经济上的必需。家人父子夫妇数年不见也是常事。同时家人的日用衣食以至于造房屋、置田产，也都靠远在外乡的父兄子弟汇款接济。

不过在经济的因素之外，我乡人这种离家外出，历尽艰苦，冒险经商的传统，也有其文化上的意义。由于长住大城市，我们徽州人在文化上和教育上，每能得一个时代的风气之先。徽州人的子弟由于能在大城市内受教育，而城市里的学校总比山地的学校要好得多，所以在教育文化上说，他们的眼界就广阔得多了。因此在中古以后，有些徽州学者——如十二世纪的朱熹和他以后的，尤其是十八九世纪的学者像江永、戴震、俞正燮、凌廷堪等等——他们之所以能在中国学术界占据较高的位置，都不是偶然的〔5〕。

现在再谈谈我们绩溪县。绩溪是徽州府六县之中最北的一县，也可能是人口最少的一县。在经商一行中，我们绩溪人也是比较落后的。绩溪人多半做本地生意，很少离乡远去大城市。他们先由杂货零售商做起，然后渐渐地由近及远。所以一般说来，我们徽州人实在都是很落后的。

我家在一百五十年前，原来是一家小茶商。祖先中的一支，曾在上海附近一个叫作川沙的小镇〔6〕，经营一家小茶叶店。根据家中记录，这小店的本钱原来只有银洋一百元（约合制钱十万文）。这样的本钱实在是太小了。可是先祖和他的长兄通力合作，不但发展了本店，同时为防止别人在本埠竞争，他们居然在川沙镇上，又开了一家支店。

后来他们又从川沙本店拨款，在上海华界（城区）又开了另一个支店。在太平天国之乱时，上海城区被掳掠和焚毁；川沙镇亦部分受劫〔7〕。先父对这场灾难，以及先祖和家人在受难期间，和以后如何挣扎，并以最有限的基金复振上海和川沙两地店铺的故事，都有详尽的记录〔8〕。这实在是一场很艰苦的奋斗。

据一八八〇年（清光绪六年）的估计，两家茶叶店的总值大致合当时制钱二百九十八万文（约合银元三千元）左右。这两个铺子的收入便是我们一家四房，老幼二十余口衣食的来源。

在这里我也顺便更正一项过去的错误记载。前北京大学校长蔡元培先生为拙著《中国哲学史大纲》第一卷所写的序言中，曾误把我家说成是世居绩溪城内胡氏的同宗〔9〕。蔡先生指出"绩溪胡氏"是有家学渊源的，尤其是十八九世纪之间清乾嘉之际，学者如胡培翚（一七八二——一八四九）及其先人们，都是知名的学者〔10〕。这个在十八九世纪时便以汉学闻名的书香望族，其远祖可直溯至十一世纪《苕溪渔隐丛话》的作者胡仔〔11〕。那位抵抗倭寇的名将胡宗宪，也是他们一家。但是这个世居绩溪城内的胡家，与我家并非同宗〔12〕。

我家世代乡居，故宅在绩溪城北约五十华里，历代都是靠小本经营为生的。我家第一个有志为学的是我的一位伯祖〔胡星五〕。他是个乡绅兼塾师，在乡里颇有名望，但是科场却不甚得意〔13〕。

我们的村落〔上庄〕正与华南其他地区的村落一样，是习于聚族而居的。洪杨起事之前，我们聚居的胡氏一族总人口约在六千上下——当然也包括散居各地经商的族人在内——大半务农为生。但是大多数家庭也都有父兄子弟在外埠经商的——尤其是在南京、上海一带〔14〕。

注释

[1] 1949 年，婺源再次划归江西省，并延续至今。

[2] "无徽不成镇"这句话的含意，正和"无湘不成军"一样，表示徽州人做生意，和湖南人当兵一样地普遍罢了。胡氏上述这段话是解释给外国读者听的。因为这句话如不加解释，外国读者便不能了解；如果啰啰唆唆地解释，洋人还是不大能理解的，所以胡氏就决定做上项简单明了，但是并不十分正确的解释。

[3] 我国单音节的方块字和旧诗歌的传统，深深地影响了我们成语、格言以及一般民谣的构造。所以一般乡土成语，大半是四言、五言或七言的一两句平仄十分和谐的小诗或韵文。有些在农村"说书"或"讲古"的民间艺人，他们虽然多半是文盲，但是由于声音是"发乎天籁"，他们的"七字唱"，也都能音韵和谐，出口成章。例如王公子进京"赶考"，三千里路，走了好几个月的艰难旅途，一个"说书"的艺人，两句话就交代了。他说："一路行程来得快，说书（的）嘴快风送云。"这一来，王公子就从杭州府的一间破庙里，一跃而进入长安城的相府里招亲去了。

胡适之先生的乡亲"徽州朝奉"夫妇的婚后生活是三十六年或四十二年；人命各有短长，都是说得过去的。但是为顾全这句"一世夫妻三年半"的七言成语，他们的老伴就得多活六年了。可是把这句话翻成洋文，洋读者就多少有点茫然。他们要问，为什么中国人结婚之后的同居生活，不是三十六年便是四十二年呢？他们就不了解"七字唱"在我们语言表达的方式里，所起的作用了。这也是"文化沟"在作祟罢！所以胡先生这篇口述自传，基本的设计是说给洋人听的。我们那时并没有想到后来要把它译成中文来出版的。

[4] 胡先生毕竟是科举时代出生的——正如吉川幸次郎先生所说的"生当太后垂帘日"，所以他头脑里仍然装满了"科举时代"的许多旧观念。在那个"太后垂帘"的宗法社会里，由于"籍贯"对一个士子的"出身"有极重要的影响，所以"读书人"一碰头便要叙乡里、攀宗亲、谈祖籍，尽管有些"祖籍"他们连做梦也没有去过。这是我国几千年来安土重迁的农业社会，向工业社会发展途中的一种社会心理上的后遗症。这个传统在一个流动性极大的工业化和现代化的社会里，是很难保留下去的。但是在胡先生的"夫子自道"里，他却无意中为我们

这个"颇足珍惜"的传统观念，保存了很多有价值的第一手社会史料。

〔5〕朱熹以后的许多徽州学者如婺源的江永（一六八一——一七六二）、休宁的戴震（一七二四——一七七七）、黟县的俞王燮（一七七五——一八四〇）、歙县的凌廷堪（一七五七——一八〇九）和绩豁的胡培翚（一七八二——一八四九），都是清初和中叶不世出的汉学大师。赵尔巽主修的《清史稿》和张其昀续编的《清史》，在《儒林传》里，他们都有记录。房兆楹、杜联喆夫妇为《清代名人 传 》（Arthur W.Hummel, *Eminent Chinese of the Ch'ing Period*，*1644—1912.* Washington:Government Printing Office, 1943）所撰的戴、俞、凌诸人的传记，则尤为翔实，考订亦远较一般中文著作更为审慎，足资参考。

〔6〕川沙位于上海之东约五十里。城傍"盐运河"，距海仅十二里。其地原属南汇县，明嘉靖三十六年（一五五七），为防倭寇始置川沙堡，驻兵戍守。清代改为川沙厅。"厅"是清代县级单位的地方行政机构。民国成立乃改川沙厅为川沙县。关于川沙早期建制沿革见诸可宝监制《江苏全省舆图》（清光绪二十一年，江苏书局印行），页三十三—三十四。

〔7〕太平天国之乱时，小刀会占据上海县城至一年半之久（从一八五三年初秋至一八五五年初春），清军无法收复。其时上海海关原设于英租界之内，小刀会未加干扰，然英领事竟暗助小刀会拖长占领；并以此为借口，破坏中国海关，不让中国政府课税，直至英人完全控制中国海关管辖权而后已。笔者曾为英人趁火打劫，破坏我关税自主之史实，在英美国家档案里稍事搜查，以阐明此事真相。详拙著《早期中美外交史》（Te-kong Tong, *United States Diplomacy in China*，*1844—1860.*Seattle:Univ. of Washington Press, 1964.Chapter 9.）胡家在上海和川沙两处的茶叶店被毁，就是这时期的事。"小刀会"原与"太平天国"无关。上海所受的糜烂，当时英国的殖民主义者，实在应负很大的责任。

〔8〕根据罗尔纲《师门辱教记》所载，适之先生的父亲铁花先生"全部遗集分为年谱、文集、诗集、申禀、书启、日记六种，约八十万字"。在纽约我看过一部分罗尔纲的抄本。已印行的除《台湾纪录两种》（一九五一年，台湾省文献委员会印行；另有一九六〇年《台湾文献丛刊》重印本）和一九三一年胡适通过潘光旦，于《新月杂志》所发表的《一本有趣的年谱》（第三卷，第五、六期，

一九三一年七、八月上海出版）之外，我记得还看过另一本胡铁花先生年谱的单行本。然近日在哥大中文图书馆中，却遍索不得。

[9] 蔡元培于民国七年（一九一八）八月三日，为胡适著《中国哲学史大纲》（上卷）所写的序，大意是说，"适之先生生于世传'汉学'的绩溪胡氏，禀有'汉学'的遗传性……"云云。这篇序后来在原书改名《中国古代哲学史》（一九二九年《万有文库》本，和一九六五年"台湾省商务印书馆"重印本）而重印之时仍被保存。笔者承乏哥大中文图书馆期间，曾为该馆搜得该书民国八年（一九一九）第一版的原本，列为该馆"珍版书"之一。不幸此书已自哥大遗失。

[10] 见注[5]。

[11] 胡仔著《苕溪渔隐丛话》（前集三十卷、后集四十卷）是我国文学批评史上，一部划时代的著作。据《四库提要》的记述，该书是"继阮阅《诗话总龟》而作，凡阅所载者皆不录……二书相辅而行，北宋以前之诗话，大抵略备矣"。见《四库全书总目提要》诗文评类，一。

[12] 胡宗宪（一五一二——一五六五）为明代抗倭名将。《明史》卷二〇五，有专传。房兆楹所撰的英文《胡宗宪传》载《明代名人传》（C. Carrinton Goodrich, ed., *Dictionary of Ming Biography，1368—1644*.Columbia University Press, 1976.Ⅱ, pp.631—638.），颇可参考。

[13] 参阅《胡铁花先生家传》（《台湾纪录两种》卷上《代序》，一九五一年，台湾文献委员会刊行）。李敖的《胡适评传》（一九七二年，《文星丛刊》本）写得很扎实，也是有关胡适的家庭和幼年时期最好的一本传记，极有参考价值。只是在他所制的《胡适一家子的谱系》里，把"胡星五"列为"胡传"的祖父，不知何所本？

一九五七年适之先生曾为笔者试拟一绩溪上庄胡氏的五代世系表。此表后来由笔者转交哥大中国口述历史学部保存，现已无法寻觅。然据《胡铁花先生家传》，则胡星五为胡适的"伯祖"；适之先生的《四十自述》中《我的母亲的订婚》那一章也提到"星五先生娘"是他父母订婚时的媒人。她说铁花先生是"我家大侄儿三哥"。所以李敖书中的"谱系"可能有误。

[14] 胡铁花先生在他的自述里提到洪杨乱前，他们绩溪上庄的胡氏，人口

总数有六千之众。这数字可能是笔误——罗尔纲抄写时所发生的笔误，亦未可知。绩溪是皖南山区里的一个小县，人口甚少，有这样六千人聚居的大族，是件不可想象的事。

太平之乱时，李鸿章奉旨回籍组织"团练"。这些后来发展成为清末有名的"淮军"的"团练"，事实上便是皖北一带——尤其是合肥一县之中，各大宗族所自动组织的子弟兵。合肥是当时安徽省，甚至是整个大清帝国里人口最多的一县；其时充当淮军骨干的周、刘、唐、张等大族，似乎没有一族的人口是超过六千人的。据此类推，绩溪八都上庄胡氏的丁口似乎不可能有这么大的数目。

原载《传记文学》第三十三卷 第二期

▼

第二章

我的父亲

一、青年期的家难

我的父亲胡传（一八四一——一八九五）〔字铁花，号钝夫。原名守珊，故一字守三〕生于安徽省绩溪县北部的上庄〔1〕。兄弟五人，我父最长。我家历代都是以经营茶叶贸易为生的，也就是自故乡山区贩茶往上海一带自设的茶叶店中出售。上海那时已是个大商业中心。我的高祖原已在上海黄浦江对岸的川沙设有小店，祖父又在上海设一支店。父亲幼年即甚壮健，当先祖每年春季返乡收茶时，店中商务便由父亲独力管理。

父亲十六岁时便随先祖去川沙，并由先祖延聘塾师，教授诗文。父亲因为十分聪颖，早为其有志为学的伯父〔星五公〕所赏识。他认为有这样资质的青年子侄，实在不应该在一个小茶叶店里埋没了。所以父亲被家中长辈特地选出，让他专心读书，以便参加科举。

可是这时正值洪杨起事之后，内战的烽火已日益迫近。当洪杨一八五○年在金田村发难之时，父亲才九岁。一八五三年太平军进占南京，建立"太平天国"，并以南京为"天京"。数年之内，太平军数度侵入皖南徽州山区，焚掠殆遍。一八六○年我绩溪县亦为太平军所焚掠，一连三载，父亲和邻居亲友均率领家属到高山里去避难，并据险自卫。一八六二年情势更为险恶，乃又迁往休宁县暂避〔2〕。

但是休宁亦非乐土。太平军仍不时进犯，家人也四处躲藏。一八六二年年底，局势稍稍好转，全家乃转返绩溪；不意翌年春初和夏季，太平军又两度进犯。就在太平军第二度入侵时，父亲在一八六○年（清咸丰十年）结婚的原配妻子〔冯夫人〕，便不幸死难了。她是那时我家二十余口——多半是妇孺——中唯一的死难者。当时父亲是我家中唯一年轻力壮的成员，帮助那比他大过二十多岁而颇有名望的乡绅伯父，度此大难。

在一八六〇至一八六四年（清咸丰十年至同治三年）四年之间，皖南真糜烂不堪。对这四年的焚掠、屠杀、饥荒等灾情，父亲在他遗留下来的自述里都有极详尽的记载。事实上他这段记述，远较当时其他任何〔类似〕的记述更为翔实〔3〕。

在父亲的回忆录里，他曾做一概括的统计：我上庄村民的胡氏宗祠原完工于一八四〇年（道光二十年），亦即洪杨起事前十年，也是太平军犯境前二十年。宗祠毁于一八六一年（咸丰十一年）。太平乱前数百年我乡皆太平无事，地方殷实，人丁兴旺。我族那时曾做这一次丁口总计，以便按口派捐，建造祠堂。当时全族男女老幼约六千人。太平军覆灭后的第二年（一八六五年），我族再做第二次的人口调查，拟再按口派捐，重建宗祠。调查所得，乱后剩余丁口不过一千二百人左右，人口减少了百分之八十〔4〕。

父亲所做的统计还有其他方面的记录，颇饶历史趣味。在这群大难不死的劫后余生中，竟有二百人染有烟癖！鸦片鬼的堕落，实有甚于一般游手好闲的懒汉。他们终年耕耘所获，还不足以偿付烟债。父亲那时便自问，这种人在生活上何能自给呢？！他的结论则是这整个胡氏一族都仰赖于四百几十个经商在外的父兄子侄的接济。他们的汇款也救活了家人，并助其重建家园于大难之后〔5〕。

二、考试和书院教育

太平战后，父亲于同治四年（一八六五）进学为秀才，时年二十四岁。当年一个人读书上进先要在他祖籍所在通过"县试"，再参加省方所主持的"府试"；府试及格，便进学为"秀才"。既为秀才，则每三年都得应考一次，叫作"岁考"。如果一个秀才希望参加举人考试，他还要通过省级主办的甄别试验，叫作"科考"。科考及格才可参加"省试"（亦称"乡试"）。乡试是朝廷特派的"主考"所主持的〔乡试及格，便"中举"成为"举人"了〕[6]。

父亲进学之后，参加了几次"省试"都未能如愿。因此他深深了解他的学业为战火所耽误了；所以他决定到上海去进那些战后重开的"书院"，继续进修。经过慎重考虑之后，乃于一八六八年春初进了新近复校的"龙门书院"。该院山长（院长）刘熙载先生是当时扬州有名的经师。父亲被录取之后，便在该院读了三年——从一八六八到一八七一年[7]。

在父亲的回忆录里，他记载了当时书院里的生活，特别是一些同学之间的交往与学习的经验。他的同学之中后来有许多都在政治上和学术上有相当成就的[8]。父亲对这位了不起的刘山长的教学方式也有所记载。他说所有在书院中受课的学生，每人每日都得写一份"日程"和一份"日记"。前者记载为学的进度，后者是记学者的心得和疑虑。为这种"日程"和"日记"的记述，该院都有特别印好的格式，按规格来加以记录。这些"日记"和"日程"，父亲均保留下来。其中有趣而值得一提的，便是这印刷品的卷端都印有红字的宋儒朱熹和张载等人的语录。其中一份张载的语录便是："为学要不疑处有疑，才是进步！"这是个完全中国文明传统之内的书院精神[9]。

我所敬重的老朋友吴稚晖先生，生于一八六五年，比父亲小二十四岁。吴先生也曾经告诉过我一件有关另一"书院"的惊人而有趣的故事。吴先生曾就读于江苏"南菁书院"。当吴氏第一次拜谒该院山长名儒黄以周先生时，他看到黄先生书斋上挂着一大幅使他难忘的格言："实事求是，莫作调人！"这句格言如译成英语或白话，那就是"寻找真理，绝不含糊！"这些也都说明了我国十九世纪，一些高等学府里的治学精神[10]。

父亲的自述里几乎以四分之一的篇幅，记述其重建上庄胡氏宗祠的经过。这项重建历时凡十一年，共费制钱一千三百三十万（约合银元一万三千三百元）。自一八六五年动工，直至一八七六年（光绪二年），父亲三十六岁那年才正式完工的。在这项伟大的工程中，他不但是该项工程粗工细活主要的规划者和执行人；他有时还要说服和克制族中守旧分子的反对。他所遗留的记录不幸有一部毁于火灾，但是这份记录却替后世留下了当年聚族而居的农村里的生活状况、社会组织和社会公益活动的极珍贵的第一手资料［11］。

在此期间，父亲曾对中国地理——尤其边疆地理发生了研究的兴趣；这兴趣是他在上海龙门书院当学生时便养成的。他继续对地理学进修的原因，也是受当时国际和远东重要变动的影响［12］。据父亲的记录，他对当时政府和士大夫对世界地理和中国边疆——尤其是东三省——的地理之无知，感到震惊！所以他便下定决心终身致力于中国边疆地理的研究。

三、吴大澂的知遇

当父亲于数年之内把家事稍事安顿之后，他便决定撇开家族乡党的小天地而远游北京，另图发展。在一八八一年（光绪七年）他年已四十，乃向一位经商致富的族伯〔胡嘉言〕借了一百银元，搭船自上海去天津转往北京［13］。在北京他仅凭两封推荐书，旅行了四十二天，到了吴大澂钦差的驻地宁古塔［14］。吴氏为一自修而成名的大学者、考古家和政治家。父亲告诉吴公他不是来求职的，他只盼吴氏能给予护照和通行证，好让他遍游东北，并考察边疆地理。吴氏对父亲大为赏识，其后吴氏巡行阅边，总是偕父亲同行；尤其是一八八二年（光绪八年）中俄勘定疆界时，他们曾同晤俄方勘界专员［15］。

就在这一年吴氏正式聘任父亲为其幕僚。稍后吴氏并在父亲毫不知情的情况之下专折向朝廷特别保荐，说父亲胡传"有体有用，实足为国家干济之才，不仅备一方牧令之选"。〔16〕父亲惊喜之余，当然也深感吴公的知遇。其后多年便一直在吴公幕府，参与机要。

父亲在东北一段时期往各地旅行考察，备历艰险。在一八八三年（光绪九年）一次〔兼查十三道，戛牙河地势〕途中，一行人员在森林中大雪迷路，三日不得出〔17〕。干粮已尽，计无可施。此时父亲忽有所悟，他叫随行人员去寻觅一条山涧，然后循山涧而下。因为山涧总归会流出山区的，循山涧找出路，应该是不会错的。他们于是找到了一条山涧，循涧而下，终于脱险。为此，父亲曾作了一首诗，以为纪念。四十年后，当我在一九一九年（民国八年）发表一系列有关实验主义的讲演之时，我还举出这个例子，来诠释约翰·杜威在他《思维术》里所阐明的理论〔18〕。

自一八八一年（光绪七年）以后，父亲便一直致力于公务。自一八八一年至一八八六年，他在东北服务六年。一八八六年先祖母逝世，父亲返里奔丧。翌年又转广州依广东巡抚吴大澂。吴派他去海南岛视察，并报告全岛土著状况，做可能开发的筹划。父亲于此行所保留的详细日记，后来曾发表于专研地理学的《禹贡半月刊》〔19〕。

一八八八年（光绪十四年），黄河在郑州一带决口。吴大澂自粤奉调任河道总督；设督署于郑州，监督堤工。父亲乃随吴去郑州。在此期间父亲亦记有详尽日记，记录购料、修堤等工作。当年的河工不但极其腐化，且有各种迷信掺杂其间。迷信之一便是崇奉水蛇、虾蟆为"河神"。

父亲在治河时期的日记里便作了十首《郑工合龙纪事诗》，其中的一首便坦白地批判这迷信之无稽。下面便是这首诗的原文：

纷纷歌舞赛蛇虫，酒醴牲牢告洁丰。

果有神灵来护佑，天寒何故不临工?

我引这首诗来说明我父亲生命里富于学术的一面。他是笃信宋儒的，尤其崇奉程颢、程颐和朱熹，是所谓"理学"。由于业师刘熙载先生的教诲，我父亲受程朱理学的影响也很大；所以他毫不犹豫地对大清帝国内当时所流行的宗教，予以严肃的怀疑与批判 [20]。

由于襄赞治河的劳绩，吴大澂乃保举父亲以直隶州候补知州分发各省候缺任用。一八八九年（光绪十五年）父亲自郑州请假返籍探亲。便在这一次短暂的探亲假期，我父母就在原籍结婚了。婚后父亲乃携眷返郑州继续治河。翌年父亲乃离开河南住所往北京等候签派新职。当年合格官吏的选派，多凭抽签决定。父亲抽得往江苏省候补的签。这在当时实在是最好的机会了。所以在一八九〇到一八九一两年之间，我父母均住在江苏省会所在地的苏州；后来又被派往上海，担任"淞沪厘卡总巡"。我便是一八九一年十二月在上海出世的。就在这一段时期里，父亲已有"能吏"之名，所以其他各省当局，对他也就竞相延揽了 [21]。

四、在台湾任知州和统领

一八九二年，不但是我父亲原任所在的江苏省署，就是广东省署和新设的台湾省署，都纷纷奏请朝廷想调请父亲前往各该省任职。但是北京中央则循新任台湾巡抚邵友濂之请，调父亲去台湾任职，盖当时台湾省治新设，需要人才甚急，所以北京吏部乃遴选干员胡传，前往台湾，襄赞省政。奉命之后，父亲不得已只好暂留眷属于上海，于一八九二年只身赴台。其后在台湾一直任职达四年之久。

在台任职期间，父亲曾巡视全岛各地；并代邵巡抚亲往澎湖列岛视察军务。他的巡台日记,以及对邵巡抚的禀启,均曾由今日的"台湾省文献委员会"付印出版〔22〕。

父亲因为深谙地理之学,根据所学加以判断,他认为当时全台各地的防御工事,例如各地的炮台,对台湾的实际防御均无补于事。在〔一八八五年〕中法战后,我国南洋海军全毁,台湾门户洞开,全岛实际上无防御之可言。所以他在向省署的禀启中,坦白指陈当时散置全岛各地各种零星防御工事,以及落伍逾龄的各种武器和那些装备训练均感不足的武装部队,全属浪费。父亲乃禀请省署将这些无用的设施全部废弃,另行训练一支小型海军,以为全岛防务之用〔23〕。

父亲在全岛旅行视察之后,由于当时防疫设备不足,乃染上疟疾,卧病甚久。和他同行的仆役亦同染疫疠,甚至无一人生还!

一八九二年(光绪十八年),父亲又受委管理全岛盐政。半年之内便有很多的兴革。最近一位盐务专家便曾根据父亲有关盐政的报告,撰文研讨父亲当年对台湾盐政的贡献〔24〕。

一八九三年(光绪十九年)父亲又受〔台湾藩台唐景崧〕牌委代理台东直隶州知州。台东当时是台湾唯一的一个直隶州。他接任只有一天,台东的后山驻军统领——可能因为心脏病猝发——突然病故。邵友濂巡抚乃委派父亲兼领台东后山军务。所以当我在一九五二年访问台东时,台东父老仍然记得我的父亲是位武官——胡统领,而非文官——胡知州〔25〕。

在父亲统军期间,他发现全军有百分之八十至九十的官兵吸食鸦片。因为那时台湾疟疾流行,军中官兵误信鸦片可以防疟的缘故,所以几乎全军吸毒。父亲最恨吸毒,故极力使全军戒毒。这些事,在他的巡台日记里都有详细的记载〔26〕。

就在父亲在台湾担任统领这段时间里,中日甲午战争爆发了。我军战败。强大的北洋海军全部为敌所毁。当北洋海军于一八九四年全军覆灭时，我父深知台湾已无法防守。如众所知，一八九五年中日马关和会时，我国把台湾割让于日本作为赔偿。所有清廷派来台湾的官吏，均奉召返回大陆。

可是台湾居民却强烈反对，尤其是当地士绅。他们群起吁请巡抚唐景崧制止割让，并宣布成立"台湾民主国"，选唐景崧为"伯理玺天德"（总统）。这个"民主国"事实上只存在不过数周——甚或只有几天——就完结了，但是台湾的抗日运动却延续至数月之久。

父亲迟至一八九五年六月二十五日始离职返国。此时大陆与台湾电讯已断，土著与土匪又纷起滋事，所幸父亲在台时颇有政声，所以尚能沿途通行无阻，返回台湾临时省会所在地〔台南〕。这时他已染了严重的脚气病，两腿浮肿，不能行动。但正如上节所提，父亲行政才能曾历经上峰嘉许，所以此时的新军事领袖刘永福将军，仍坚留我父在台继续服务。刘氏是前任巡抚和"伯理玺天德"离台后，全岛唯一的军事领袖，那时尚统治南部半个岛。父亲在台直病到不能行动的情况之下，刘氏始允许他离台内渡。父亲于一八九五年八月十八日离台，八月二十二日病故于厦门——他成为"台湾民主国"的殉难者之一[27]。

下面是父亲于光绪二十一年乙未（一八九五）六月二十日所立的遗嘱。虽然那时和他共患难的家人，都已离台赴沪，我二哥嗣秬尚随侍在侧。遗嘱的全文如下：

予生不辰，自弱冠以后，备历艰险，几死者数矣。咸同之间，粤寇蹂躏吾乡，流离播越，五年之久，刀兵、疠疫、饥饿三者交迫，屡濒于危而不死。在婺源覆舟于鹅掌滩下，亦幸不死。光绪癸未正月，在宁古塔奉檄由瑚布图河历老松岭赴珲春与俄罗斯廓米萨尔会勘边界，中途遇大雪，失道误入窝棘中，绝粮三日不死（窝棘者译言老林也）。乙酉，署五常抚民同知，八月廿三日，马贼猝来攻城，城人逃散，予以十三人御之，幸胜而不死。丁亥，在粤东奉檄渡海至琼州察看黎峒地势，自琼而南，直穿黎心以达崖州，染瘴病困于陵水，亦不死。壬辰之春，奉旨调台湾差委，至则派查全省营伍，台湾瘴疠与琼州等，予自三月奉檄，遍历台南北、前后山，兼至澎湖，驰驱于炎蒸瘴毒之中凡六阅月，从人死尽，而予独不死。今朝廷已弃台湾，诏臣民内渡，予守后山，地僻而远，闻命独迟，不得早自拔，台民变，后山饷源断，路梗文报不通，又陷于绝地，将死矣！嗟呼，往昔之所历，自以为必死而卒得免于死，今者之所遇，义可以无死，而或不能免于死，要之皆命也。汝从予于此，将来能免与否，亦命也。书此付汝知之，勿为无益之忧惧也。光绪二十一年五月二十八日（一八九五年六月二十日）书台东镇海后军中营示秬儿。

铁花

注释

〔1〕原英文稿内只用"胡传"本名，未及字号。本稿内所列举的字和号是根据《胡铁花先生家传》所增补。《家传》被收录在《台湾纪录两种》（一九五一年台湾省文献委员会印行）中作为"代序"。《家传》是一篇简明确实的胡传的传记。胡氏自著《钝夫年谱》不全，亦未正式印行。又胡家及其乡人惯书其祖籍县名为"绩谿"，本篇及以后各章均用较通俗的"溪"字以代替"谿"字。

〔2〕太平军入侵皖南时，已在太平诸王内讧之后，洪杨革命已成尾声。军纪既已废弛，焚掠亦所难免。唯铁花先生遗稿内，亦有逃避"官军"的记载。笔者当年阅读原件时，便曾向适之先生指出，焚掠之事，清军亦有份。胡先生说："你也看出这一点啦！"

〔3〕胡传所记皖南徽州一带遭劫的情形，可能是有关该地区灾情最详细的一部记录。关于其他地区还有很多种不同的记录都较胡氏遗稿更为翔实，只是适之先生那时并未看到。

〔4〕胡氏这段记述，可能不正确。参阅上章注释。铁花先生对当时徽州一带受劫的情形记述甚详。如果他们胡氏一族的人口在四年之乱中便死掉百分之八十，他的记录中一定有更多骇人听闻的故事。但是全稿中似乎只提到他原配冯氏死难一事，未见有其他死难的记述。所以一族人口损失八成的情形，似乎不大可能。洪杨乱前他们胡氏全族人口为"千六"被误为"六千"，倒比较可信。

〔5〕洪杨乱后，胡氏全族人口只有一千二百人，其中留在故乡抽鸦片的成年男人（那时妇女染烟癖是极少的）就有二百人之多；另外还有四百位成年和青年的男人在外地经商，这个比率也不太可信。笔者当年本想于全稿完工时，再把这些问题向胡先生提出，一一加以澄清，不意胡氏突然逝世，这些问题就都变成悬案了。

〔6〕清袭明制，科举制度是很复杂的，三百年间变动也很大。大致说来，科举考试是分三级的："秀才""举人"和"进士"。一个士子要当秀才，他第一步要参加他祖籍所在的本县的"县考"；及格了，再升一级参加"府考"；又及

格了，则由本府主管官的"知府"提名参加朝廷特派之"学政"所举行以"府"为单位的"院考"；院考又及格了，则由政府正式承认为"生员"，通称"秀才"。像胡传这样的读书人，他先要参加绩溪县的县考，再参加徽州府的府考和院考。他在同治四年（一八六五）通过了院考，"进学"成为"生员"，他就是胡秀才了。做了秀才可麻烦了。为了避免"秀才三年成白丁"，朝廷每三年还要考他一次，是为"岁考"；秀才如想考"举人"，他还要参加府级的甄别试验，是为"科考"。科考不及格，他就不能参加省级考试举人的"乡试"。岁考不及格，那可能连个秀才的招牌都保不住了。岁、科考试及格的生员（秀才）又按成绩分为"附生""增生""廪生"（官家给点口粮故名）和"贡生"（贡献给朝廷的人才）。贡生又按考试成绩分为数等，最好的"拔贡""优贡"就有向朝廷申请做小官的资格了。优贡一等可以做"知县"（县长）候选人，三等也具有县教育局长（训导）的资格。胡传便是"科考优等"而"乡试不售"，做了一辈子老秀才。他不甘失败，乡试落第之后，乃正式进大学——"龙门书院"，好好地读了三年书，预备卷土重来，再参加"江南乡试"。但是他是否又参加过乡试，那连他自己的儿子也不知道了。

胡传似乎是一位"优贡三等"，所以有人称他"训导"。他所参加的"乡试"是在南京举行的。清制江苏、安徽两省合称"江南省"。在"江南乡试"里名列前茅的，当然就是"江南才子"了。所以我国俗语上所谓"江南才子"并不限于长江以南所出生的"才子"，苏北、皖北的庄稼汉，乡试考得好的也有份。

胡适之先生对他父亲的"功名"的叙述，可以说是语焉不详，因为他是预备说给洋人听的，所以笔者作注时把它稍为补充一点。

关于清代科举制度的参考书，除一般官书之外，可参阅《清史稿·选举志》。通俗读物则以沈兼士编《中国考试制度史》第九章最为简明扼要。

[7] 据《清史稿·儒林传》：刘熙载（一八一三——一八八一）字融斋，兴化人，为清末大儒；晚年长"龙门书院"。尝戒学者曰："真博必约，真约必博。"这也就是胡适所谓"为学当如金字塔"之意。胡氏治学对我国传统治学精神的承继，可说深入骨髓；西学对他的影响，有时反而是很表面的。

[8]《胡铁花先生家传》的作者张焕纶（经甫）便是胡氏在龙门书院的同学。经甫后来便是上海一带知名的学者。其他如袁爽秋、童米孙等也都见重于时。

〔9〕"不疑处有疑，才是进步！"这九个字是笔者在当年笔记残稿中找出的。近查一九六八年"台湾省商务印书馆"印行的《张子全书》却未见此条。其稍近似者有："在可疑而不疑者，不曾学；学则须疑。"（《学大原下》）"闻而不疑，则传言之。见而不殆，则学行之，中人之德也。闻斯行，好学之徒也。见而识其善而未果于行，愈于不知者尔。"（见《正蒙·中正篇》）又"无征而言，取不信，启诈妄之道也。杞宋不足征吾言，则不言；周足征，则从之。故无征不信，君子不言"（《正蒙·有德篇》）。这些都是胡适之治学终身奉为圭臬的格言。然上述九字或出宋儒其他语录。宋代的道学是清政府用以取士的官学。这个传统不但是被胡适之完全承继了，我国东南一带的文士所搞的儒学也全是宋明之学，此风至台湾而不衰！

〔10〕国民党元老钮永建先生也是当年"南菁书院"的学生。一九六〇年夏，胡、钮二公同机飞美，途过冲绳岛休息，二人于海滩散步时，谈话的题材便是"南菁书院"。钮氏动人的故事使胡氏大感兴趣，所以胡公劝他到纽约时务必与哥伦比亚大学中国口述历史学部联络，好把这段学术史保留下来。胡公兴奋之余，并"口占一绝"，以赠惕老。诗曰：

冲绳岛上话南菁，海浪天风不解听。
乞与人间留记录，当年朋辈剩先生！

胡氏抵纽之后，曾把这首诗抄给我，并要我立刻与钮惕老联络，赶快把这段历史记录下来。笔者在胡公敦促之下，真于百忙中抽空往长岛，钮公的女儿李夫人家，数度拜访。钮氏这时虽然已年逾九十，但是耳聪目明，步履如常人。他老人家对口述个人回忆亦至感兴趣。钮公是革命元老中自同盟会以后，无役不与的中坚领袖。他的故事是说不尽的，他也急于全盘托出。可恨笔者当时是哥大雇佣研究员，每日都有十小时以上的工作量。校方对我的工作时间不做适度的调整，我是无法抽出时间来访问惕老的。后来我想出一变通办法：由我于夜间抽空赶编一份简明的《淞江钮惕生先生年谱》，把其中重要章节拟出大纲来，想请惕老的女儿抽空代为录音，好让我于周末抽空编校。但是钮小姐夫妇也是忙人，他们也抽不出空来做此额外工作。我们一拖再拖，钮老终于等不及而撒手人寰。胡适之先生想要为"人间"留下"南菁书院"的"记录"，竟以笔者忙乱而未能如愿，今日思之，真是仍有余恸。

【11】在我国传统的宗法社会里，农村知识分子——像胡传这一类的人——最能和衷合作，出钱出力，全心全意，竭力以赴的，莫过于盖祠堂、修族谱了。近千年来对我国社会思想影响最大的哲学家朱熹就说"三世不修谱为不孝"。余风所及，近七八百年来的中国，真是无族无祠，无家无谱。所以族谱实是我国民族史上，最重要的一种史料。中国的族谱也是人类文明史中，最大的一份记录！吾人如把族谱列为"丛书"，则这部丛书的总量，实比世界上最大的丛书——《四库全书》——还要大出数十倍。可惜的是我国三千年来的学术界，就始终未曾对族谱做个像样的综合研究、保藏，乃至著录。近代学术界对中国族谱的研究与收藏，实始自洋人。哥伦比亚大学中文图书馆对中国族谱的收藏，至今还是世界第一位。一校之藏，竟超过中国现有著录的族谱之总和！笔者当年承乏其间，曾利用其财力，再扩大其收藏。记得在最后征集中，曾收到海外赵氏所捐赠的英文版《赵氏族谱》。赵氏原为北宋皇族，为避金人之祸，南迁临安；又为避蒙古人之入侵再迁百粤。南宋亡国，这批凤子龙孙，乃流离海外，变成华侨。他们所叙述的故事，不疑处固有可疑；可疑处亦不无可信。笔者在哥大服务时期，曾为该校丰富的中国族谱收藏，作一小序曰《序哥伦比亚大学之中国族谱收藏》，发表于一九六八年印行的《庆祝蒋慰堂先生七十诞辰论文集》。在该文中我谈到我国族谱纂修工程之浩大，即举铁花先生遗著中所述的绩溪胡氏合族动员的故事为例。事实上胡铁花先生遗著，也是这一方面最可宝贵的第一手社会史料。

近世有革命思想的社会改革家，当然会认为族谱、宗祠是维系半封建的宗法社会的最腐朽的一种社会制度。但是不论它在中国社会发展史上所发生的正副作用，它却和今日正被发掘的皇陵、古墓一样，其中所保存的民族文化的遗产是无法估计的。

【12】李敖引梁启超的话，说清代学者治地理学的颇成一股风气，搞边徼地理和域外地理的很多。这是一句很有见地的话（见李敖著《胡适评传》，一九六七年，台湾省文星书店，页二〇）。近代中国为国防建设而翻译的第一部洋书《海国图志》，

也是一部地理书。

[13] 据《家传》，铁花先生当时"受二百金，留百金于家；携百金以行"。

[14] 宁古塔，民国后亦名宁安，在吉林省东南。因远在边陲，地荒人少，交通阻塞，气候严寒，所以在清代一直是内地犯人"充军"的地方。胡传以一个四十岁落第的江南士子，亲老家贫，妻亡子幼，竟然离乡撇井，负债投边，出塞四十余日，去充当一名三品小官吴大澂的幕僚！这种精神，也实在是难能可贵。

胡传当然自信是个人才，但是在人才济济的东南和北京找不到可以一展抱负的机会，这大概也是他下定决心到那最需要人才，而人才最不愿去的地方去的最大动机。最后终能慢慢地脱颖而出。虽然他死的时候位不过知州，然而在近代中国边疆开发史上，也可说是青史垂名了。在他颠沛流离的一生里，我们也可看出帝王时代中国以做官为唯一职业的"读书人"生活的一鳞半爪。

[15] 吴大澂与俄人办交涉的中俄勘界会议是在光绪十二年（一八八六）举行的。胡传于光绪八年（一八八二）所参与会议，可能是一些预备会。

……且看吴大澂当年的报告：

> ……边界自珲春河源至图们江口五百余里竟无界牌一个。黑顶子山濒江一带久被俄人侵占。〔副都统依克唐阿〕屡与大澂照会俄员，索还占地，并迭次面商据约议论，该俄员等一味支吾延宕，竟于黑顶子地方，添设卡兵，接通电线，有久假不归之意……图们江左边距海不过二十里，立界牌一个……未照准条约记文二十里之说，与〔俄员〕巴啦诺伏反复辩论，该俄员以为海滩二十里俄人谓之海河，除去海河二十里方是江口。大澂等以为江口即海口。中国二十里即俄国十里。沙草峰原立界牌既与条约记文不符，此时即应照约更正。巴啦诺伏仍以旧图红线为词，坚执不允。此四月二十二日与俄员议立界牌，力争未决之情形也……（见吴大澂著《吉林勘界记》，载于《小方壶斋舆地丛钞》第一帙。）

读此可知胡适之先生的父亲当年在我国东北工作的性质。

[16] 李敖引顾廷龙编《吴愙斋先生年谱》（一九三五年，北平燕京大学出版）

及《东华续录》证实确有此事。见《胡适评传》，页———一二。

〔17〕据《家传》，胡传迷路的地方是吉林十三道，戛牙河，地在吉林东南，中、俄、韩交界处。

〔18〕见《胡适言论集》甲编，华国版，页八四；《胡适文存》卷二，《实验主义》《杜威思想》。参阅《胡适评传》，页三六。

〔19〕胡传，《游历琼州黎峒行程日记》载《禹贡半月刊》第二卷第一期，北平，一九三四年九月一日出版，页二二—三六。

〔20〕这首诗胡氏在他的《四十自述》中也征引过。他的思想所受这首诗的影响，《四十自述》的第二章也说得很清楚。

〔21〕见《家传》及《评传》。李敖说胡传是"江苏抚宪刚毅的红人"（页三），未见注释，亦是想当然耳之论。不过铁花先生那时是在上海搞厘金的。清代乃至民国时代替上司办税务的总归受到上司信任盖无问题。

〔22〕胡传有关台湾的遗稿，被编为《台湾纪录两种》，一种是"日记"，另一种是"禀启"，今日在台湾已有两种版本：一为"台湾省文献委员会"印行的线装本，一为《台湾文献丛刊》的平装本。

〔23〕胡传关于重整海防的建议在他《复邵班卿》的那封信里说得最为沉痛（见"台湾省文献委员会"版《纪录两种》下册，页四七）。他说："今举一岁所入之大半，养十无一二可恃之防勇以耗之……将来必至无可收拾。"所以他主张买几条炮舰。

〔24〕关于台湾盐政的论文和书籍，查对不易。据李敖所引有下列数种：连横《台湾通史》（一九四六年一月，重庆商务印书馆版）卷十八《榷卖志》；卢嘉兴《台南县盐场史略》（《南瀛文献》二卷一、二期，一九五四年九月，台南县文献委员会版）；及前人《台湾清季盐制与盐专卖》（《台南文化》五卷一期，一九五六年二月，台南市文献委员会版）；及张绣文《台湾盐业史》（一九五五年十一月，台湾银行经济研究室版）第三章。上引诸书参阅《胡适评传》，页一〇。

〔25〕关于胡适之先生一九五二年访问台东的新闻，李敖的《评传》中的第三章《半个台湾人》，也是一篇很有趣的综合记述。

[26] 在胡传的《巡台日记》里，如光绪十九年八月初九日（一八九三年九月十八日）关于烟毒"可叹！可叹！"的记载，俱甚简略；详细而沉痛的报告，在他对上司的"禀启"里倒随处可见。

笔者当年阅读胡铁花先生遗著关于台湾烟毒一节，也特别感到兴趣，因为我的曾祖唐宗义（号信斋）也去过台湾，比胡传的旅行还要早十七年！他那时是淮军里的一个中上级军官，跟他的五叔唐定奎（字俊侯）于同治十三年（一八七四）率淮军渡海去台。他们的任务，据《清史稿》和张其昀先生所改编的《清史》卷四百三十二《唐定奎传》似乎是这样的：

> 同治……十三年，日本扰台湾。生番滋事。船政大臣沈葆桢奏请援师。李鸿章荐定奎率所部往。七月，至台湾，驻凤山。择险分屯。龟纹番社引日兵与刺桐脚庄民寻仇相哄。定奎示以兵威，日人引去。时疫流行，士卒先后死千余人……台南大定。诏褒奖。命内渡休养士卒。

就在这些士卒之中，那位青年军官唐宗义，也因为迷信鸦片可以防疫，在台湾学会了抽大烟。烟瘾愈抽愈大，最后每天非"一二两膏子"不过瘾。据说当他老人家逝世时，他住的那栋老屋里的老鼠、蟑螂、黄鼠狼等小动物，都瘫痪了。因为它们久居此屋，和老头子一道抽大烟，上了瘾。如今老头子死了，没有人供给免费鸦片，所以这些瘾君子们就不能行动了。

笔者未见过我这位抽大烟的曾祖，但是我却见过一些比他年轻的当年的"士卒"。他们随他一道去台湾，一道学会抽大烟；"内渡"之后又替他"烧大烟"，"偷他大烟吃"。我幼年对这批在我家吃饭不做事的"无齿"老头子们，印象特别深，因为他们吃饭时，总欢喜说"夹白，夹白"，我那时并不知道那便是走了样的安徽台湾话"吃饭，吃饭"。

唐定奎"内渡"不久，刘铭传又去了，带去的还是淮军。淮军的士卒——尤其是中下级军官，泰半是合肥人。先曾祖是否二度去台，我现在就无法考据了。只知这批渡台的淮军，一直没有全撤。后来清廷和台湾巡抚强调胡传赴台，可能与他是安徽人也有点关系；倒不一定如他儿子所说的"调干员胡传赴台"，当然他的能干也是不能否认的。

　　胡传当了统领之后要强迫一些老兵戒烟，结果他被这些老兵将了一军——他们要告退，请长假，要统领大人发欠饷，发遣散费，以便"内渡"还江淮原籍。统领发不出欠饷，就只好算了。这批老兵原都是江淮一带失业的贫农；投军之后，九死一生，个个都做了"兵油仔"。命对他们是不值钱的，烟倒值几文。胡统领要他们革除烟癖，哪里办得到？再读《台湾纪录两种》，想想我家里以前的一些"无齿"的老头子们，能不发思古之幽情？！

　　〔27〕李敖的《评传》（页一八—二〇）对"台湾民主国"的兴亡史亦有一综合的叙述，足资参考。胡氏此处所说的日月，系据阳历推算的。

原载《传记文学》第三十三卷　第三期

▼

第三章

初到美国：康乃尔大学的学生生活

一、与不同种族和不同信仰人士的接触

今天我想谈谈我在美国留学的各方面。这些大半都是与二十世纪十年代——尤其是自一九一〇年到一九一七年间——美国学生界，有关家庭、宗教、政治生活和国际思想诸方面的事情。由一个在当时思想和训练都欠成熟的中国学生来观察这些方面的美国生活，当然不是一件容易的事情。

现在我们都知道，中国学生大批来美留学，实是一九〇九年所设立的"庚款奖学金"以后才开始的。原来美国国会于一九〇八年通过一条法案，决定退回中国在一九〇一年（庚子年）为八国联军赔款的余额——换言之，即是美国扣除义和拳之乱中所受的生命财产等实际损失〔和历年应有的利息〕以后的额外赔款。

美国决定退还赔款之后，中国政府乃自动提出利用此退回的款项，作为派遣留美学生的学杂费。经过美国政府同意之后，乃有庚款的第一批退款。一九二四年，美国国会二度通过同样法案，乃有庚款的第二次退款。这样才成立了"中华教育文化基金会"——简称"中华基金会"。这当然又是另一件事了〔1〕。

由于庚款的第一批退款，经过中美两国政府交换说帖之后，乃有第一批所谓"庚款留学生"赴美留学。第一届的四十七人之中包括后来的清华大学校长梅贻琦，以及其他后来在中国科技界很有建树的许多专家。第二届七十人是在一九一〇年在北京考选的，然后保送赴美进大学深造。另外还有备取七十人，则被录入于一九一〇至一九一一年间所成立的"清华学校"，作为留美预备班〔2〕。

我就是第二届第一批考试及格的七十人之一。所以一九一〇至一九一一年间也是中国政府大批保送留学生赴美留学的一年。抵美之后，这批留学生乃由有远见的美国人士如美国青年会国际委员会主席约翰·穆德（John R.Mott）等人加以接待。多年以后，当洛克菲勒基金会拨款捐建那远近驰名的纽约的"国际学社"（International House）时，穆德的儿子便是该社的执行书记。我特地在此提出说明这个国际精神，并未中断[3]。

像穆德这样的美国人，他们深知这样做实在是给予美国最大的机会，来告诉中国留学生，受美国教育的地方不限于课堂、实验室和图书馆等处；更重要的和更基本的还是在美国生活方式和文化方面去深入体会。因而通过这个国际委员会，他们号召美国各地其他的基督教领袖和基督教家庭，也以同样方式接待中国留学生，让他们知道美国基督教家庭的家庭生活的实际状况；也让中国留学生接触美国社会中最善良的男女，使中国留学生了解在美国基督教整体中的美国家庭生活和德性。这便是他们号召的目标之所在。许多基督教家庭响应此号召，这对我们当时的中国留学生，实在是获益匪浅。

在绮色佳地区康乃尔大学附近的基督教家庭——包括许多当地士绅和康大教职员——都接待中国学生。他们组织了许多非正式的组织来招待我们，他们也组织了很多的圣经班。假若中国留学生有此需要和宗教情绪的话，他们也帮助和介绍中国留学生加入他们的教会。因此在绮色佳城区和康乃尔校园附近也是我生平第一次与美国家庭发生亲密的接触。对一个外国学生来说，这是一种极其难得的机会，能领略和享受美国家庭、教育，特别是康大校园内知名的教授学者们的温情和招待[4]。

绮色佳和其他大学城区一样，有各种不同的教会。大多数的基督教会都各有其教堂。"教友会"（Quaker;Society of Friends）虽无单独的教堂，但是康乃尔大学法文系的康福（W. W. Comfort）教授却是个教友会的教友，足以补偿这个遗珠之憾。康氏后来出任费城教友会主办的海勿浮学院（Haverford College）的校长。我就送我的小儿子往该校就读两年。康福教授既是个教友会的基督徒，他的家庭生活便也是个极其美好的教友会教徒的家庭生活。我个人第一次对教友会的历史发生兴趣和接触，和对该派奇特而卓越的开山宗师乔治·弗克斯（George Fox）的认识，实由于读到〔欧洲文艺复兴大师〕伏尔泰（Voltaire）有关英国教友会派的通信。这一认识乃引起我对美国教友会的教友很多年的友谊〔5〕。

教友会的信徒们崇奉耶稣不争和不抵抗的教导。我对这一派的教义发生了兴趣，因为我本人也曾受同样的，但是却比耶稣还要早五百年的老子的不争的信条所影响。有一次我访问费城教友会区，康福教授便向我说："你一定要见一见我的母亲，访问一下她老人家。她住在费洛达菲亚城郊区的日尔曼镇（German Town）。"由于康福教授的专函介绍，我就顺便访问了康福老太太。康福老太太乃带我去参观教友会的会场〔6〕。这是我生平的第一次，印象和经验都是难忘的。由于这一次访问的印象太深刻了，所以在教友会里我有很多终身的朋友。我以后也时常去教友会集会中做讲演，我也送了我的小儿子去进教友会的大学〔7〕。

当然我也接触了很多基督教其他不寻常的支派。在我的《留学日记》里，我也记载了访问犹他州（Utah）"木尔门教会"（Mormonism）的经过。我也碰见过几位了不起的木尔门派学人和学生。我对他们的印象也是极其深刻的。同时也改变了以前我像一般人所共有的对木尔门教派很肤浅的误解〔8〕。

我和一些犹太人也相处得很亲密。犹太朋友中包括教授和学生。首先是在康乃尔，后来又在哥伦比亚，我对犹太人治学的本领和排除万难、力争上游的精神，印象极深。在我阅读《圣经》，尤其是《旧约》之后，我对犹太人真是极其钦佩〔9〕。所以我可以说这些都是我的经验的一部分——是我对美国生活方式的了解。

在一九一一年的夏天——也就是我从大学一年级升入二年级的那个夏天——有一次我应约去费城的字可诺松林区（Pocono Pines）参加"中国基督教学生联合会"的暑期集会。会址是在海拔二千英尺，风景清幽的高山之上。虽在盛暑，却颇有凉意〔10〕。该地有各项设备，足供小型的宗教集会之用。在我的《留学日记》里便记载着，一日晚间，我实在被这小型聚会的兴盛气氛所感动，我当场保证我以后要去研究基督教。在我的日记里，以及后来和朋友通信的函札上，我就说我几乎做了基督徒。可是后来又在相同的情绪之下，我又反悔了。直至今日我仍然是个未经感化的异端。但是在我的日记里我却小心地记录下这一段经验，算是我青年时代一部分经验的记录〔11〕。

今日回思，我对青年时代这段经验，实在甚为珍惜——这种经验导致我与一些基督教领袖们发生直接的接触，并了解基督教家庭的生活方式，乃至一般美国人民和那些我所尊敬的师长们的私生活，特别是康福教授对我的教导，使我能更深入地了解和爱好《圣经》的真义。我读遍《圣经》，对《新约》中的《四福音书》中至少有三篇我甚为欣赏；我也欢喜《使徒行传》和圣保罗一部分的书信。我一直欣赏《圣经》里所启发的知识。

后些年在北京大学时，我开始收集用各种方言所翻译的《新约》或《新旧约全书》的各种版本的中文《圣经》。我收集的主要目的是研究中国方言。有许多种中国方言，向来都没有见诸文字，或印刷出版，或作任何种文学的媒介或传播工具。可是基督教会为着传教，却第一次利用这些方言来翻译《福音》，后来甚至全译《新约》和一部分的《旧约》。

我为着研究语言而收藏的《圣经》，竟然日积月累，快速增加。当"中国圣经学会"为庆祝该会成立五十周年而举办的"中文《圣经》版本展览会"中，我的收藏，竟然高居第二位——仅略少于该会本身的收藏。这个位居第二的《圣经》收藏，居然是属于我这个未经上帝感化的异端胡适之!

二、我对美国政治的兴趣

以上所说的是我当学生时代生活的一方面。

唐君，你还要我说些什么呢? ……或者我再来谈点政治吧〔12〕。

当我于一九一〇年初到美国的时候，我对美国的政治组织、政党、总统选举团和整个选举的系统，可说一无所知。对美国宪法的真义和政府结构，也全属茫然。一九一一年十月，中国的辛亥革命突然爆发了。为时不过数月，便将统治中国有二百七十年之久的清朝专制推翻。一九一二年一月，中华民国便正式诞生了。你知道这一年是美国大选之年。大选之年也是美国最有趣和兴奋的年头。威尔逊是这一年民主党的候选人，同时共和党一分为二: 当权的塔夫脱总统领导着保守派，前总统老罗斯福却领导了自共和党分裂出来的进步党，它是美国当时的第三大党。罗氏也就是该党的领袖和总统候选人。这一来，三党势均力敌，旗鼓相当，因而连外国学生都兴奋得不得了〔13〕。

这一年康乃尔大学的政治系新聘了一位教授叫山姆・奥兹（Samuel P. Orth）。他原是克利弗兰市里的一位革新派的律师。他在该市以及其本州（俄亥俄）内的革新运动中都是个重要的领导分子，由康大自俄亥俄州的律师公会中延聘而来，教授美国政府和政党。我一直认为奥兹教授是我生平所遇到的最好的教授之一; 讲授美国政府和政党的专题，他实是最好的老师。我记得就在这个大选之年（一九一二——一九一三），我选了他的课。

下面一段便是他讲第一堂课时的开场白〔14〕:

今年是大选之年。我要本班每个学生都订三份日报——三份纽约出版的报纸，不是当地的小报——《纽约时报》（*The New York Times*）是支持威尔逊的；《纽约论坛报》（*The New York Tribune*）是支持塔夫脱的；《纽约晚报》（*The New York Evening Journal*）〔我不知道该报是否属于"哈兹系"（*Hearst family*）的新闻系统，但是该报不是个主要报纸〕是支持罗斯福的。诸位把每份订它三个月，将来会收获无量。在这三个月内，把每日每条新闻都读一遍。细读各条大选消息之后，要做个摘要；再根据这摘要做出读报报告缴给我。报纸算是本课目的必需参考书，报告便是课务作业。还有，你们也要把联邦四十八州之中，违法乱纪的竞选事迹做一番比较研究，缴上来算是期终作业！

我可以告诉你，在我对各州的选举活动做了一番比较研究之后，我对美国的政治也就相当熟习了。

奥兹教授在讲过他对学生的要求之后，又说："……就是这样了！关于其他方面的问题，听我的课好了！"

我对这门课甚感兴趣！

奥兹教授对历史很熟。历史上的政治领袖和各政党——从〔美国开国时期的〕联邦系（Federalists）到〔二十世纪初期的〕进步党（Progressives）——等创始人的传记，他也甚为清楚。他是俄亥俄州人，他对前总统麦金尼周围助选的政客，如一手把麦氏推上总统宝座的大名鼎鼎的麦克斯·韩纳（Marcus Hanna），他都很熟〔15〕。所以奥兹告诉我们说："看三份报，注视大选的经过。同时认定一个候选人作你自己支持的对象。这样你就注视你自己的总统候选人的得失，会使你对选举更为兴奋！"

他对我们的另一教导，便是要我们参与绮色佳城一带举行的每一个政治集会。我接受了奥氏的建议，于一九一二年的选举中选择了进步党党魁老罗斯福作为我自己支持的对象。四年之后（一九一六年），我又选择了威尔逊为我支持的对象。在一九一二年全年，我跑来跑去，都佩戴一枚〔象征支持罗斯福的〕大角野牛像的襟章；一九一六年，我又佩戴了支持威尔逊的襟章。

我在一九一二年也参加了许多次政治集会，其中有一次是老罗斯福讲演赞助进步党候选人欧斯克·史特斯（Oscar Strauss）竞选纽约州州长。在绮色佳集会中最激动的一次便是罗斯福被刺之后那一次集会。罗氏被刺客击中一枪，子弹始终留在身内未能取出。我参加了这次集会，好多教授也参加了。令我惊奇的却是此次大会的主席，竟是本校史密斯大楼（Coldwin Smith Hall）的管楼工人。这座大楼是康大各系和艺术学院的办公中心！这种由一位工友所主持的大会的民主精神，实在令我神往之至。在这次大会中，我们都为本党领袖的安全而祈祷，并通过一些有关的议案。这次大会也是我所参加过的毕生难忘的政治集会之一。

该年另一个难忘的集会便是由我的业师客雷敦（J. E. Creighton）教授代表民主党，康大法学院长亥斯（Alfred Hayes）教授代表进步党的一次辩论会。这批教授们直接参加国家大政的事，给我的印象实在太深了。我可以说，由这些集会所引起我的兴趣也一直影响了我以后一生的生活。

大选刚过，我因事往见伦理学教授习莱（Frank Thilly），当我们正在谈话之时，客雷敦教授忽然走了进来。他二人就当着我的面，旁若无人地大握其手，说："威尔逊当选了！威尔逊当选了！"我被他二人激动的情绪也感动得热泪盈眶。这两位教授都是支持威尔逊的。他二人也都在普林斯顿大学教过书，都深知威尔逊，因为威氏曾任普大校长多年。他二人对威氏出任总统也发生了不感兴趣的兴趣。

几年之后〔一九一五年〕，我迁往纽约市。从康乃尔大学研究院转学至哥伦比亚大学研究院，并住入哥大当时最新的佛纳大楼（Furnald Hall）。一九一五年不是个选举年，但是这一年却发生了有名的美国妇女为争取选举权的五马路大游行。我目睹许多名人参加此次游行。约翰·杜威夫妇也夹在游行队伍之中。杜威教授并曾当众演说。一九一五年岁暮，杜威并直接参加此一群众运动。这一件由教授们直接参加当时实际政治的事例，给我的影响亦至为深刻。

我想把一九一六年的大选在此地也顺便提一提。此时老罗斯福的光彩对我已失去兴趣，而我对那位国际政治家威尔逊却发生了极深的信仰。先是在一九一四年，我曾以职员和代表的身份参加过一次世界学生会议。这个会是当时"世界学生会联合会"（The Association of Cosmoplitan Clubs）和"欧洲学生国际联合会"（International Federation of Students of Europe）所联合举办的。先在绮色佳集会之后，再会于华盛顿。在华府我们曾受到威尔逊总统和国务卿白来恩（Williams Jennings Bryan）的亲自接见，他二人都在我们的会里发表讲演 [16]。

我清楚地记得正当一九一六年大选投票的高潮之时，我和几位中国同学去"纽约时报广场"看大选结果。途中我们看到《纽约世界日报》发出的号外。《世界日报》是支持威尔逊的大报之一。可是这一次的号外却报导共和党候选人休斯（Charles E. Hughes）有当选的可能。我们同感失望，但是我们还是去时报广场，看时报大厦上所放映的红白二色的光标，似乎也对威尔逊不利。我们当然更为失望，但是我们一直坚持到午夜。当《纽约晚邮报》出版，休斯仍是领先。该报的发行人是有名的世界和平运动赞助人韦那德（Oswald Garrison Villard）。我们真是太失望了。我们只有打道回校。那时的地道车实在拥挤不堪，我们简直挤不进去，所以我们几个人乃决定步行回校——从西四十二街走回西一一六街〔约五公里〕的哥大校园。

翌日清晨，我第一桩事便是看报上的选举消息。所有各报都报导休斯可能当选，但是我却买不到《纽约时报》。它显已被人抢购一空了。我不相信其他各报的消息，乃步行六条街，终于买到一份《时报》。《时报》的头条消息的标题是："威尔逊可能险胜！"读后为之一快，乃步行返校吃早餐。你可能记得，这一旗鼓相当的大选的选票一直清理了三天；直至加州选票被重数了之后，威尔逊才以三千票的"险胜"而当选总统！

另外，当时还有几个小插曲也值得一提。就在我差不多通过所有基层考试的时候，因为我希望在一九一六至一九一七年间完成我的博士论文，我觉得有迁出哥大宿舍的必要。那时的中国留学生差不多都集中住于三座宿舍大楼——佛纳·哈特莱（Hartley Hall）和李文斯敦（Livingston Hall）。〔中国同学住在一起，交际应酬太多，影响学业。〕所以我迁至离哥大六十条街〔三英里〕之外，靠近西一七二街附近的海文路九十二号一所小公寓，与一云南同学卢锡荣君同住。我们合雇了一位爱尔兰的村妇，帮忙打扫，她每周来一次做清洁工作。在一九一六年大选之前（那时妇女尚无投票权），我问她说："麦菲夫人（Mrs. Murphy），你们那一选区投哪位候选人的票啊？"【17】

"啊！我们全体反对威尔逊！"她说"因为威尔逊老婆死了不到一年，他就再娶了！"

数周之后，我参加了一个餐会。主讲人是西海岸斯坦福大学校长戴维·交顿（David Starr Jordan）。他是一位世界和平运动的主要领导人。当大家谈起大选的问题时，交顿说："今年我投谁的票，当初很难决定，我实在踌躇了很久，最后才投威尔逊的票！"他这席话使当时出席餐会的各界促进和平的士女大为骇异。所以有人就问交顿，当时为何踌躇。交顿说:"我原在普林斯顿教书,所以深知威尔逊的为人。当他做普大校长时,他居然给一位教授夫人送花!"这就是戴维·交顿不要威尔逊做美国总统的主要原因。其所持理由和我们的爱尔兰女佣所说的,实在有异曲同工之妙。

我对美国政治的兴趣和我对美国政制的研究,以及我学生时代所目睹的两次美国大选,对我后来对〔中国〕政治和政府的关心,都有着决定性的影响。其后在我一生之中,除了一任四年的战时中国驻美大使之外,我甚少参与实际政治。但是在我成年以后的生命里,我对政治始终采取了我自己所说的不感兴趣的兴趣(disinterested-interest)。我认为这种兴趣是一个知识分子对社会应有的责任。

三、放弃农科,转习哲学

我在一九一〇年进康乃尔大学时,原是学农科的。但是在康大附设的纽约州立农学院学了三个学期之后,我做了重大牺牲,决定转入该校的文理学院,改习文科。后来我在国内向青年学生讲演时便时常提到我改行的原因,并特别提及"果树学"(Pomology)那门课。这门课是专门研究果树的培育方法,这在当时的纽约州简直便是一门专门培育苹果树的课程。在我们课堂上学习之外,每周还有实习,就是这个"实习",最后使我决定改行的。

在我的讲演集里,有几处我都提到这个小故事。其经过大致是这样的[18]:

实习时,每个学生大致分得三十个或三十五个苹果。每个学生要根据一本培育学指南上所列举的项目,把这三十来个苹果加以分类。例如茎的长短,果脐的大小,果上棱角和圆形的特征,果皮的颜色,和切开后所测出的果肉的韧度和酸甜的尝试，肥瘦的记录……这叫作苹果分类，而这种分类也实在很笼统。我们这些对苹果初无认识的外国学生，分起来甚为头痛！

但是这种分类，美国学生做来，实在太容易了。他们对各种苹果早已胸有成竹；按表分类，他们一望而知。他们也毋需把苹果切开，尝其滋味。他们只要翻开索引或指南表格，得心应手地把三十几个苹果的学名一一填进去，大约花了二三十分钟的时间，实验便做完了。然后拣了几个苹果，塞入大衣口袋，便离开实验室，扬长而去。可是我们三两位中国同学可苦了。我们留在实验室内，各尽所能去按表填果，结果还是错误百出，成绩甚差。

在这些实验之后，我开始反躬自省：我勉力学农，是否已铸成大错呢？我对这些课程基本上是没有兴趣；而我早年所学，对这些课程也派不到丝毫用场；它与我自信有天分有兴趣的各方面，也背道而驰。这门果树学的课——尤其是这个实验——帮助我决定如何面对这个实际问题。

我那时很年轻，记忆力又好。考试前夕，努力学习，我对这些苹果还是可以勉强分类和应付考试的；但是我深知考试之后，不出三两天——至多一周，我会把那些当时有四百多种苹果的分类，还是要忘记得一干二净。我们中国，实际也没有这多种苹果，所以我认为学农实在是违背了我个人的兴趣。勉强去学，对我说来实在是浪费，甚至愚蠢。因此我后来在公开讲说中，便时时告诫青年，劝他们对他们自己的学习前途的选择，千万不要以社会时尚或社会国家之需要为标准。他们应该以他们自己的兴趣和禀赋，作为选科的标准才是正确的[19]。

除此之外，当然还有使我转入文理学院去学习哲学、文学、政治和经济的其他诸种因素。其他基本的因素之一便是我对哲学、中国哲学和研究史学的兴趣。中国古代哲学的基本著作，以及比较近代的宋明诸儒的论述，我在幼年时，差不多都已读过。我对这些学科的基本兴趣，也就是我个人的文化背景。

当我在农学院就读的时期，我的考试成绩，还不算坏。那时校中的规定，只要我能在规定的十八小时必修科的成绩平均在八十分以上，我还可随兴趣去选修两小时额外的课程。这是当时康乃尔大学的规定。这一规定，我后来也把它介绍给中国教育界，特别是北京大学。在中国我实在是这一制度最早的倡导人之一。

利用这两三个小时选修的机会，我便在文学院选了一门客雷敦教授所开的"哲学史"。客君不长于口才，但他对教学的认真，以及他在思想史里对各时代、各家各派的客观研究，给我一个极深的印象。他这一教导，使我对研究哲学——尤其是中国哲学——的兴趣，为之复苏!

使我改行的另一原因便是辛亥革命：打倒清朝，建立民国。中国当时既然是亚洲唯一的一个共和国，美国各地的社区和人民对这一新兴的中国政府发生了浓厚的兴趣。校园内外对这一问题的演讲者都有极大的需要。在当时的中国学生中，擅于口才而颇受欢迎的讲演者是一位工学院四年级的蔡吉庆。蔡君为上海圣约翰大学的毕业生。留美之前并曾在其母校教授英语。他是位极其成熟的人，一位精彩的英语演说家。但是当时邀请者太多，蔡君应接不暇。加以工学院课程太重，他抽不出空，所以有时只好谢绝邀请。可是他还是在中国同学中物色代替人，他居然认为我是个可造之材，可以对中国问题，做公开讲演。

有一天蔡君来找我。他说他在中国同学会中听过我几次讲演，甚为欣赏；他也知道我略谙中国古典文史。他要我越俎代庖，去替他应付几个不太困难的讲演会，向美国听众讲解中国革命和共和政府。在十分踌躇之后，我也接受了几个约会，并做了极大的准备工作。这几次讲演，对我真是极好的训练。蔡君此约，也替我职业上开辟了一个新的方向，使我成为一个英语演说家。同时由于公开讲演的兴趣，我对过去几十年促成中国革命的背景，和革命领袖人物的生平，也认真地研究了一番。

这个对政治史所发生的兴趣，便是促使我改行的第二个因素！

还有第三个促使我改行的原因，那就是我对文学的兴趣。我在古典文学方面的兴趣，倒相当过得去。纵是在我十几岁的时候，我的散文和诗词习作，都还差强人意。当我在康乃尔农学院（亦即纽约州立农学院）就读一年级的时候，英文是一门必修科，每周上课五小时，课程十分繁重；此外我们还要选修两门外国语——德文和法文。这些必修科使我对英国文学发生了浓厚的兴趣，我不但要阅读古典著作，还有文学习作和会话。学习德文、法文也使我发掘了德国和法国的文学。我现在虽然已不会说德语或法语，但是那时我对法文和德文都有相当过得去的阅读能力。教我法文的便是我的好友和老师康福教授，他也是我们中国学生圣经班的主持人。

我那两年的德语训练，也使我对歌德（Goethe）、雪莱（Schiller）、海涅（Heine）和茉辛（Lessing）诸大家的诗歌亦稍有涉猎。因而我对文学的兴趣——尤其是对英国文学的兴趣，使我继续选读必修科以外的文学课程。所以当我自农学院转入文学院时，我已具备了足够的学分（有二十个英国文学的学分），来完成一个学系的"学科程序"〔20〕。

康乃尔文学院当时的规定，每个学生必须完成至少一个"学科程序"才能毕业。可是当我毕业时，我已完成了三个"程序"：哲学和心理学，英国文学，政治和经济学。三个程序在三个不同的学术范围之内，所以那时我实在不能说，哪一门才是我的主科。但是我对英、法、德三国文学兴趣的成长，也就引起我对中国文学兴趣之复振。这也是促成我从农科改向文科的第三个基本原因。

我既然在大学结业时修毕在三个不同部门里的三个不同的"程序"，这一事实也说明我在以后岁月里所发展出来的文化生命。有时我自称为历史家，有时又称为思想史家，但我从未自称我是哲学家，或其他各行的什么专家。今天我几乎是六十六岁半的人了，我仍然不知道我主修何科；但是我也从来没有认为这是一件憾事！

注释

[1] 老朋友宋旭轩（晞）教授曾对庚款留学史做过一番简明扼要的记述。见宋曦著，《旅美论丛》（"台湾省中国文化学院"，一九六五年版），第三章：《美国退还庚子赔款与留美的新境界》，页八九——一二五。

据宋文，美国于一九〇九至一九一七年间，退款实额如后：

> 一九〇九——一九一〇：每年八四三，〇九四·九〇美元
> 一九一一——一九一四：每年五四一，一九八·七八美元
> 一九一五：七二四，九九三·四二美元
> 一九一六——一九一七：每年七九〇，一九六美元
> 一九〇九——一九一七：合计六，一五六，三七〇·三四美元

又据胡氏口述，以"庚款"作中国学生留美费用，系出自中国政府"自动提议"，亦与宋文所引伯顿（Cornelius H. Patton）之言不符。后者说是出诸美国政府的要求，似较可信。

[2] 参阅宋著前文。宋文附录有庚款第一、二两届学生全部名单，和第三届部分名单。又据陈启天著，《最近三十年中国教育史》（台湾省，文星书店，一九六二年版）页一六一，三届庚款保送留美学生共一百七十九人。

[3] 纽约的"国际学社"（International House），说穿了便是一座世界各国留美学生所杂居的观光大酒店。其中嘈嘈杂杂，美式的，乃至世界各式的声色犬马，应有尽有。在第一、二次大战前后到美国来留学的学生，泰半是来自最落后、最贫穷的亚、非、拉国家。从这种最落后的地区来到美国纽约这个花花世界留学的血气未定的青少年男女，住在观光大酒店内"念书"，他们学到些什么？感染了些什么？所体验的美式生活又是些什么？将来带回到他们祖国的又是些什么？稍通教育心理者皆不难想象！胡适之先生是位有思想的哲人，但是一个人的思想很难跳出他青少年时期所热爱的环境和岁月。所谓"不识庐山真面目，只缘身在此山中"，大概就是这个意思吧！

笔者虽未在"国际学社"住过一宵，但却是该社多年的"不居住社员"（non-resident member），前后在该社十条街之内一住就住了二十五年。所以把这座"横看成岭侧成峰"的"庐山"，可说是看得十分透彻了。它不是像一些有成见的人所批评的什么"毒化"或"奴化"，但也不是胡适之先生心目中的那么"国际精神"的可敬可爱！正如我国古代儒者所说的，"鄙夫有问……必竭其两端而告之！"研究我国近代留学史的有心人，对"留美"这个制度，实在应该虚心地从"两端"去看，庶能得其三昧！

【4】笔者旅美三十载，早年亦有与胡适之先生类似的经验，写出来与老辈经验相印证，该也是个有趣的比较。

一九四九年春初，当我衣袋内只剩七元现款，而尚欠一周房租未付之时，一位年轻而多金的中国同学向我说，他如是我，他早就"发疯"了。但是我没有"发疯"，因为抗战期间，我流浪至陪都重庆之时，一袭单衣、一双草履之外，袋内只剩半个四川大铜板（当年四川铜元，可以一切为二）。那时在重庆没有"发疯"，如今在纽约身着西装、足登革履、腕戴钢表，实在无"发疯"之必要——我相信天无绝人之路。

果然就在这人路将绝之时，忽然接到在"华美协进社"（The China House）做事的老同学艾国炎先生的电话。他说那时纽约郊区一个教会团体，组织了一个"中国学生辅助会"，来"辅助"绝粮的中国留学生。艾君问我愿不愿接受"辅助"。这既然不是什么"嗟来之食"，我对这辅助也就欣然接受了。

当时我们接受"辅助"的中国同学一共有三十人——十五男，十五女。我们被招待到有空房间的"辅助会"会员家中寄宿，每家住一人或二人。食宿免费之外，我们还有入城火车月票，好让我们每日返校上学；另外每人每月还有三十元的午餐费和零用钱。这些都是那些辅助会的会员们捐助的。

我被招待在一对何柏林老夫妇（Mr. & Mrs. George Hoblin）的家里。他们的孩子都长大了，家有余室，他们就招待我住入他家的顶楼。何君夫妇都是德裔二代移民。先生原先是一位修屋顶的工人，递升为公司下级职员。他二老知识虽不太高，但为人却极其和善，宗教信仰尤笃。他们家庭生活之有规律，实为我平生所仅见；而这一座上下四楼的花园洋房，被收拾得纤尘不染，简直干净到我不能相信的程度！

我们住定之后，这三十家辅助会会员，每逢周末，便轮流招待我们，举行茶会或餐会。他们给我们的印象实在太好了。其中一位熊夫人（Mrs. Elizabeth Schoen），最近（一九七七年耶诞节）还和我夫妇通讯，她说她八十岁开始上大学，现在"快毕业"了。

这一批基督教会内的善男信女，他们不是传教士，也没有向我们传教。他们只是一本助人为快乐之本的精神，帮助我们渡过难关罢了。大体说来，他们为人处世都和善热忱、诚实无欺、自爱爱人、开明民主……有说不尽的美德。在我们那时的心目中，他们简直是一群道德完美的"圣者"。笔者当时便时时反躬自省，我觉得美国之有今日的富强，实在不是偶然的。郭嵩焘氏推崇十九世纪的英伦，说：不期三代之治，见于今日。这正是笔者五十年代初期对这个美国社会的感想。何柏林伉俪每周带我去教堂做礼拜。他们也不是向我传教，他们只是真心相信，好人是没有理由不做基督徒的；他二老每个月的五分之一的收入，都是捐给教会，作公益用途的。他们的教堂也有规定的日程，让新教友入教受洗。届时他们也预备介绍我入教，虽然他二老事前并没有向我提过。

孰知我天生与耶教无缘。唯独在这个星期天，我的导师约我有个聚会，因而我没有随何家去教堂，也就没有"入教"了。我那时对基督教，尤其是对这一批诚实的信徒，只有尊敬而无恶感。如不因事耽误了，我相信我那时不会拒绝入教的。三十年来我对这批美国友人的尊敬，真是始终如一。我至今相信，我当时对他们的观察是正确的。我今日的邻居，多半也还是这种人。但是今日我也知道，这也只是复杂的美国文明中的"豹之一斑"。它只是纽英伦（New England）和纽约郊区，白色新教徒中产阶级，尤其是所谓 WASP 阶级，"衣食足、礼义兴"之后，生活方式的一环。我们如果把这一环当成全貌，那就难免以偏概全了。

胡适之先生乃至和胡氏同辈的有观察力、有学养的老辈留学生，他们言必称美国，并不是如一般洋奴大班的"崇洋"。只是他们早年，乃至暮年，对美国基督文明的感染，就始终没有跳出笔者上述的那个阶段。

胡先生那一辈的留美学生，可以说全是中国士大夫阶级里少爷小姐出身的。他们漂洋过海，又钻进了美国 WASP 的社会里来，心理上、生活上，真是如鱼得水，一拍即合。但是这个 WASP 的社会比他们原有的腐败落伍的士大夫生活要合情合理得多；换言之，也就是"现代化"得多了。见贤思齐，他们难免就自惭形秽。至于 WASP 幕后还有些什么其他的花样，又怎是胡适当年这批二十来岁的中国青年所能体会的呢？也更不是后来一些隔靴搔痒的名流学者们所能透彻了解的了。

近代西方游客，对极权国家旅游事业（通称"观光事业"）的批评，总欢喜用"限制导游"（guided tours）这句话来说明对方只许看好的，不许看坏的。近百年来，美国各界之接待外国留学生，事实上也是一样的。所不同者，美国的"限制导游"多出诸游客的自愿；另一方面，则是多少有点强迫性质罢了。其实就"限制"一词来说，二者是殊途同归的。只是自动比被动更有效罢了。胡适之先生那一辈，比较有思想的留学生，就是参加了这个自动的"限制导游"，而对美国文明，终身颂之的！

不过所谓"文化交流"本来就是个截长补短的运动。胡适之先生那一辈的留美学生但见洋人之长，而未见其短，或讳言其短，实足无可厚非的。他们所要介绍的"西方文明"，原来就是要以西洋之长，以补我东方之短。如果我们知道西方也是"尺有所短"，我们就自护其短，那就是冬烘遗老了。

[5] "教友会"胡氏亦译为"友朋会""朋友会"或"匮克派"（见《留学日记》卷八，页五五六），是个很特殊的教会。他们是无条件反战的。日本人偷袭珍珠港之后，美国国会以三八八对一票通过对日宣战。这唯一的一张"反对票"，便是一位匮克派的议员投的。其"反战"的坚决性，也可以想见了。匮克派一般教友信教都十分虔诚。在西方社会里，笃信宗教，总归是值得尊敬的。

[6] 匮克派是没有教堂（church）的。他们的祷告讲道之处，通称会场（meeting place）。笔者亦尝被约去其会场讲演。

[7] 适之先生的小儿子思杜，便是海勿浮学院的校友。

[8] 木尔门派，亦称"后圣派"（The Church of Jesus Christ of Latter-day Satints），或译"摩门派"，也是个狂热的基督教支派。任何宗教信仰，如果发展到狂热的程度，都是会走火入魔的。……基督教走火入魔的支派，当然更多。洪秀全的"拜上帝会"便是在我国发生的一个例子。在近代欧洲，这些支派有时狂热到不能在欧洲立足的程度，他们便纷纷向美洲"逃难""朝山进香""寻

找自由"。早期纽英伦的"清教徒"（Puritans，也是杜威教授的远祖），便是为"寻找自由"而冒险犯难，逃来美洲的。抵美后，他们违反个人"自由"的清规戒律，和反对"异端"也有"自由"的行为，竟发展到毫无理性的杀人放火的程度。虽然有绝对"不让人家牵着鼻子走"的蛮劲，也奠定了"洋基"后人绝对个人主义的美国式民主政治的基石。

还有些其他古怪的宗派，古怪到连在美国东岸也不能立足，乃向西流窜。在这些西窜的小支派中，木尔门派便是其中之一。他们被一直赶到犹他州的沙漠边缘，才能立足偷安。

在这次逃难过程中，他们的最高宗教领袖杨氏（Brigham Young）便是个大大的怪物。他讨了将近二十个老婆，生了五十六个儿女！他的中国同宗杨森将军，恐怕也不能和他相比。

今年（一九七八）夏季，犹他州里一位木尔门派的母亲，为急于要"见上帝"，竟然要她六个可爱的亲生子女，——自高楼窗口跳下摔死，弄得举国哗然。所以木尔门教实在是一种中世纪超级迷信的后遗症。这种人所谓"信仰自由"（freedom of faith）实质上是一种"愚昧自由"（freedom of ignorance）。但是卖瓜的人不说瓜苦，任何人对他自己的信仰，不论是如何落伍，也会找出一套理由来作为辩护的。

胡适之先生那一辈的革新志士，口口声声要打倒孔家店；他们不知道西方的耶家店，更应该打倒！

〔9〕犹太人也是个有宗教狂热的民族——就整个民族文化来说，我们中国人就未吃过这种"狂热"的亏——犹太人最初被赶出埃及，便是因为宗教的缘故。其后到处流浪。愈流浪则宗教信仰愈笃，宗教信仰愈笃，就愈不能和其他异教人士相处。因此形成个歧视和被歧视的恶性循环。中古时期，犹太人在欧洲多无权购置田产。同时为着牟利——正如我国《汉书》上所说的"农不如工，工不如商"——聪明的犹太人也不愿务农。不务农，则只有挤在城市里经商了。所以犹太人倒颇有点像"我们安徽"的"徽州人"。大犹太就是徽州盐商，小犹太就是徽州朝奉。同时由于久住大城市，教育上得风气之先，也就出了许多犹太朱熹、犹太戴震和犹太胡适来。

可是唯利是图的商人，总归招人嫉忌的。这也就是历史上所记述的血迹斑斑的反犹（anti-Semitism）运动的导火线——东南亚土著的"排华运动"也有些类似的缘因——大家都反犹，犹太人自己就更团结，对犹太的传统就更保守、更珍惜。所以犹太正教（Orthodox Judaism）也是今日世界上最保守的宗教之一。他们有的保守到要搞多妻制的程度。

五十年代中，纽约有一位正教犹太人死了，其弟欲纳其寡嫂为"侧室"。这位寡嫂当然不愿。不意那些出面调停的该教长老，也力主遵循正教祖宗家法，兄终弟及！此事闹入法院，据说那位断案的美国法官，也是位正教犹太。他竟然也主张美国境内的"少数民族"，在家庭生活上，有权"各从其俗"，一时闹得不得开交！所以各种民族的风俗习惯，都是优劣互见的。大家都有其进步和反动的两面性。我辈华裔移民，久居异邦，在矛盾抵触中，求其心安理得的生存，才希望能逐渐理解华洋之别，和折中之道。胡适之先生是位聪明人和目光锐敏的社会观察家，对各民族性的短长所在，他焉有不知之理？只是他是个国际性的学者，一言九鼎，为盛名所累，他就只能报喜不报忧了。

胡氏一生为言论自由而奋斗，可是晚年的胡适之在学术上实在没有享受到他应有的"自由"，这便是他在盛名之下，自我限制的结果。

［10］宇可诺松林区位于纽约市之西约六十英里。该地原是一片原始森林。六十年代之初，联邦政府决定兴建当今世界上最宽阔、最现代化的"八十号超级公路"通过该区。筑路之前，那些得消息之先的政客乃与地产商相勾结，大炒地皮。他们以极贱的地价，大块购入，筑路、通电、蓄水，加以"开发"。然后再把大块切小，高价出售，让纽约和费城一带富人前往建筑别墅。果然未几该地便莺燕纷飞，俨然是一片避暑驱寒的胜地了。

今日该地区华裔别墅居民亦不下数十家。笔者好友中便有胡、宣、何三家，在该处筑有精舍；隔山相望，清幽无比。笔者合家亦常应友人雅意，驱车前往，同度周末。三十年河东转河西，宇可诺松林已非复胡适当年所见者了。聊志之，以见两代留美学生不同的环境和不同的生活情趣！

［11］见一九一一年六月十八日《胡适留学日记》。

［12］哥伦比亚大学中国口述历史学部当年曾访问中国名流十余人。因为受

访问者的教育背景、工作习惯、故事内容均各有不同，加以受派前往工作的访问人员的教育背景亦悬殊甚大，所以各个人的"口述历史"的撰录经过也人人不同。其中纯洋式的则采取西人"口授"（dictation）的方式；纯中国式的，则几乎采取一般茶余酒后的聊天方式。介于二者之间的，则往往是受访问者以中文口述，访问人员直接以英文撰稿。

胡适之先生的口述方式则又另成一格。他本可以英语直接"口授"，无奈他的故事内容多侧重于论学。论学时，则随口翻译就很难了。译得得体，则非有长时准备不可。费时准备，则胡公大可自己撰写，又何必口授呢？既没空准备，他老人家就中英夹杂地和笔者聊天，再由笔者负责代为整理了。所以他在"口述"时，便常常发问："你还要我说些什么？还要说些什么呢？"笔者则循例翻阅自备的"大纲"，临时建议，故录音记录上亦时时有此问答。但是在校稿时我照例把这些问答全部划掉了，想不到哥大所公布的稿子上还遗留了"唐君……"云云这一句对话。

[13] 十九世纪与二十世纪交接的这一二十年，实是美国资本主义制度面临最严重考验的一段时间。斯时所谓"镀金时代"（The Gilced Age）的美好岁月已日渐消失，以垄断企业为主体的美国经济制度这时弱点毕露，因此社会主义思潮一时并起。影响孙中山先生思想最大的美国思想家，《进步与贫困》（*Progress and Poverty*）一书的作者亨利·乔治（Henry George）便是这个时代意识形态的灵魂。思想化为力量，乃有倡导社会主义的"国民运动"（The Populist Movement）的爆发，和"社会党"（Socialist Party）的诞生。一九一二年大选时，领导此一运动的德卜（Eugene Victor Debs），也就被推选为社会党的总统候选人。德卜虽当不了总统，但是他却拥有来势汹汹、不满现状的大批选民。为争取这批选民的支持，共和党由老罗斯福（Theodore Roose velt）所领导的革新派，乃和塔夫脱（William Howard Taft）总统所领导的保守派分裂，另组"进步党"（Progressive Party），以与号召革新的威尔逊（Woodrow Wilson）相抗衡。所以这次选举，在意识形态上的意义甚为重大，青年学子也为之特别冲动。

"进步党"候选人罗斯福，我国人通称之为老罗斯福，以别于三四十年代的富兰克林·罗斯福（Franklin Delano Roosevelt）。本文此处译名，亦从习惯用法。

[14] 此段引文为胡氏本人之回忆，并非直接引自奥氏的讲稿或著述。《纽

约晚报》系"哈兹系"的报纸。

【15】韩纳为俄亥俄州大财阀、大政客。一八九六年之大选,韩氏为支持麦金尼(William Mckinley)竞选总统,曾为共和党筹捐助选经费至三百五十万美元之巨。这在当时是个史无前例的助选经费。韩氏亦以此当选共和党全国委员会主席,成为左右全美政局的大政客;麦氏亦赖其只手扶持而当选美国第二十五届总统。

【16】"世界学生会"是当时美国的一个国际学生组织。各名大学之内皆有分会。胡氏曾当选康乃尔分会主席。

【17】胡氏的海文路公寓便是他女朋友韦莲司女士(Miss Edith Clifford Williams)转让给他的。麦菲夫人想必也是韦小姐原先的女佣。当时纽约一带的女佣多半是爱尔兰移民的妻女,这和战前上海的女佣多半是"江北人"一样。因为十九世纪中叶,爱尔兰大饥,死人如麻。据说那时爱尔兰的道左饿殍嘴唇都现绿色,因为死前吃草的缘故。挨饿未死的爱尔兰饥民乃大批涌入美国,恰巧此时也正是中国苦力大批向美移民之时。这时爱尔兰移民无法与其他白种移民竞争,乃转与中国移民抢饭吃。但是他们又没有中国苦力刻苦耐劳,乃不要脸地用各种下流手腕迫害华工,乃掀起了长逾百年的美国排华运动(Chinese Exclusion Movement)。在此期间我华裔移民所受无理的迫害和美国排华分子所犯的滔天罪行,真是罄竹难书!

就在全美排华最烈之时,也正是胡适之先生这一辈"庚款留学生"大批来美之时。而这批少爷小姐们留美期间,对上层白种美国人,真是桃花潭水,一往情深!而对在此邦受苦受难的最下层黄皮肤的自己同胞,却未听过他们说过一句话,或写过一个字!也真是咄咄怪事!

吾人今日回头检讨近百年来我国留美教育史,对这一点,真不能不有所警惕!

【18】一九五二年胡氏返台时,十二月二十七日在台东县对青年们所讲的《中学生的修养与择业》,便举了这个"例子"。见《胡适言论集》(甲编)(一九五三年,"自由中国社"印行),页一二四——一二六。

【19】在上述讲演里,胡先生做了一个大胆的结论:

我的玩意儿对国家贡献最大的便是文学的"玩意儿",我所没有学过的东西。最近研究《水经注》（地理学的东西）。我已经六十二岁了，还不知道我究竟学什么？都在东摸摸、西摸摸。也许我以后还要学学水利工程亦未可知，虽则我现在头发都白了，还是无所专长、一无所成。可是我一生很快乐，因为我没有依社会需要的标准去学时髦。我服从了自己的个性，根据个人的兴趣所在去做，到现在虽然一无所成，但我生活得很快乐。希望青年朋友们，接受我经验得来的这个教训，不要问爸爸要你学什么，妈妈要你学什么，爱人要你学什么；要问自己性情所近、能力所能做的去学。这个标准很重要，社会所需要的标准是次要的。

当胡先生在一九五八年向我重复这一段话的时候，我就遵循他老人家的教导，"做学问要不疑处有疑"地，不以为然，和他抬了个小杠。

我认为他这段话"个人主义色彩太重"，"浪漫主义色彩太重"，对社会国家的需要和贡献"不实际"！因为胡适之所说的只是"胡适"的经验。"胡适的经验"不适合——也不可能适合一般"中学生"。

胡适是个"大学者""大使""大文豪"……总之是个大"有成就"的人。可是这个世界里万分之九千九百九十九，都可说是"没有成就"的普通人，因而这个美好的世界原是我辈"没有成就"的人的世界；"有成就的人"是极少极少的"少数民族"。所以我们的教育——尤其是中学教育，是应该教育一个人怎样做个"没有成就"的普通人，一个平民，一个光头老百姓。

做个光头老百姓最重要的条件是做个正正派派、有正当职业、养家活口、快快活活、当兵纳税的好公民。但是"正当职业"不是完全受个人兴趣指挥的，它要以社会、国家和团体的需要而定。"中学生"之中，文才横溢的"小鲁迅"真是千千万万；但是社会上对"鲁迅"的需要量（着重个"量"字）便远不如对"会计师""绘图员""水喉工"等的需要量大。如果一个"中学生"听了胡适的话，此生薄会计师而不为，非"鲁迅"不做，岂不是误人误己？为此他的"爸爸""妈妈""爱人"劝他视社会的需要，做实际一点的"择业"，难道还不是逆耳的忠言吗？

再者在今日发展中的社会里，有高度诗人气质的天才，未始就不能做个有训练的会计师。做个会计师，一天八小时之后，行有余力，仍可大作其诗，为什么一定要做"诗人"才能作诗呢？

　　总之胡适之先生那一辈的老知识分子，头脑里始终未能摆脱科举时代的旧观念。受教育的人一定要出人头地，一定要锥处囊中。他们不甘心做个普通人。但是在一个已发展的社会里，九年国教，人人可受，谁非知识分子呢？如果每个知识分子都要"立志"发展天才去做李白、杜甫、毕加索、胡适、爱因斯坦，那这个世界还成个什么世界呢？

　　就在我帮助胡老师写这段自传时，我的儿子光仪便在这个时期出世了。我在医院的走廊里夜半无事，曾试填一首"训子"小词，以为消遣。其中有几句说："……餐馆也好、衣馆也好、报馆何嫌？凭尔双手，自食其力，莫赚人间作孽钱！……"这虽是个没出息的爸爸，对他儿子没出息的希望，那也反映我当时追随胡适之先生学习的心境。一个读书的人，教个小书，谋个温饱，不是很心安理得吗？为什么一定要出人头地"不超人、毋宁死"（一个老朋友的座右铭）呢？

　　[20] 今日笔者所服务的纽约市立大学，所采取的仍是和康乃尔当年类似的制度。康大以前叫"程序"（sequence）；我们现在叫"主修"（major）。学生在某系，读完经系主任所认可的廿五个学分之后，便算是该系的"主修"了。笔者年前承乏市大亚洲学系时，学生——尤其是亚裔或华裔——有申请本系为"主修"者，我便力劝他们"兼修"另一科系；并与其他科系洽商允许该生"双修"（double major）或"三修"（triple major），这也就是胡适之先生当年所谓"两个或三个程序"一样的意思。笔者对学生的劝告，也就是胡先生要中学生"不要问"的"爸爸、妈妈、和爱人"的劝告。我坦白地告诉我的学生（尤其是中国学生）学历史或亚洲文化，在美国是没饭吃的。我劝他们"兼修"一点电脑、教育、或会计一类"实际一点"的课，以便大学毕业后好去"谋生"。如此，我也自觉稍减"误人子弟"的内疚。

　　胡适之先生如仍健在，他听到笔者对学生的劝告，一定大不以为然。因为胡先生所要教的是一些将来和他（具体而微）一样"有成就"的学人专家；笔者所要教的则是一些和我一样"没有成就"，但却有个"正当职业"的普通人。

原载《传记文学》第三十三卷　第四期

▼

第四章

青年期的政治训练

一、公开讲演的训练

在我为中国问题四处公开讲演之时，我却没有受过做公开讲演的正式训练。所以在一九一二年的夏天，我就选修了一门训练讲演的课程。这是一门极有趣味的课程。我的老师艾沃里特（Everett）教授是一位好老师。暑校是从七月初开课的。当我第一次被叫上讲台做练习讲演之时，我真是浑身发抖。此事说也奇怪，在此之前我已经讲演过多少次了。但是这一次却是在课室内第一次被叫上台。那天虽然是盛暑，天气极热，但是我仍然浑身发冷、发颤；我必须扶着讲台，始能想出我预备的讲稿。艾教授看我扶着台子才能讲话，第二次他再叫我时，他便把台子搬走了，当然我也就无所依据。因为要忙着想我的讲词，我也就忘记我的腿了，它也就不再发抖。这样便开始了我后来有训练的讲演生涯〔1〕。

我在康乃尔时代，讲演的地区是相当辽阔——东至波士顿，西及俄亥俄州的哥伦布城。这个区域对当时在美国留学的一个外国学生来说是相当辽阔的了。为着讲演，我还要时常缺课。但是我乐此不疲，这一兴趣对我真是历四五十年而不衰。

在我大学四年级那一年，我获得卜郎吟文学论文奖金（Hiram Corson Prize on Robert Browning）〔2〕。该项奖金原是英国文学教授，也是卜郎吟生前的好友，考尔逊（Hiram Corson）所设立的。考氏曾在康乃尔大学教授卜郎吟诗。我用不具真姓名的方式写了一篇《捍卫卜郎吟的乐观主义》（*In defense of Browning's optimism*）的论文投稿应征。那时我因为〔转系的关系〕留学的生活费被减缩；同时我还要抽点钱接济母亲，所以生活甚为窘困〔3〕。这宗五十元的文学奖金对我真是雪中送炭。再者由于一个中国学生竟然得了一个卜郎吟文学奖，当时竟然变成新闻。纽约各报刊都加以报导。这样一来，我这位薄有微名的讲演者也颇为人所称道，所以连当时美国文化重地的波士顿市内的"卜郎吟学会"（Browning Society）也请我去讲演，这就是我讲演的地区一直延伸到波士顿的原委。

这些讲演对我虽然因为要充分准备而荒时废业，但我从无懊悔之意。后来在我教书期间，纵使有些课我已教了很多年，上课之前我仍然是彻底的准备；其后纵是个把钟头的功课，我从不毫无准备地贸贸然上堂，虽然这种准备工作往往要花去好几个钟头。

当然我也受讲演之累。其中最明显的一次，便是在我就读研究院的第二年（一九一五）时，我的奖学金被校方停止了。

康乃尔大学的哲学系亦名"塞基哲学院"（Russell Sage School of Philosophy），其基金原是房索·塞基家庭捐资设立的，并另设塞基哲学奖学金以资助哲学研究生。我进康乃尔大学研究院时本来就领有该项奖学金，但是当我于一九一五年申请延长时，却被校方拒绝了。那专司审查奖金候选人的指导委员会主席索莱（Frank Thilly）教授便坦白相告，说我在讲演上荒时废业太多，所以哲学系不让我继续领取该项奖金。

在我当学生时代我便一直认为公开讲演对我大有裨益。我发现公开讲演时常强迫我对一个讲题做有系统的和合乎逻辑的构想，然后再做有系统的又合乎逻辑和文化气味的陈述。我时常举出"儒教"这个题目为例。所有中国学生大致都知道或多或少有关儒教的教义，但是他们对儒教的了解多半流于空泛，少组织、无系统。假若一个中国学生被请去做十分或廿分钟有关儒教的讲演，只有在这种场合，他才被迫对这题目打个草稿，并从事思考如何去表达自己。他先要想从何说起，想出他自己的意思，他对这题目的认识和印象，然后再加以合乎逻辑的组织，好使听众了解。这样一来，他也可帮助他自己对这一题目做前所未有的更深入的思考，他将来对这一题目做更广泛的研究，也就以此为出发点。

公开讲演也是个最好的机会，让一个人去训练他自己的写作，训练他做笔记的系统化。这些不同形式的表达方法可以强迫一个人，对一项命题去组织他的感想、观念和知识；这样可使他以写作的方式，对他要表达的题目了解得更清楚。所以我对公开讲演的好处，曾撰一简单的格言来加以概括。这格言便是：

要使你所得印象变成你自己的，最有效的法子是记录或表现成文章。

大凡一个人的观念和印象通常都是很空泛的，空泛的观念事实上并不是他的私产。但是一个人如他的观念和感想，真正按照逻辑，系统化地组织起来，在这情况之下——也只有在这种情况之下——这些观念和感想，才可以说是真正属于他的了。所以我用"专用""占有"来表明我的意思。

一九一五年的秋季，我自康乃尔大学转学至哥伦比亚大学。转学的原因之一，便是经过一系列的公开讲演之后，五年的康乃尔大学生活，使我在该校弄得尽人皆知。我在我的留学日记里便记载着，在这个小小的大学城内，熟人太多，反而不舒服。

平时我的访客也太多。绮色佳一带的教会、社团，尤其是妇女团体，经常来邀请我去讲演，真是应接不暇。因而我想起一句中国诗："万人如海一身藏！"所以我想脱离小城镇绮色佳，而转到大城市纽约。该处人潮如海，一个人在街头可以独行踽踽，不受别人注意。这种心境至少也是促成我转学的原因之一。其后两年（一九一五——一九一七），我发现这个想法是有极大的道理。在一个数百万人的大城市中，我是真正的"一身藏"了。

二、学习议会程序

在我所经历的各项学生时代的活动里，还有一件事对我后来的生活大有影响。那就是主持学生俱乐部和学生会议时，使我对民主议会程序有所体会。在一九一〇至一九二〇年这段时期里，几乎所有的美国学生会的章程都明文规定，各种会议的议事程序要以《罗氏议事规程》（*Robert's Rules of Order*）为准则。我是"中国学生会"里的干事。我发现"中国学生会"的会章里也有这一条。我也是康乃尔大学"世界学生会"的组织干事，后来继任该会主席。该会的会章上，也列有这一条。

康乃尔大学里的"世界学生会"（Cosmopolitan Club）是当时一个校际组织——"各大学世界学生联合会"——之下的一个分会。这个联合会每年在不同的校园内举行年会。由于参加乃至主持这些会议，以及学习使用《罗氏议事规程》，使我逐渐了解民主议会议事程序的精义，这也是我当学生时参加学生活动的一大收获。在我的留学日记里，我曾记下我第一次主持学生会会议的经验。我说那一小时做主席的经验，实远胜于对《罗氏议事规程》做几个小时的研读。

多少年后，我曾在南京考试院的考选委员会所召开的有关高普考的会议担任主席。这个会议是考试院邀请各大学派员参加而召开的。我代表北京大学去南京出席大会。当我担任主席所主持的那一次会议期间，我发现有些人特地来观察我们开会的程序。当晚便有一位考试院的元老来看我。他说："我们这一辈的民元老国会的议员，总以为我们是唯一的一群人懂得议会程序了。但是我今天看到你做主席时的老练程度，实在惊叹不置！胡先生，您在哪里学会这一套的呀？"我告诉他我是在当学生时代，主持各种学生会议时学出来的。

我所以提这件小事的意思，就是说明这一方式的民主会议程序的掌握，使我对民主政治有所认识，以及一个共和国家的公民在政治上活动的情形，也有更进一步的了解。这是多么有益的一种训练！因此我对孙中山先生的强调使用议会程序的号召，实有由衷的敬佩。孙先生把一种民主议会规则的标准本，译成中文，名之曰"民权初步"。我完全同意他的看法，民主议会程序，实在是实行民权政治的"初步"〔4〕！

三、对世界主义、和平主义和国际主义的信仰

现在我想进一步谈谈我对"世界主义"（cosmopolianism）、"和平主义"（pacifism）和"国际主义"（internationalism）学习的经过。我把"世界主义"和"国际主义"分开。其原因便是我想使"国际主义"这一名词为我将来讨论我进一步发展的"新和平主义"作专题来发挥。

我在康乃尔和哥伦比亚做学生时代生活经验的一部分，便是我和来自世界各国留学生的交往。在康乃尔时期，自大二开始，我就住进康大新建的世界学生会的宿舍，一住就住了三年，一直住到大学四年级——也就是我读研究院的第一年。换言之，我是从一九一一年的夏天一直住到一九一四年的夏天〔5〕。

当我在世界学生会的宿舍寄宿期间，我认识了来自世界各地的学生，例如来自菲律宾、中南美洲、波多黎各、印度、南非以及少数从欧洲来的。其中尤以从中南美洲来的为数更多。我们之间的友谊有的维持了三十余年而未中断。我有几位波多黎各和南非的朋友，今日还和我继续通信。这些国际友谊对我说来真受惠不浅，它使我的智慧天地为之扩大，使我能真正了解许多国家的习俗和人民的生活方式。

那个世界学生会有个习俗便是由不同种族的学生分别举办不同种族的民族晚会。晚会中所有会员及其友好均可参加。例如中国学生则主持一个中国晚会，菲律宾学生则主持一个菲律宾晚会，阿根廷学生举办阿根廷晚会，等等。就是在这些不同的民族晚会里，我们对各种民族不同的习俗便有了更深入的了解。更重要的还是各族学生间社交的接触和亲密的国际友

谊之形成，使我们了解人种的团结和人类文明基本的要素【6】。

这就是我在美国留学期间最重要的收获之一方面。再后来，全世界的学生都蜂拥来美进各大学和研究院留学，这种经验自然就更为丰富，而国际间的接触和了解，自然就更为扩大了。上面我已经提过，我参加世界学生会的活动，实不限于康乃尔一隅，同时也有国际性的一面。

康乃尔的世界学生曾原是"世界学生会联合会（The Association of Cosmopolitan Clubs）的一个支部。而该联合会又为一规模更大的国际学生组织"兄弟同心会"（Corda Frates;Brothers at Heart）的支会。这一国际性组织不特包含南美洲的学联，并且包罗了意大利、德国和法国的学生。

此一国际学生组织曾于一九一四年在绮色佳举行年会。我那时是义有地主之谊的康乃尔分会的会长，对此一"国际学生大会"颇事奔波，因而对国际学生的接触也就更为广泛。

我到今天还记得，我们康乃尔分会的"会训"便是："万国之上犹有人类在！"这句话原为康大史学名教授葛得宏·斯密斯（Goldwin Smith）的名言。斯氏原为英国人，是康大早期的名教授之一。他对康乃尔一往情深，因而慨捐巨款为康大文学院建造大楼命名为葛得宏·斯密斯大楼（Goldwin Smith Hall）。那是一幢壮丽的建筑物，也是校园内建筑群的中心建筑。

以上便是我个人对"世界主义"的亲身体验。我特别想谈谈，在那些年的动乱世界里，我自己那些年投身于世界和平运动中的个人活动。我在美国留学前后七年，自一九一〇至一九一七年。最初四年尚无战事，后三年——一九一四至一九一七——则为第一次世界大战期间，亦即是美国参战前的三年。这三年也是中国国运中最受考验的三年，因为中国当时承受了日本不断的压迫。

第一次世界大战爆发前两年，英日两国结为同盟。日本既为英国的盟国，第一次大战爆发时日本也就以英国的盟国关系而对德作战，向德国在中国的殖民地青岛进攻。

占领了青岛之后，日本复于一九一五年一月向中国提出"二十一条要求"。日本的要求本是秘密提出的，结果这一秘密被"泄漏"了，由美国新闻界传了出来。我想这是中国外交部故意把它泄漏的【7】。消息既出，则全世界也就注视到中国对这项无理要求的反应。所以当我留美的最后三年，也是第一次世界大战的头三年，也是中日邦交上最不愉快的三年，因此我个人对当时的国际问题也颇加思索。

其后好多年，我都是个极端的和平主义者。原来在我十几岁的时候，我就已经深受老子和墨子的影响。这两位中国古代哲学家，对我的影响实在很大。墨子主"非攻"，他的"非攻"的理论实在是篇名著，尤其是三篇里的《非攻上》实在是最合乎逻辑的反战名著；反对那些人类理智上最矛盾、最无理性、最违反逻辑的好战的人性。

老子对我的影响又稍有不同。老子主张"不争"（不抵抗）。"不争"便是他在耶稣诞生五百年之前所形成的自然宇宙哲学之一环。老子说："夫惟不争，故天下莫能与之争！"他一直主张弱能胜强，柔能克刚。老子总是拿水作比喻来解释他的不抵抗哲学。老子说："天下莫柔弱于水，而攻坚强者，莫之能先！"

老子对我幼年的思想影响很深。记得我在一九〇九年（清宣统元年，己酉）作了一首咏"秋柳"的诗。这是一首绝句，在这诗前的小序上，我写道："秋日适野，见万木皆有衰意。而柳以弱质，际兹高秋，独能迎风而舞，意态自如。岂老氏所谓能以弱者存耶？感而赋之。"【8】

我作这首小诗还不满十八岁。我引这篇小序来说明我幼年便深受老子的教义和墨子非攻哲学的影响。

后来在学生时代，我读了耶稣教的《圣经》，尤其是《新约》。在

《福音》里我体会到对邪恶魔鬼不抵抗的基督教义，以及人家打你右颊，你把左颊再转过去让他打的原理，都和我国老子不争的理论有极其相同之处。加以我又认识一批〔极端反战的〕教友派的朋友，使我对幼年的信仰益发深入。所以我个人对不抵抗主义的信仰实发源于老子、耶稣基督和教友派基督徒的基本信仰。

一九一四年世界大战爆发了。这一年我正在康乃尔大学毕业。那时我已对国际和平运动十分热心了，并与当时一些活跃的和平运动人士如乔治·讷司密斯（George Nasmyth），路易·陆克纳（Louis P. Lochner）、约翰·墨茨（John Metz）等人往还。讷司密斯是康大物理系刚毕业的一位教友会家庭出身的青年。康乃尔结业后，他便在波士顿的"和平协会"（Peace Foundation）工作。陆克纳则任"世界学生会总会"的总书记。约翰·墨茨则是一位德国籍的和平主义者。和他们往还，使我深信，在一个高度文明的社会里，和平是可能实现的。所以当世界大战于一九一四年八月间爆发时，我真是惊诧不置! 震悸之余，我实在不相信战争真会打起来。因此我花了好多天时间去阅读和研究这场战争如何爆发的前因后果，并写成一篇长文保存在我的日记里作为我自己的参考。我阐明三国同盟和三国协约形成之经过，以及德国如何侵犯了比利时的中立，终使英国对德宣战。比利时的中立便是个不抵抗哲学的具体例证。关于比利时的抵抗德国的智与不智的问题，那些和平主义者之间，颇有争论。所以比利时为中立被犯而奋起抗德一事，实是对不抵抗哲学活力如何的一个实际考验。

一年之后中日之间又发生冲突了，日本以战争威胁中国政府接受"二十一条要求"。自一九一五年二月底至五月初，中国留学生为此热烈讨论。通过《中国学生月报》大家主张对日作战。"对日本立刻开战"便是当时的口号。我为此事甚为焦虑，所以我决定向全体同学写一封公开信。让我引一段信上的话以显示当时中国留学生的战争意志，以为我个人的态度和我个人对全体同学的忠告。我的信的开头是这样写的：

亲爱弟兄们：

　　从上期〔中国学生〕月报上所表现的〔抗日〕情绪来看，我恐怕我们都已完全昏了头，简直是发疯了。有一个同学会竟然主张"对日作战！必要的话，就战至亡国灭种！"纵使是W. K. 钟君（译音）这样有成熟思想的基督徒，也火辣辣地说："纵使对日作战不幸战败而至于亡国——纵使这是命中注定不可避免的后果，我们也只有对日作战！除此之外，别无他途可循……让我们对日抗战，被日本征服，作比利时第二！"纵使是本刊的总编辑，他在社论上曾忠告我们说，感情冲动实无补于对当前国难的研讨；我们除运用感情之外，也应诉诸理智——纵使如此主张，他在本刊的另一页上也认为"中国人如今只有对日作战（毫不迟疑的对日作战），除此之外再没有第二条路可走！"

从上面这一段可以看到当时我的同学们主战的情绪了。因此在我的公开信上，接着便陈述我个人对大家的忠告。我说：

　　这些在我看来简直是不折不扣的疯癫。我们都情感冲动，神经紧张——不是的，简直是发了"爱国癫"！弟兄们，在这种紧要的关头，冲动是毫无用处的。情感冲动，慷慨激昂的爱国呼号，和充满情绪的建议条陈，未尝有助于任何国家〔的危难〕。谈兵"纸上"对我辈自称为"〔留〕学生"和"干材"的人们来说，实在是肤浅之极。

　　在我个人看来，我辈留学生如今与祖国远隔重洋；值此时机，我们的当务之急，实在应该是保持冷静。让我们各就本分，尽我们自己的责任；我们的责任便是读书学习。我们不要让报章上所传的纠纷，耽误了我们神圣的任务。我们要严肃、冷静、不惊、不慌地继续我们的学业。充实自己，为祖国力争上游，如祖国能渡此大难的话——这点我想是绝无问题的；或者去为祖国起死回生，如果祖国真有此需要的话！

弟兄们，这才是我们的当务之急！

我敢说，在目前的条件下，对日作战，简直是发疯。我们拿什么去作战呢？我们的总编辑说，我们有百万雄师。让我们正视现实：我们至多只有十二万部队可以称为"训练有素"，但是装备则甚为窳劣。我们压根儿没有海军。我们最大的兵船只是一艘排水量不过四千三百吨的第三级的巡洋舰。再看我们有多少军火吧？！我们拿什么来作战呢？

所以出诸至诚和报国之心我要说对日用兵论是胡说和愚昧。我们在战争中将毫无所获，剩下的只是一连串的毁灭、毁灭和再毁灭。

再说比利时罢。那个英勇的比利时！亲爱的弟兄们，我愿披肝沥胆地向诸位陈述：用只手来推挽大海的狂澜，算不得勇敢；以卵击石，更不算英雄。再者，比利时原亦无心自招覆灭。吾人试读比国作家查理·沙罗利（Charles Sarolea）博士所著的《比利时如何拯救欧洲》一书，便见分晓。盖比利时深知〔一旦战争爆发〕英法两国必然赴援。加以该国对其号称世界最坚固的堡垒的李格（Liege）和安特渥堡（Antwerp）两地坚固防线也深具自信心，而自觉有恃无恐，所以比利时才为国家的荣誉而孤注一掷。这是真正的勇敢和英雄气概吗？弟兄们，请为比利时着想；且看今日比国，为这一英雄光彩所作的牺牲，真正值得吗？

我并无意非难比国人民，我只是觉得比利时不值得我们仿效而已。

若有人硬要中国去蹈比利时的覆辙，则此人必然是中华民族的罪人。

总而言之，让我重述前言，请大家不要冲动；让我们各尽我们应有的责任，我们的责任便是读书求学！

远东问题最后解决的症结所在，不系于今日的对日作战，也不系于一强或列强的外在干涉，也不系于任何治标的办法如势力平衡或门户开放，更不系于任何像日本门罗主义一类的策划。最后的真正解决之道应另有法门——它较吾人今日所想象者当更为深奥。但其解决之道究在何处，我个人亦无从探索；我只是知道其不在何处罢了。让我们再为它深思熟虑，从长计议吧！

深盼大家在诅咒我之前，细读拙文。〔实不胜企祷之至！〕

弟胡适于纽约之绮色佳城 [9]

从上面这封信里我们可以看出中国留学生当时冲动的情形，同时也可看出我自己在此紧急时期如何试用我的不争哲学以盱衡世界大势和中日关系。

在我的留学日记里，我也记录了〔一九一五年〕五月六日——那个决定性日子的早晨我自己的情绪。就在这一天中国政府决定接受日本的最后通牒，对"二十一条要求"中的重要部门做重大让步。原来在前一日的夜间我已辗转不能入睡，所以六日清晨我便上街去买了一份塞拉克斯城（Syracuse）出版的晨报。拿了报纸，我走到工学院后面狭谷上的吊桥，俯视这一为水冲刷而成、景色非凡的千年幽谷，我不禁想起老子的名言："天下莫柔弱于水，而攻坚强者，莫之能先！"这些最坚强的岩石，还是被柔弱的水所征服了！

就在这天早晨，我俯视那被溪水冲刷而成的狭谷，我开始体会到并不是水之弱终能胜强，而是力——真正的力——才能使流水穿石。从感觉上说，这实在是我智慧上变动的起点。在这一转变之前，我在纽约已经有一段有趣的体验。那时我受康乃尔世界学生会的派遣前往纽约参加一个新的校际和平组织——"各大学非兵主义大同盟"（Collegiate League to Combat Militarism）的成立大会。该会在另一和平组织，"美国限制兵备会"（American League to Limit Armaments）的领导之下于一九一五年二月十三日正式成立。该会邀请学生参加的请柬是由《纽约晚邮报》（The New York Evening Post）的发行人兼编辑韦拉德（Oswald Garrison Villard）君署名的。韦氏为十九世纪赫赫有名的"废奴主义者"（abolitionist）威廉·格理逊（William Garrison）的外孙。《纽约晚邮报》是当时纽约编印皆佳的大报。我参加这个"非兵"组织的成立大会也是我信仰和平主义和不抵抗主义的和平活动的一部分。

但是在一九一五和一九一六两年之间，我的思想又开始转变了。一种智慧力量影响我转变的便是那英语民族的世界里最大的思想家之一，名著《大幻觉》（The Great Illusion）的作者诺曼·安吉尔（Norman Angell）。《大幻觉》是一九〇九年出版的，当时被认为是宣扬有建设性的新和平主义最脍炙人口的新著。该书一再重版，各高等文明的语言里皆有译本。在英国乃至世界其他各地都组织有宣扬《大幻觉》的社团，专门宣传这一名著里所揭示的主张。

在第一次世界大战爆发后的几年期间，美国学生在"卡内基国际和平基金会"（Carnegie Endowment for International Peace）的资助之下，组织了一个校际学生团体叫作"国际政治学会"（The International Polity Club），会员都是自优秀学生中遴选的。每年夏季各支会又分别推派代表数人参加该会所主持的国际关系讨论会。在此之前，在安吉尔氏领导之下，英国本已有类似的组织。据我所知这种会议在美国一共只举行过两次。第一次便是于一九一五年六月在绮色佳，康乃尔大学校园内举行的，我便是该次大会积极参与者之一。安吉尔先生便是该次为时两周的会议中的一个主讲人。另外还有些动人而富煽动性的讲演家也被邀参加。

第二年的年会是在俄亥俄州的克里弗兰城举行的，我也参加了大会。这一年安氏因事未能参加。在我的留学日记里对这两次的会议——尤其是一九一五年在康乃尔举行的那一次——我均有详尽的记述。

安氏的和平主义当时被称为"新和平主义"（New Pacifism），它与我以前所相信单纯的"不抵抗主义"是截然有别的。在我的日记里，我也为安氏哲学做了个节略如下〔10〕：

　　一个人如强迫别人接受他一己的意志，就会招致反抗。这样的强迫与反抗的对立，就会使双方力量抵消而至于毫无结果或浪费。〔在这样对立的情况之下，〕纵使一方面胜利了，仍然要创造出两种奴役——失败者为胜利者所奴役；胜利者为维持他的主宰权，又要随时准备对付这被奴役的对方，〔如此也就难免自我奴役。〕这样便形成了一种在经济上浪费亦如在道德上破产一样的〔互为因果的〕关系。这也就说明了所有基于强制执行或侵略行为的一切政策——如在一国之内〔所因此形成〕的特权和迫害，以及国与国之间〔所发生〕的战争和争霸——的彻底失败。但是如果双方息争合作，共同为人类的生命和人民的生计向大自然奋斗，则双方皆得其解放；双方都会发现这种和衷合作实在是最经济的办法。不特此也，双方且更可由此发现人类社会和社会精神价值上一切可能的发展的真正基础之所在。因为如果没有在正义的观念之下所建立的协议之中所产生的若干信仰，便不能产生〔永恒而诚实的〕团结合作。这〔一推理〕便明显地指出真正的政策——不管是国内的或国际的——之所在。这政策便是大家同意联合一致去抵抗在自然界和人性弱点中所存在的人类的共同敌人。

以上便是这一"新和平主义"的简明宗旨。它的理论基础便是：两个力量如发生冲突，最后必然是相互抵消而形成浪费和无结果。所以新和平主义并不是否定力量；相反地，正是如何使力量用得其所。这便是新和平主义的基本概念。

《大幻觉》一书固然是脍炙人口，但是它也经常被人误解。所以我从安吉尔的自传里再意译若干段，来表明作者原意并不是说战争不可能发生。他说战争是可能发生的，因为人们不了解战争真正的基础和战争便是力量的浪费这个单纯的事实！所以在一九一五年这个为期两周的会议里，我开始读安氏之书，也亲识安吉尔其人。安氏所首倡的观念认为真正的问题之所在，不是力量的否定，而是对力量做正确有效和更经济的使用——为一个各方所同意和了解、期盼和可能获得的目标而使用之。这一理论深深地打动了我。

在此同时，我也开始读杜威的著作；对杜威在一九一六年所发表的两篇论文，尤其感觉兴趣。在这两篇论文里，杜威的论点似乎与安氏的哲学不谋而合。杜威于一九一六年一月在《新共和》（*The New Repulic*）杂志里发表一篇论文：《力量、暴力与法律》〔11〕。同时他在另一杂志《国际伦理学报》（*International Journal of Ethics*）里，又发表一篇更长的论文《力量与强迫》。这两篇论文对我既然有毕生难忘的影响，我想也略引数段如下〔12〕：

　　……力或能是公正无私甚或是个值得颂扬的名词。它意味着它是从事实际行动的有效工具，是执行和完成一项目的的技能和质素。如把使用它来达到的目的之有意义视为当然，它便是个值得颂扬的名词，它便是为使所期盼的目标成为事实的各种可能条件的整体，其意义不过如此而已……力量可使我们建筑地道车，修建桥梁；力量也能帮助我们旅行，帮助我们振兴工业；我们也凭借力量来作口头辩论，和著书立说〔13〕。

再引一段：

　　……力如从可颂扬的意义上去看便是能。能便是能做工，能完成一些使命的力。但是力毕竟还是力——你也可说它是一种蛮力；它的理性化〔的程度〕，端视其〔使用后所得的〕结果而定。就是这种同样的力，如任其脱缰而驰，不受约束，那就叫作暴力……〔14〕。

　　……能如不用来执行或达成它所负的〔正当〕使命，相反地，它却背叛了或阻挠了这一使命之实现，那么能就变成暴力了。炸药如果不是为建设之用去爆破岩石，相反地，却被用去轰炸杀人，其结果是浪费而不是生产，是毁灭而不是建设；我们就不叫它能或力，我们叫它暴力〔15〕。

现在我们要问，那么胁迫（coercion）和强制力（coercive force）又是什么回事呢？杜威接下去说：

　　强制力，公平地说来，便是介乎把力量用作能源，和把力量用作暴力，二者之间的中间位置〔16〕。

　　……力的来源是多方面的；各种力亦向各种不同的方向发射，互不相顾。等到它们〔狭路相逢〕发生了抵触，它们就冲突起来了。能在不冲突的情况之下，本可别有用途，但是在冲突之中，则流于浪费了。两位汽车驾驶员……各驾其车在一条公路上，相对而驶。他二人撞车了。撞车之后，他二人争吵起来，这种争吵的浪费，毫无疑义的是和车祸现场所构成的浪费，同样的确实。开车规则规定每部车都得靠右开，这就是一种防制浪费的计划，把那些如果没有计划就可能招致相互冲突的个别能源，统筹于一个可以避免冲突的方案之中；这个方案可使能的利用，发挥其最高效能。这……便是一切法律的基本意义 [17]。

读了以上几段，我们可以看到杜威和安吉尔几乎用的是同样的语言，来说明两个力量如何因冲突而抵消的原委。约翰·杜威因而得出以下的结论：

法律便是把那些在无组织状态下，可以招致冲突和浪费的能源组织起来的各种条件的一种说明书 [18]。

杜威又说：

……所谓法律……它总是……可以被看成是陈述一种能使力量发生效果的，经济有效而极少浪费的法则 [19]。

杜威和安吉尔二人都有助于在一九一五到一九一六年新思想的成长。我也开始舍弃我原有的不抵抗哲学而接受一种有建设性的，有关力量和法律的新观念，认为法律是一种能使力量做更经济有效利用的说明书。

正当安、杜二氏的思想风靡一时之际，一个新的有建设性的国际主义也日趋蓬勃。这个新的国际主义原是《独立周刊》（*The Independent*）的主编汉密顿·何尔特（Hamilton Holt）所倡导的"强制和平同盟会"

（League to Enforce Peace）所推动的。何氏后来应聘为佛罗里达州冬园市（Winter Park）的罗林斯学院（Rollins College）的院长，他是对美国舆论很有影响力的文化领袖。《独立周刊》是《新共和》（*The New Republic*）杂志出版前最有影响的两三家周刊之一。

一九一五年六月美国的社会贤达们在费城独立厅开"强制和平同盟会"的成立大会。这件事深深值得我们回味的便是它在文化思想上直接影响了后来"国际联盟"（The League of Nations）的创立。由于何君的关系，美国前总统塔夫脱被推出任该盟主席；由于何、塔二君对此新观念之共同努力宣扬，威尔逊总统也就逐渐受其影响，终于促成国际联盟之诞生。

下面便是推动成立此一和平组织《强制和平同盟会提案》（*Proposals for a League to Enforce Peace*）的全文[20]：

　　我们相信这是值得想望的使北美合众国加入一个国际联盟的组织，使入盟的签约国遵守以下诸条：

　　一、所有签约国之间应受法律裁决的问题而在国际交涉中无法解决者，在现有条约范围之内，将向国际仲裁法庭提出申诉，听候判断。该庭不但处理各案本身的是非曲直，在该庭权限范围之内，亦可处理与各案有关的一切事件。

　　二、签约国之间所有其他案件，凡在国际交涉中不得解决者，应向一调解理事会提出申诉，听取该会的判断和该会所提出的解决方案。

　　三、〔也是最重要的一点（此句为胡适按语）〕签约各国将集体使用其经济和军事力量去制止任何签约国，在〔国际间〕问题发生时，未按上述〔诸条〕处理之前而向另一签约国采取军事或其他敌视行为。

上述三条提案概括了"强制和平同盟会"的新哲学。其中最重要的一个词汇便是"强制"（enforce）——那就是以全世界的集体力量来强制维护〔世界或国际间的〕和平。

这种政治和文化两种力量的汇合，渐渐地使我改变了我以往有关国际问题，尤其是有关世界和平的思想。我逐渐地放弃了我以前偏激的不抵抗主义，从而相信用集体力量来维持世界和平，然后由一个国际组织来防制战争的可能性。

一九一六年初我终于有个机会能把我的思想写了出来。那时美国的"国际睦谊会"（American Association for International Conciliation）在白特勒（Nicholas Murray Butler）会长主持之下举办了一次校际和平论文竞赛。该会所颁布的文题之一便是："在国际关系中，还有什么东西可以代替力量吗？"我对这一题目大感兴趣，因而很用了一番功，作文应征。数月之后出乎意料的，我居然得了头奖。那头奖的百元奖金，对我当时的经济情况实不无小补。我的论文后来由该会出版并译成多种欧洲语言，在巴西则被译成葡萄牙文，在南美其他各国则被译成西班牙文。这篇论文在我的留学日记里曾保留了一份节要。我现在把这节要再叙述一遍，也可以看出我那时对这一新哲学——新和平主义——信仰的程度。

在该文的第一部里我提出三个前提。我试答第一个问题："在国际关系中，还有什么东西可以代替力量的吗？"我想当初出题目的人的心目中，一定先有个正面的答案。但是我却给他一个反面的答案。我的回答是：假如我们认为力量可以用不需要力量的东西来代替的话，则世界上便没有这种不用力量的代替品。这是我那篇论文的要点之所在。纵使是不抵抗主义，它正如杜威所说："在一定的条件之下，消极的抵抗比积极的抵

抗更为有效。"〔也不是否定力量的存在！〕

这样你可以看出我那时已经不是无条件接受不抵抗主义的一切理论了。甚至在一九一五年五月六日我已经体会到，弱水可以穿坚石，倒不是因为水弱，而是水原有其真正的劲！这就是杜威和安吉尔对力的观念。所以我对这一问题的答案，并不是力量可不可以代替的问题，而是如何更经济有效使用力量的问题。所以问题的重心就是怎样〔觅取用力的新方法〕来代替当前浪费和乱用力量的问题。

我论文的第二部分是解释当今〔第一次世界大战期间〕世界的问题不是力量发挥的问题而是力量没有发挥的问题。目前这个战争实是人类有史以来，力量发挥的最大表现。但是其后果却是个死结，这个死结在一九一六年的春天实在表现得十分明显。力量何尝发挥，因为力量已被浪费了。力量的本身却被用去制造力量的对立而使力量相互抵消。在目前的制度下，是以力防力。其结果是相互抵消，以流于浪费和无结果。由此可见我那时是对安、杜二氏的新观念是真正地服膺了。

我论文的最后一部则说明，如果要力量充分发挥，就应该把所有的力量组织起来，加以规律化，而导向一个〔有建设性的〕共同目标。法治便是组织力量的一个例子。力量既经组织，浪费乃可消除，效能自可赖以保持。所以我的结论便是个具体的建议——把世界各国的力量组织起来，来维护国际公法和世界和平。这便是解决当今世界国际问题的不二法门！

所以你可以看到我实在是"捍卫和平大同盟"这一信念的早期信徒之一，后来我也是"国际联盟"的热忱赞助人之一。当国联于巴黎和会宣布成立之时，我也是"国联中国同志会"（Chinese Association for the League of Nations）的发起人之一。《国际联盟宪章》（The Covenant）便是我译成中文的。

后来九一八事变发生了，日本以武力强占我东北，我在我们所办的

《独立评论》上便写了很多文章，支持我国向国联申诉；支持"李顿调查团"（The Lyton Commission）有关中日纠纷的报告。时历数月，我都希望国联来制止日本军阀的侵华行为。但如众所知，国联一开头就无能为力。由于美国拒绝加盟，国联已有先天的虚弱；更由于苏联加盟太晚，其后又因其侵略芬兰而被开除盟籍，国联便更无实力；再因东北事变，日本自动退盟；所以国联一诞生，事实上便已瘫痪了。

记得一九四五年我以中国代表团团员身份去三藩市参加"联合国"（The United Nations）成立大会。我忽然接到老友何尔特先生的电话，接着他便到旅馆来看我，说他是自备旅费自佛罗里达州冬园镇的家中，赶来参加这个盛会。他说："真正未料到我以前的理想最后竟然实现了！"我看到这位老人为其三十年前（一九一五）理想之实现而激动的情况，我也为之感动不已。

这一新的国际组织当然是包括美、苏等首要强国，可是当苏联坚持安全理事会里的永久会员国可以使用否决权时，何君与我均深感失望。时至今日，我始终拒绝在《联合国宪章》上签名。

在结束本题有关我个人信仰的和平主义和国际主义之前，我想略提一下当年同学们对我的温情，虽然那时他们都强烈地反对我的和平主义。当"二十一条事件"结束之后，整个同学的圈子内大致对我都非常友善。他们选我担任《中国留美学生月报》的编辑委员，又选我担任中国学生会所主办的《中国留美学生季报》〔中文版〕的主编。当我从绮色佳转往纽约时，我碰见了许多老朋友；他们都是在我主张不抵抗以及反对对日作战之时，强烈反对和批判过我的。可是在我居住纽约的两年期间，他们对我都十分友好；有许多到现在还是我很好的朋友。所以我认为一个人在公开场合采取坚定的立场，择善而固执之，总是值得的。

第二我还想指出，我在一九一五年反对立刻对日作战的论点，不幸地二十年后当中日战争于一九三七年爆发时，仍未失时效。在抗战前我国对日艰苦交涉的整整六年之中（一九三一——一九三七），我又变成了反对对日作战的少数派。在这六年中我反战的论点仍与当年无异。问题重心便是我们怎么能打？拿什么去抗日？我们陆军的训练和装备均甚窳劣，既无海军，实际上也没有空军；也没有足以支持战争的国防工业，我们拿什么去抗日呢？这是一件悲剧。不幸的是中日两国当时皆缺乏明智的领导阶层来设法避免战争，结果两败俱伤。在日本悠久的历史中，向无异族统治的先例，战争使其初尝此味。

我今日回想我学生时代的活动——那些充满稚气的青年岁月——我觉得那里仍然有许多客观的教训，值得我们重新学习。中国为从事毫无意义的内争，整整地浪费了三分之一个世纪，把足以解决国家问题的工业化和国防建设完全忽视了。结果开门揖盗，任日人侵略。

在我结束本章之前，让我再念一段在安吉尔氏自传的"总而言之"第一六五至一六六页上所载有关安氏思想的节要，列入本章，作为记录【21】：

一、一个国家对食粮和生产原料加以政治控制，实无必要；战争也未必就能付予一国〔政府〕对该项资财的掌握。该项控制只是为适应战争的目的，始有此必要。消灭战争，这种必要自然随之消灭。

二、没有任何战争是有利于经济发展的。由于战争的结果必然招致经济危机，发胜利财是不可能的。

三、胜方认为可以在战后使败方赔偿战费，这种观念完全是无稽的幻想。这一观念之虚幻从现代的经济制度上也可以看得很清楚。银行业务、信托和货币制度都是极易招致毁灭的。〔一个战败国，经济体系既然全部崩溃，拿什么来赔款呢？〕

四、战争不是命定的、出乎自然的，或是历史发展中"不可避免"的过程。战争不是大自然所制造的，而是人为的，是人类智慧破产的表现。

五、人类智慧本无破产之必要。我们或许不能改变人性，但我们绝对可以改变人类的行为。如果人类连行为也不能改变的话，那我们今天还不是在搞决斗，在法庭中搞刑求，在〔宗教信仰中〕烧死异端？

六、不抵抗并非良策。当人类或国家对罪恶的暴力或社会集权的疯狂无从抵御时，则彼此便以力相尚，强凌弱、众暴寡。而当事务方均自称有以强力自卫之权，同时在其所争执的事件中，各方亦各自作裁判。但一方如为对方强力所压制，则争端便随力量而解决。欲求理智和公理得以伸展，则无法无天的暴力之下的遭难者，必须由社会来加以保护。所以我们所反对的坏事不是力量，而是力量没有得到正当的使用——在法律之下的正当使用。我们要武装法律，而不是武装诉讼人。

七、所以我们必须弄清楚，我们的第一个目标是防卫，不只是和平。这个意思就是我们应试行建立那唯一〔解决人类争端的〕方法的基础。根据此基础我们可以取得和平的防卫，可以用力量来防制侵略和暴力！

八、第一步的努力并不是企望建立一个有奢望的世界宪法，而只是把与这一〔保卫世界和平〕问题有关的一切事项，公诸世界，使其得到一个更广阔的公共了解。要把我们的大原则化为政策，我们的第一要务便是把我们和德意志的分歧之点究在何处，摊开来讲个明白。事实上直至今日，我们还不清楚我们和德国的分歧究在何处呢！我们要先从英语国家开始，来举办一个核心小组讨论；然后再包括法国、俄国和德国来〔共同〕试探设立一个欧洲协约的组织，不能只坚持那动摇不定的势力平衡的延续。这一"协约组织"一定要一小部一小部地组织起来，直至那些对今后美好生活有共同信念的各国背后有足够的武装，来强制制止那些黩武而自以为是的〔国家和人民对外的〕侵略行为。〔然后再试行建立一个世界性的用武力防卫和平的具体组织。〕〔22〕

注释

[1] 笔者这一辈的中国知识分子，三四十年代在国内受大中学教育时，震于胡适之、蒋廷黻诸先生的盛名，总以为他们对中西语文的运用都是得心应口，白璧无瑕的。及长亲炙教诲，才知道幼年时代的幻觉与真实相去甚远。我第一次听到蒋先生在联合国大会讲演，他那一口的宝庆英语，殊出我意料之外。胡先生英语的发音远在蒋氏之上，但是胡先生英语讲演时的中国"腔"（intonation），也是相当的重。他二人都是十八九岁以后才正式运用英语会话的，因而英语也就始终是他们的"第二语言"，说起来总归不像早期留学的"幼童"们，或现在"进美国学校"的孩子们说得那么自然。

语言这个东西本是人类生活中最难掌握的技巧之一。学习它也有一定的年龄限制。男人家在十五六岁以后才正式开始学，总归是学不好。我国的文法科留学生中大凡中文有相当造诣的，西文则很少能达其巅峰；反之亦然。这都是因为幼年很难双语兼修的缘故。"四美具，二难并"，使中西语文写说均佳，真是谈何容易。胡适之先生的治学和讲学，虽然仍以中文为主，像他那样能对中英双语两得其平的留学生，也真是出类拔萃的了。

[2] 卜郎吟（Robert Browning），胡氏在后来著作中有时亦音译为"白郎宁"，然在其《留学日记》中则用"卜郎吟"。笔者因本篇所讨论的问题多与《留学日记》中所讨论的有密切关系，为便于读者查对，故本篇所用译名均尽量采用日记中的译名，以免混杂。

卜郎吟为英国维多利亚时代的大诗人，死后陪葬西敏寺。其诗以乐观主义见称于时，其格调甚合乎我们这位"不可救药的乐观主义者"胡适之先生的口味。胡氏曾以"骚体"译其诗，尚称切贴。不过卜氏却没有胡适之先生乐观得那么理智。他的纯情主义的倾向使他与一位全身瘫痪的女诗人伊利莎白·巴瑞特（Elizabeth Barrett）由热恋而结婚而情奔，一时传为佳话。他二人婚后所写的"商籁体"的情诗，则尤为脍炙人口。

[3] 胡氏原以公费学农。康乃尔农学院因系州立，不收学费。然学生如中途退学或转学，则必须补缴学费。所以胡氏在二年级转学时，中国留学生监督乃自

其生活费中分期酌扣除若干，以补所欠。那时的庚款留学生，学杂费之外，每月生活费为八十美元，实在是个了不起的大数目。

美金当时的购买力，恐在今日（一九七八）十倍左右。今日若有留学生能月领八百美元"生活费"，岂非富人？！

再拿当时的中国生活费用作比：斯时一美元约合中国银元（"袁大头"或"墨西哥鹰洋"）两元五角上下。适之先生的同乡张恨水先生那时在芜湖一报馆做编辑，月薪仅银洋六元（约合两块多美金），还要养家活口！（见《张恨水自述》）

所以那时公、自费留学生一旦出国，真是立地成佛。昨日还是牧牛儿，今日便可衣锦披朱，到相府招亲去了。这样一群花花公子，镀金返国之后，要做什么样的"大事"或"大官"，才能继续他们在国外当学生时代的生活水平呢？因而回国的留学生如维持不了以前的标准，则难免自叹"怀才不遇"，"食无鱼，出无车"了。维持得了的，则其享受难免还要升级。如是则中式仆妾副官，西式汽车洋房……做起了中西合璧的大贪官、大污吏而视为当然。由留学生变质的官僚，因而逐渐形成一个标准的职业官僚阶层（professional bureaucrats），他们眼中哪里还有汗滴禾下土的老百姓呢？结果弄到民不畏死，铤而走险，不是顺理成章的事吗？

笔者读史而发此感慨，绝无意批评老辈。这只是个"时代问题"和"制度问题"，足以发人深省罢了。个人的行为原只是沧海一粟，在社会行为的整体中，只是随波逐流，奚足臧否？

再者，笔者这一辈，原也只是前辈的余波。我们这批抗战期间，没有被敌机炸死，或肺病、疟疾害死的草鞋青年，胜利之后，形容枯槁，衣不蔽体。可是一旦榜上有名，偷得国家一笔外汇（不论公费自费，自己都可不花一文），转眼之间也就西装革履，钢笔手表，"三机"俱全（照相机、留声机、打字机）；对镜自窥，居然也是堂堂一表的镀金青年，阿Q心理，谁人没有？如果时代不变，学位如常，留学返国之后，职业上得意与不得意之间还不是向"老辈"看齐？管他老百姓死活！这原是时代的悲剧，时代不变，留美学生有几个会对着镜子诅咒自己呢？

笔者在认识胡老师的初期，还是个在美国"山上"打工的"查莱"（美国人鄙视华工的俚语）。记得那时我的工作是每日十二至十四小时，每周七天，周薪是四十五元。但是和我同工的另外一个"查莱"对我且有点羡慕和不平之感。因为他是"跳船的",没有"身份";做我这样的"工",他还得躲躲藏藏,并向"介绍所"不断送钱,以便有眼线的介绍人,随时通风报信。一旦"有吏夜捉人"之时,他可有准备地来个"老夫逾墙走"!因而他看到我这个通宵呼呼大睡,夜半敲门不吃惊的"留学生",真是既羡慕,又嫉妒。

所以我后来听到适之先生说,他在一九一二年,每月八十元的生活费被扣掉十五元而大哭其穷之时,我不觉学着一句四川话向他老人家说:"胡老师,你穷啥子啊!"可是我这句四川话,胡老师一直未听懂,因为他未到过四川,也没有害过肺病或疟疾,更没有在美国上过"山"啊!

庚款留学生是近七十年来我国的栋梁之材。但是这些栋梁和一般中国老百姓距离多远啊。

【4】汪精卫在为《总理遗嘱》撰稿时,他为着行文声调铿锵,乃选了三部中山遗著排列成:《建国方略》《建国大纲》《三民主义》。其实他漏列了的《民权初步》,其重要性实不在上述三书之下,甚或有以过之。

孙中山先生是近代中国最高层领袖中,凤毛麟角的 modern man;是真能摆脱中国封建帝王和官僚传统而笃信"民权"的民主政治家。他了解搞"民权"的第一步就是要知道如何开会,会中如何决议,决议后如何执行。这一点点如果办不到,则假民主便远不如真独裁之能福国利民。中山先生之所以亲自动手来翻译一本议事规程的小书,而名之曰"民权初步",就凭这一点,读史的人就可看出中山先生头脑里的现代化程度便远非他人所能及。汪精卫在《总理遗嘱》中之所以漏列此书,显然是说明汪氏认为这种小道何能与"总理遗教"的经典并列?殊不知我国的政治现代化运动中所缺少的不是建国的方略或大纲,而缺的却是这个孔子认为"亦有可观"的"小道"!

胡适之先生最心折的后辈,哥大史学系的台柱教授芮文斯(Allen Nevins)先生,那时便时常在课堂上大言不惭地说:"在政治上说,英语民族较其他任何民族,都更为优越!"其实英语民族在搞政治上的优越性,就是他们会开会;认真开会,和实行开会所得出的决议案。其他任何民族开起会来都是半真半假。半真半假的会便不能搞"分工合作"或"配合工作"(teamwork)。而英语民族在政治上的最大武器便是"配合工作"。

笔者最近在一本《新英汉词典》里看到 a teamwork government 一词被译成"集体领导的政府"。实际上近百年来最安定的英语民族的政府无一而非"集体领导的政府",我们东方则适得其反。从这点来看,我们实在不能不接受芮文斯先生的牛皮。

我们中国古代的政治,三千年来都是"天子与士大夫共治"的政治。这一传统演变的结果,便是在上要"能令",在下要"受命"。"受命"成为习惯,自然要承奉颜色而逐渐流于"上拍";"能令"日久,也难免颐指而气使之,逐渐形成了"下压"。那些"既不能令,又不受命"的"绝物",不是孤芳自赏,便是落落寡合。所以我们中国知识分子不做领袖,就做臣仆。上无领袖,下无臣仆,大家都过不了日子。但是我们为什么不能也和英国绅士一样,开个诚实的会,通过一个好的决议案,然后大家来个 teamwork 呢?那就是我们的文化传统里,实在没有这个东西;我们的血液里,没有这个 teamwork 的血球,夫复何言!

文化传统是规范个体社会行为最强的约束力。中山先生说:"破坏难于建设!"要"破坏"我们这个传统,谈何容易!孙中山先生之所以伟大,胡适之先生的思想之所以能风靡一时,便是他二人生为现代文化领袖,他们的思想作风比我们一般中国知识分子要"现代"得不知多少倍!

反观我国近百年民权发展的史迹,翻翻各界要人的嘉言懿行,再来熟读孙、胡两氏的遗著,才觉得他两位前贤,真是众睡独醒的"现代"哲人。

〔5〕中国学生在美国大学读书,一般都比美国同学更用功,天资也比较聪明。大学四年的课,往往三年读完。第四年级就开始读研究院的课了。胡适之、顾维钧诸先生那时都是如此。

〔6〕胡先生在六十多岁的时候和我谈起他康乃尔时代的"民族晚会",仍是口角留香,余味犹存。我口中虽未与他抬杠,心中却大不以为然;因为我知道这种"民族晚会"是个什么东西。

笔者在留学生的"年龄"上来算,是比胡公反要"老"一辈。胡先生是到美国来读大学本科的。我是受了完满的中国国立大学教育,还做了一阵小公教人员,才赴美留学的。因而我这位老童生实在无法欣赏那些十几岁的中国孩子们所宣扬的"中国文化"！

记得在五十年代的初期，在"国际学社"内代表中国同学的是一位年轻的女同学。她出生于一个上海富商之家，自称一向是以"花钱"（spending）为"娱乐"（hobby）的。她受的是彻头彻尾的上海地区教会中学的教育。一口流利的英语不知比胡适之、林语堂、蒋廷黻诸先生要高明多少倍。人也聪明、漂亮、能干。当起"会长""主席"也比谁都强，座上的马歇尔元帅就频频点头称赞。真是样样都好，样样都可做。可是她就不能"宣扬中国文化"！由她所率领的那群青年男女所举办的"中国之夜"，在我们那批老油条看来，实在觉得"倒胃口"，甚至"愤怒"！

我们有时也问问来自印度、中东等地来的老油条们，对他们自己的"晚会"的感想。谁知他们的"愤怒"之情，实有甚于我辈。

我想胡适之先生他们那时在康乃尔所搞的"晚会"，不会差得太多。我就奇怪为什么胡先生六十多岁了，对这些当年的"儿戏"还兴致未减呢？仔细想想也没啥费解。因为一个知识分子的"大学时代"——这个知识上的"成熟期"（formative age）——实在是他一生的黄金时代。在那智窍初开之时所接受下来的东西，是毕生眷恋不置的。笔者本人的大学时代实是我一生最贫病交迫的时代。但是我今日回味那段"几度夕阳红"的沙坪岁月，真想回去再过它四年。胡老师之眷恋康乃尔不是同样的心情吗？至于那些"民族晚会"的实际价值如何，自然又当别论了。

【7】据顾维钧先生于一九六〇年"口述历史"时亲口告我，这个"秘密"是当时中国外交总长陆徵祥与大总统袁世凯密议之后，要顾氏（时任"大总统府"和"外务部"双重英文秘书）亲自秘密送往美国公使馆，交英国路透社"泄露"的。唯顾氏一九三一年以前的文件均留存天津私宅，未能携出，以致当时的细节，笔者也就无从查对了。

【8】原诗刊于《四十自述》（一九五四年，世界文摘社港版）页八〇。全诗原文如后：

> 但见萧飕万木摧，尚余垂柳拂人来。
> 西风莫笑长条弱，也向西风舞一回。

原注："西风莫笑"原作"凭君漫说"，民国五年（一九一六）改。"长条"原作"柔条"，十八年（一九二九）改。

〔9〕胡氏在一九一五年三月十九日夜所写的《致留学界公函》（原稿为英文，见《留学日记》），辞义皆差。英文不像英文，意思尤不足取。一个国家如果在像"二十一条要求"那种可耻的紧急情况之下，她的青年学生还能"安心读书"，无动于衷，那这国家还有希望吗？不过胡适之先生是个冷静到毫无火气的白面书生。他是不会搞革命的，抛头颅、洒热血是永远没有他的份的，所以他这些话对热血青年是不足为训的。

〔10〕安吉尔学说英文节要原文见《留学日记》（一九一五年六月日记；七月一日补记）；或安氏原著《大幻觉》，页四一六（Norman Angell, *The Great Illusion*.London & New York: G.P.Putnam's 1913, p.416.）。

〔11〕John Dewey, "Force, *Violence, and Law*", *The New Republic*, V, Jan.22, 1916, pp.295—297.

〔12〕John Dewey, "*Force and Coercion*", *International Journal of Ethics*, XXVI, April, 1916, pp.350—367. 以上两篇论文均收入《人与事》（*Characters and Events. Popular Essays in Social and Political Philosophy by John Dewey*, edited by Joseph Ratner.New York:Henry Holt & Company, 1929. Ⅱ, pp.636—641, 782—789.）一书。本章下节诸段引文，均引自此书。

〔13〕《人与事》，页七八四。

〔14〕同上，页六三七。

〔15〕同上，页七八四。

〔16〕同上。

〔17〕同上，页六三七—六三八。

〔18〕同上，页七八四—七八五。

〔19〕同上，页六三七。

〔20〕《提案》原文见内 *Enforced Peace:Pro ceedings of the First Annual National Assemblage of the League to Enforce Peace*.Washington, May 26—27, 1916.

New York: "Appendix A" League to Enforce Peace, 70 Fifth Avenue, N.Y., c.1916, P.189。

[21] Norman Angell, *After All.The Auto biography of Norman Angell.*New York: Straus & Young, 1952, pp.165—166.

[22] 胡适之先生这篇有关政治思想的自述,是他晚年著述中很重要的一篇。这里所谈的虽是他青年时代的故事,但也是他晚年期的夫子自道;而且是一篇对他幼年思想重新估价,从头核准,初无丝毫"修正"的夫子自道。笔者二十年前为他英文自述作导言时,也就根据这几篇而强调说,胡适思想四十年来无太大的变动。这从好处来说,是胡适思想的前后一致性;从坏处来说,则是胡适之没有进步。

青年期的胡适是被两位杰出的英美思想家——安吉尔和杜威——"洗脑"了;而且洗得相当彻底,洗到他六十多岁,还对这两位老辈称颂不置。这也就表示胡适的政治思想,终其生没有跳出安、杜二氏的框框。胡适之先生一生反对"被人家牵着鼻子走",可是在这篇自述里,我们不也是看到那个才气纵横的青年胡适,一旦碰到安吉尔、杜威二大师,便"尽弃所学而学焉",让他两位"牵着鼻子走"吗?适之当然不承认他被人家牵着鼻子走,因为他不自觉自己的鼻子被牵了。这并不表示他老人家没有被牵。相反地,这正表示牵人鼻子的人本事是如何高强罢了。

一个民族的智慧老大之后,被侵入的新兴思想所洗脑——所谓启蒙期——并赖之而复苏,原是很自然的事。但是一直停留在洗脑程序之中,而不能跳出框框,那这个老大民族就脑脉硬化,没有进步了。

记得幼年读《左传》,读到一个小故事说:"公嚼带,使公子牛焉。公子仆,折公二齿。"在胡先生这篇自述里,我们也看到,胡适嚼带、使安、杜二人牛焉。安、杜仆,胡公折其二齿。

当然在近代中国启蒙的思想家,甚至海外的宣传家之中"折其二齿"的,正所在多有,并不只胡老师一人。所以我们要了解胡适的政治思想,先得搜搜安、杜二公子的"根"(root),看看他们怎样能使我们那样有才学的胡老师,来"俯首甘为孺子牛"!

大凡一个思想家,他思想体系的建立,总跳不出他自己的民族文化传统,和他智慧成长期中的时代环境。这是他的根。其后枝叶茂盛，开花结果，都是从这个根里长出来的。安、杜二氏的根是怎样长法的呢？让我们先来逐条解剖一下：

第一，他二人都是白种人。他们的文化传统白得像一条被单。他们的思想、观念，是完全从欧洲白种人的文化传统出发的。

第二，他二人都是西方扩张主义极盛时代，最富强的帝国主义国家中的上等公民。

第三，他们是上述这个社会内的"开明分子""社会贤达"，高级知识分子，自命为有教无类的大学者、教育家。他们的人品都是极其善良的：奉行基督，反对战争，同情弱小。同情得像贾宝玉同情刘姥姥的孙子板儿一样。

第四，他二人就同胡适之先生、张君劢先生一样，无拳无勇无钱，而又自命不凡，不甘寂寞，专门欢喜"谈政治"的"白面书生"。现在美国的费正清先生等社会贤达，还是属于这一类。

有了这四条框框，我们就不难看出他们所讨论的"力""能""和平""法律"等概念的本质之所在了。

所谓"力"也者，在他们看来，就是英国的"力"碰到了德国的"力"。他们二力相消，两败俱伤，所以胜者也就不能发"胜利财"了。他们就未看到一旦英国的"力"碰到印度的"力"，俄国的"力"碰到中国的"力"，二力不相消，则胜利者就要发"胜利财"了。他们如果不发胜利财，胡适之先生也就没有"庚款"可以"留美"了。

所以谈近三百年来的世界问题（包括今日美苏争霸的问题），如果抹杀"帝国主义"这个基本概念，则一切理论也就不值一驳了。

再看安、杜二氏所谈的"和平"吧！

他们的"和平"的定义，事实上是："全世界在休战状态下，维持现状（status quo）。"第一次大战（乃至第二次大战）前后，想"维持现状"最力的国家便是"日不没"的大英帝国。她在"现状"之下，已日不没矣；不维持现状，难道还要征服火星吗？

那时想打破现状，使世界大乱，好混水摸鱼的是德、意、日等几个小强盗。大强盗要维持现状，保护"既得利益"；小强盗要打破垄断，向大强盗分赃，才搞起了所谓"世界大战",其理甚明。

在这情况之下,安、杜二大师要全世界休兵息战,维持现状,这不但小强盗不肯,这现状对我们这些历经大小强盗洗劫,弄得家破人亡的殖民地、半殖民地、次殖民地,又发生什么意义呢?民国初年孙中山先生反对"参战"的理论基础(我强调的是"理论"二字),也是从这个观点出发的。

安吉尔、杜威这两位白面书生,书生论政,见不及此,是可以理解的,因为他二人皆"身在此山中"。像胡适之先生这样的从半殖民地出来的黄面书生,在国际政治上也和他们大唱其同调,不是很可笑的事吗?!

杜威对"法律"所做的那两条解说,事实上和我国汉朝许慎所说的"触不直者去之",同样没有太大的反驳价值,因为他忽略了"法律"的从属性而以偏概全。

"法律"就像一头猎犬,它是有"主人"的。杜威用数理逻辑所推出的答案,在今日政治学派上说盖可归之于"数理派"(mathematical metrical)。他这个调节不同力量,使其做有组织地更经济有效地使用这一公式,有个大前提——使用这一公式的人,必须全是"主人"。这样则一条公路上两位驾驶员,各自靠右边开车,各自经济有效地使用其"力量"而不致于"浪费"。

可是就在胡适之在美国做学生的时候,也就是杜威完成这个公式之时,美国加州却有一条管理该州公路的"法律"。那条"法律"规定在公路驾马车而过的小贩,不收费,或收费甚轻;步行挑担的小贩,则付重税,重于马车数倍。何以故呢?就是"主人"家里的人都是乘马车的。那些"挑担"的广东小贩,站都站"不直",所以这匹野兽"廌"便"触而去之"了!

笔者在五十年代的中期,为着应付考试也曾熟读杜威之书。读到"不疑处有疑"之时,我就把他一段段地开了天窗,虽然我在三重口试的考场上不敢对这个杜家店说半个不字。

后来我访问胡先生,我看他老人家无条件地服膺杜威的情形,心中亦不以为然。但是胡公虽然一辈子鼓励人家"怀疑",他自己却不大愿意人家对他的思想有所"怀疑"。笔者因而也就未敢过分地唐突西施。可是适之先生是绝顶聪明和极度虚心的。我们的字里行间式的聊天,曾惹起胡先生用了大笔血汗存款,托我替他买了十来本研究杜威的新著。

笔者叙述这段小事，并不是说其愚如余小子者，尚敢斗胆批杜，而胡大师却不敢说半个不字！非也。这是中国学术史上的"辈分"问题。

适之先生求学于清末民初之际。那时孔家店已不倒自倒，思想界一片空白（笔者这一论断，周策纵先生是一向反对的），青年知识分子乃四出"求经"。可是这些洋"经"对他们来说，实在是太新鲜，太高明了。在泰山压顶的西风东渐之下，他们完全丧失了"学术自主"的信心（事实上也无此能力），因而新学问对他们只有"皈依"的份，哪里谈得到怀疑呢？幼年既无力怀疑，也无心怀疑，年老功成业就，已成了开山宗师，东方一世祖，自然就更不会怀疑了。

我们这后一辈就有点不同了。我们第一个怀疑是那些"留学归国"在大学里教过我们的洋老师。对老师的怀疑，因而对老师的老师也就不太信任了。这就是笔者所说的"辈分问题"，倒不是后一辈胆子大，"不知轻重"。

再者，胡适之先生原是个十分标准的传统中国士大夫。传统的士大夫现代化了，因而他与英美的士大夫——英国的张君劢，美国的胡适之……也就一拍即合。后一辈的知识分子去古已远，他们的士大夫气息已经很淡薄，加以他们都是抗战、革命等空气喂大的，对洋人也就没有像老一辈那样说一不二了。

原载《传记文学》第三十三卷　第五期

▼

第五章

哥伦比亚大学和杜威

一、文学各系的教授阵容

今天我想谈谈四十年前的哥伦比亚大学——从一九一五到一九一七年的哥大。

我在一九一五年九月注册进入哥大哲学系研究部。其后一共读了两年。在第一年中我便考过了哲学和哲学史的初级口试和笔试。初试及格，我就可以写论文；我也就〔可以〕拿到我的〔哲学博士〕的学位了。一九一七年的夏季，我就考过我论文最后口试。所以两年的时间——再加上我原先在康乃尔研究院就读的两年——我在哥大就完成我哲学博士学位的一切必需课程和作业了〔1〕。

这几年正是哥大在学术界，尤其是哲学方面，声望最高的时候。杜威那时也是他一生中最多产的时期。专治希腊哲学的研究院院长乌德瑞（Frederick J. E. Woodridge）教授那时也在哥大研究院授哲学史。哲学系的芒达基（W. P. Montague）教授是当时〔西方〕六个"现实主义者"（Realists）之一。授伦理学（ethics）的教授厄德诺（Felix Adler）则是美国"伦理文化学会"（The Society for Ethical Culture）的发起人。这个学会事实上是个没有神学的宗教〔2〕。所以当时哥大的哲学系实是美国各大学里最好的哲学系之一。

当时哥大其他各系如历史系、社会系、教育系等等，也同样享有盛名。我只能说人文学科之一面，其实当时哥大在科技方面也是赫赫有名的。在历史系里面我只认识几个人，如授政治理论史的开山宗师顿宁（William A. Dunning）教授和倡导新史学，后来又创办"社会研究新书院"（The New School for Social Research）的罗宾逊（James Harvey Robinson）教授，以及第一位以自己经济观点来诠释美国宪法史的毕尔

（Charles A. Beard）教授【3】。其外还有很多大牌教授，可惜我不能在历史系花太多的时间。我最大的遗憾之一便是没有在历史系里选过一门全课。当时最驰誉遐迩的一门课，便是罗宾逊教授的"西欧知识阶级史"。这门课事实上是一门研讨蕴育各时代西欧文明的思想史和文化运动史。这门课在学术圈内享有其应有的声誉。罗氏印有讲授大纲和参考书目。我读了这些大纲之后，觉得它极有用。但是我最大的遗憾便是没有选修这门启蒙的课程。

哥大当年的校园建筑只限于今日我们所说的老校舍。例如那时的图书馆便集中于洛氏大楼，今日我们叫它洛氏纪念图书馆（Low Memorial Library）。中文图书馆那时便设在洛氏大楼的顶层。和今日相比，那时的图书总馆和中文图书馆实在都是很小的。那部辉煌的巨著《古今图书集成》便陈列在该馆首要位置，看来真令人耳目一新【4】。

那时约翰·介大楼（John Jay Hall）还没有兴建，也没有女生宿舍〔詹森大楼（Johnson Hall）〕。男生宿舍则限于两座老建筑——哈特莱大楼（Hartley Hall）和李文斯敦大楼（Livingston Hall）。立于这两座老楼的对面便是新建的宿舍佛纳儿得大楼（Furnald Hall）。这是当时认为最摩登的新楼了。那时哥大〔外国学生活动中心的〕"国际俱乐部"（International Club）便坐落今日约翰·介大楼的基地之上。它也是"世界学生总会"下面的一个支会。今日大家都不太记得了，但是它却是当时外国学生活动的中心。

在这三座大楼之内，我们今日查一查当年居住的中国留学生，应该也是一件蛮有趣的事——许多当年的学生后来在中国政界和文教界都是知名的人物。与我同时的一共只有三个中国学生住于佛纳大楼，因为这座大楼是新建的，租金较昂。除我之外，便是那位有名的宋子文和张耘。张耘后来以张奚若一名知名国内。他在大陆政府内做了许多年的高等教育部部长。他不是共产党员，只是"民主党派"的一分子〔5〕。

住在其他两座老宿舍里的中国学生则有中山先生的公子孙科，以及我后来的上司和同事蒋梦麟。蒋氏是学教育的，在入学哥大之前曾在旧金山一家革命报纸〔《少年中国晨报》〕当了将近十年的编辑，以薪金补助学费。他后来成为中国重要的教育家，由代理到实授北京大学校长，也是我当北大校长的前任。其外还有很多别人〔6〕。

让我再叙述一下当时学生所极感兴趣的教授阵容。我还记得在哥大最初几个星期的学习生活中教授讲课的情形。例如社会系名教授之一的吉丁斯（Franklin Giddings），如今事隔四十余年我还记得他上第一堂课时的开场白。他说："积三十年教书之经验，余深知教书的不二法门便是教条主义！"他接着便解释说："一个钟头的课，实际上至多只有四十五至五十分钟。假若我模棱两可地向你们说，这个似乎如此，那个未必如彼，那你们究竟学到些什么呢？你们当然既不愿听，也不愿信了。所以我只有说：'毫无疑问的，毫无疑问的，我就这样告诉你……'就是这样的，一定是这样的。所以为什么我说教条主义是教书的不二法门的道理。"这几句话，四十年后在我的记忆中，仍然余音绕梁。但是我听他的第一堂课以后，我就未再上他的班了，虽然我仍然欣赏他的著作。

还有教我政治理论史的顿宁教授。在今日他已被看成旧学派的代表。但是在那时他却是这一行的拓荒者。在其所著专门研讨上古和中古时期《政治理论史》的第一版序言里，他就说在他以前，英语民族国家、德意志以及其他欧陆各国还没有过类似的著作。顿宁并不长于讲授，但如今事隔四十余年我仍然记得那位和蔼而衰迈的老教授。在那一年的冬季，他每次上课时，先要在教室四周张望一下，然后把所有的窗户都关闭好，又在他衣袋里取出个小帽子戴在头上，这才开始讲课。

在康乃尔时代我的主修是哲学，副修是英国文学和经济。第二副修事实上是经济理论。主任导师是亚尔文·詹森（Alvin S. Johnson）。他后来自康大辞职去就任新办的《新共和》（*The New Republic*）杂志的编辑。后来他又和哥大经济系名教授西里曼（Edwin Robert Anderson Seligman）共同担任《社会科学百科全书》的编辑。詹森是专攻经济理论的名教授，是该行的一位泰斗。我真想不通，我在上了他两年经济理论的课之后，竟一无所获。所以我得到个结论：要不是经济理论这门课有问题，那就是我自己的头脑有问题。可是在我们那个由詹森指导的研究班里，后来竟然出了个名经济学者弗兰克·纳特（Frank H. Knight）。纳氏最初主修也是哲学，后来转攻经济。他所写的博士论文：《冒险、波动和利润》〔7〕，后来竟使他成为一个知名的经济理论家。所以经济理论这门学问实在没什么毛病，这显然是我自己心理上有点失调，使我对两年研究院内的经济课程一无所获〔8〕。

转学哥大之后就不再以经济理论为副修而代之以政治理论。另一副修在当时夏德（Frederich Hirth）教授的提议与邀请之下，以"汉学"（Sinology）为副修。

夏德是一位很有趣的人物。据我们所知他是哥大的第一位"丁龙讲座教授"（Dean Lung Professor）。那是美洲大陆第一个以特别基金设立的汉学讲座。丁龙〔这位早期旅美的华工〕原是美国卡本迪将军（Horace W. Carpentier）的一位佣人。他〔的为人和工作〕深得卡氏的敬重，所以卡氏乃独立捐资给哥大设立一席专治汉学的"丁龙讲座"〔9〕。

夏德教授的《中国上古史》和《中国与东罗马交通史》等著作〔10〕，当时深受学术界的重视。但是他那时在哥大却苦闷不堪，因为他简直没有学生——主修、副修都没有，所以我倒乐于接受他的邀请以汉学为我的两门副修之一〔11〕。夏德先生待我甚好，他不但领导我参观哥大那个他所协助建立的小型中文图书馆，他还把他那丰富的中文典籍的收藏全部让我使用。我和这位老先生厮混得很熟。他有时也请我到他的公寓里去会见他的朋友们和其他的学生。我还记得他的助手刘田海。田海是前中国驻美公使刘锡鸿〔编者按：根据档案资料处所编《中国驻外各公使大使馆历任馆长衔名年表》，刘锡鸿于清光绪三年（一八七七）三月十七日被任命为使德钦差大臣（原为驻英副使）。驻美表内，并无其名；人名索引内亦仅出现一次，似未任驻美公使职。〕的儿子。这位刘君甚为成熟。他虽然算不得是个汉学家，但是他的中文根基甚好，做夏德的助手，胜任有余。

我在夏氏的公寓之内还遇见一位温和美丽的女子尤金·梅耶（Eugene Meyer）的夫人阿葛勒丝·梅耶（Agnes Meyer）。梅耶先生是《华盛顿邮报》的发行人，也是老罗斯福总统任内的金融界巨子。阿葛勒丝本人也有她自己的成就——她也是美国新闻界的领袖之一。

夏德教授非常喜欢我，同我常常谈他自己有趣的故事。有时这些故事也是拿他自己开玩笑的。时至今日我仍然记得他说的一则故事，便是他自己替中国驻纽约总领事当翻译的笑话。这位中国总领事那时离职回国，纽约市商会为他设宴饯行；夏氏应约为那位总领事临别致辞的翻译。夏德〔既然身为哥大中文系的教授〕这项职务他是不能推辞的。但是当这位总领事起立致辞之时，夏氏却为之大起恐慌，因为这总领事说的是福州话，夏氏一句也听不懂。事到临头，他当然不能向商会当局来临时解释说中国方言太多，福州方言他是一句不懂的。他情急智生，乃做出洗耳恭听的样子，默不作声，并大记其笔记。当总领事演说完毕之时，夏氏乃起立〔用英语〕为总领事重新演说一番。一开头夏氏便说，我（总领事）这次离纽返国，心理上充满了一喜一悲的矛盾。喜的是即将重返祖国与亲人久别重聚，悲的是与纽约诸新交旧识从此握别……如此这般，夏氏说得情文并茂。当夏教授"翻译"完毕之时，全场热情洋溢，掌声如雷【12】！

以上便是夏德教授告诉我的故事之一。我仍然至今未忘。

在我所有的教授之中我特别希望一提的是约翰·杜威教授和厄德诺教授。在我转学哥大之前我已经认识了厄德诺教授。前面已经说过，厄氏是一种新宗教"伦理文化运动"的发起人。这一新宗教的基本观念是相信人类的品格和人类本身的行为是神圣的。但是他是无神的，也没有什么神学来作其理论根据。当我还在绮色佳的时候，我有几个犹太同学发起并组织了一伦理俱乐部。他们之中我还记得的有罗拔·卜洛特（Robert Plaut）和哈鲁·里格曼（Harold Rieglman）。卜君现已长逝，里君则仍然在纽约当律师，曾加入共和党一度竞选纽约市长候选人。里君和我一样也是从康乃尔转学哥大的。他入法科，我进哲学。就在康乃尔这个伦理俱乐部，我第一次听到厄德诺教授的讲演。我对他以道德为基础的无神宗教十分折服，因为事实上这也是中国留学生所承继的中国文明的老传统〔13〕。

后来我又选读了厄教授的一门课，因而和他本人乃至他的家人都熟识了。在我的留学日记里，我记了很多条厄德诺语录。让我抄几条在下面〔14〕：

道德的责任并不是外来的命令；只是必须要怎样做才可以引出别人——例如所爱的人——的最好部分。

只有对别人发生兴趣才可使自己常是活泼泼地，常是堂堂正正地。

要生活在深刻地影响别人！

要这样影响别人：要使他们不再菲薄自己。

从这些语录里我们很容易看出康德（Immanuel Kant）和康德哲学里的至高无上的（Categorical imperative）的道德规律对他的影响〔15〕。所以厄德诺是〔当代思想家中〕对我生平有极大影响的人之一。

二、杜威和实验主义

杜威教授当然更是对我有终身影响的学者之一。在我进哥伦比亚之前，我已读过约翰·杜威、查理·皮尔士（Charles Pierce）和威廉·詹姆士（William James）等〔实验主义大师〕的著作。我转学哥大的原因之一便是因为康乃尔哲学系基本上是被"新唯心主义"（New Idealism）学派所占据了的缘故。所谓"新唯心主义"又叫作"客观唯心论"（Objective Idealism），是十九世纪末期英国思想家葛里茵（Thomas Hill Green）等由黑格尔派哲学中流变出来的。康乃尔的塞基派的哲学【16】动不动就批评"实验主义"。他们在讨论班上总要找出一位重要的对象来批评。杜威便是被他们经常提出的批判对象。皮尔士和詹姆士在他们看来简直是自郐以下，不值一驳。不过他们虽然和杜威唱反调，但他们对杜威却十分敬重。在聆听这些批杜的讨论和为着参加康大批杜的讨论而潜心阅读些杜派之书以后，我对杜威和杜派哲学渐渐地发生了兴趣，因而我尽可能多读实验主义的书籍。在一九一五年的暑假，我对实验主义做了一番有系统的阅读和研究之后，我决定转学哥大去向杜威学习哲学。

在这些实验主义的宗师和领袖们之中，詹姆士死于一九一○年也就是我初到美国的那一年；皮尔士死于一九一四年，是年我自康乃尔结业。所以一九一四年以后，杜威是实验大师中的硕果仅存者；他的著作也是我所倾慕的。在哥大我选了他两门课："论理学之宗派"和"社会政治哲学"。我非常欢喜"论理学之宗派"那一课。那门课也启发我去决定我的博士论文的题目"中国古代哲学方法之进化史"【17】。

杜威不善辞令。许多学生都认为他的课讲得枯燥无味。他讲课极慢，一个字一个字地慢慢地说下去。甚至一个动词、一个形容词、一个介词也要慢慢想出，再讲下去。在这里你可看出他讲课时选择用字的严肃态度。但是听讲几个星期之后，我们也就可以领略他那慢慢地所讲的课程了。他虽然不是个好演说家或讲师，我对他用字的慎重选择以及对听众发表意见的方式则印象极深。

杜威那些年和他的家人一直住在纽约河边大道（Riverside Drive）和西一一六街的南角。每个月杜威夫人照例都要约集一批朋友以及他的学生们举行一个家庭茶会。在这些家庭招待会里，我们这批学生都有极大的兴趣与光荣能见到纽约文化圈内一些阴阳怪气的角色——那些长发男人和短发女人们。杜氏的学生们被邀参加他这个"星期三下午家庭招待会"，都认为是最难得的机会〔18〕。

杜威对我其后一生的文化生命既然有决定性的影响，我也就难于做详细的叙述。他对我之所以具有那样的吸引力，可能也是因为他是那些实验主义大师之中，对宗教的看法是比较最理性化的了。杜威对威廉·詹姆士的批评甚为严厉。老实说我也不欢喜读詹氏的名著《信仰的意志》（*The Will to Believe*）〔19〕。我本人就是缺少这种"信仰的意志"的众生之一，所以我对杜威的多谈科学少谈宗教的更接近"机具主义"（Instrumentalism）的思想方式比较有兴趣〔20〕。

这里我只能举出几个杜威思想如何影响我自己的思想的实例来说说。

在我选修他的"论理学之宗派"的那一课之前，我已经读过他的著作。其中一篇叫作《逻辑思考的诸阶段》。这一篇后来被收集在芝加哥大学于一九一六年所出版的杜著《实验逻辑论文集》里面〔21〕。

在这篇论文里，杜氏认为人类和个人思想的过程都要通过四个阶段：

第一阶段，固定信念阶段。在这个紧要的阶段里，人们的观念和信仰都是固定的、静止的。外界不能动摇它丝毫。〔刚按：例如古埃及、巴比

伦和我国殷商社会里对神的观念。也就是孙中山先生所说的"神权时代"的观念吧。〕

接着这第一阶段而来的便是一个破坏和否定主观思想的阶段。这一转变以古希腊个人主义和主观主义的"诡辩家"（Sophists）为代表。他们观察万物，一切以人为中心。这〔第二〕个阶段杜威名之曰"讨论阶段"（Period discussion）。其要点是基于好辩与公开讨论的习俗，而导致合乎逻辑的思想。这一点使我大感兴趣。因为中文里表示有逻辑的思维叫作"辨"〔"辨"与"辩"通〕，原来也正是这个意思。

第三阶段可以叫作从"苏格拉底的法则"〔22〕向亚里士多德的逻辑之间发展的阶段。杜威对苏格拉底〔求知〕运动的诠释，颇多溢美之辞。但是对亚里士多德"三段论式"的逻辑，则颇有微词〔23〕。

第四阶段，也就是最后阶段，当然便是现代的归纳实证和实验逻辑的科学了。

三、实证思维术

我治中国思想与中国历史的各种著作，都是围绕着"方法"这一观念打转的。"方法"实在主宰了我四十多年来所有的著述。从基本上说，我这一点实在得益于杜威的影响。这一问题讨论起来太大了。大体和细节都不是三言两语所能尽意的，所以我就举出几件小事来说明杜威对我的影响吧。

在杜威所阐述的逻辑思维的第三阶段——也就是自苏格拉底的法则向亚里士多德的逻辑所发展的阶段，我颇为他的一些趣言所打动。一般说来杜威虽然不是个好讲师，但是他为人却甚为幽默。这一点在他弟子詹森（A. H. Johnson）所著的《杜威的机辩与智慧》一书中便可清楚地看得出来〔24〕。

让我先从他那篇《逻辑思维的诸阶段》一文中，略引数语〔25〕：

> ……然而在中古时期，所有重要的信仰都必须围绕着一些能授予它们统治与权力的既定原则打转；因为这些信仰都显然地违反常识和自然传统的。亚里士多德的思想体系便完全是在此种情况下应召施行的。

假若我们能了解这一段文字的历史含意，它实在是意境深远，但是杜威写起来却出之以诙谐。

在同一段叙述里，另一句话感我尤深。杜威说：

> 那种（形式逻辑——三段论式的逻辑）便是月一般真理去支持那些没有它支持就站不住的事物。

这是什么意思呢？杜威认为亚里士多德的形式逻辑之所以能在中古欧洲更完满地复振的道理，就是因为教会正需要形式逻辑来支持一种信仰体系。这一思想体系如无形式逻辑的支持，便要支离破碎，根基动摇。

当杜威在撰著有关中古教会借重亚里士多德的形式逻辑之时，我不期而然地联想起另外一种大同小异的形式逻辑——一种古印度的演绎法，中文译为"因明学"。因明学有五个前提〔佛经上称为"五支"〕〔26〕，亚里士多德的形式逻辑则有三个前提〔汉译为"三段"〕，二者颇相似。有趣而值得一提的便是，杜威所说的，"三段论式"对中古的基督教会可以大派用场；同样的，"因明学"对印度佛教也活力无边。双方都是利用这一智慧工具来支持那些没有它支持就要摇摇欲坠的事物、观念和信仰！

我举的是杜威学说里的轻松的方面。虽然杜威本人或者尚未体会到他在上引诸段中所表现的幽默。对我说来这些话实在是对人类思想做历史性了解的诸种关键性观念之一环。当然印度佛教中所滋生的类似的论理学对研究比较哲学的人实在是很好的资料。

另一个有关推理和求真理法则的例子便是古中国的墨子关于鬼神的存在和真实性的辩论。在《墨子》一书中，我们可以看到他的推理法则。也可说是"三表法"吧。他用此法则来判断一个理论或信仰的是否可靠。关于〔我对〕墨家名学的阐述，德刚你可在我的《中国哲学史大纲》或者我的博士论文中去发掘。总之，墨子便是用这种细密的推理法去证明鬼神的存在。（见《墨子·明鬼》篇。）

以上所述都支持了杜威的理论。那就是一般人并不需要什么细密的逻辑。这些形式化的推理只有在一个信仰系统受到攻击、推翻，至无可立足的情况之下，才派得上用场的【27】！

约翰·杜威在他慢吞吞的讲演与谈话之中，在思想上四下播种——这些"观念种子"如落入他的学生们的肥美的思想土壤之内，就会滋长出〔新的〕智慧体系，或非其播种时始料所及吧。这里我只是举出了杜威的思想播种的一个例子罢了。

杜威最风行的著作之一便是那本举世熟知的《思维术》——尤其是那一本为一般学校和师范大学所采用的薄薄的原版【28】。在我进哥大之前我已对《思维术》发生兴趣，也受其影响。杜威认为有系统的思想通常要通过五个阶段:

第一阶段为思想之前奏（antecedent）。是一个困惑、疑虑的阶段。这一阶段导致思想者认真去思考。

第二阶段为决定这疑虑和困惑究在何处。

第三阶段〔为解决这些困惑和疑虑〕思想者自己会去寻找一个〔解决

问题的〕假设，或面临一些〔现成的〕假设的解决方法任凭选择。

第四阶段，在此阶段中，思想者只有在这些假设中，选择其一作为对他的困惑和疑虑的可能解决的办法。

第五，也是最后阶段，思想的人在这一阶段要求证，把他〔大胆〕选择的假设，〔小心地〕证明出来那是他对他的疑虑和困惑最满意的解决。

杜威对有系统思想的分析帮助了我对一般科学研究的基本步骤的了解。他也帮助了我对我国近千年来——尤其是近三百年来——古典学术和史学家治学的方法，诸如"考据学""考证学"等等〔的了解〕。〔这些传统的治学方法〕我把它们英译为evidential investigation（有证据的探讨）也就是根据证据的探讨〔无征不信〕。在那个时候，很少人（甚至根本没有人）曾想到现代的科学法则和我国古代的考据学、考证学，在方法上有其相通之处。我是第一个说这句话的人，我之所以能说出这话来，实得之于杜威有关思想的理论。

我近年来每每欢喜在讲演时向中国听众介绍赫胥黎（Thomas H. Huxley）治古生物学（Paleontology）的法则，他叫作"萨迪法则"（Zadig Method）。萨迪是〔欧洲文艺复兴大师〕伏尔泰（Voltaire）小说《萨迪》里的主角。萨迪被描写成一个古巴比伦的一位哲学家。他能用他的常识去解释沙滩上和岩石上所发现的痕迹，或者林木里枝叶脱落的迹象。观察了这些痕迹之后，他就可推断有跑马或走狗曾道经此地，并可说出狗马的大小。这种循果以推因的办法，便是治古生物学、地质学、考古学……以及一切历史科学的法则。这就是"萨迪法则"人类〔所发明而专用之〕的法则。

这法则也正是杜威所指出的法则，也正是约翰·穆勒（John Stuart Mill）在十九世纪所说的每个人在每日工作中所应用的法则。推理思想并非科学家在实验室内所专有，那只是人类常识上的法则。科学的法则只是把常识上的法则纪律化而已。近几十年来我总欢喜把科学法则说成"大胆的假设，小心的求证"。我总是一直承认我对一切科学研究法则中所共有的重要程序的理解，是得力于杜威的教导。事实上治学方法，东西双方原是一致的。双方之所以有其基本上相同之点，就是因为彼此都是从人类的常识出发的〔29〕。

杜威于一九一九年（民国八年）五月一日到达中国。他本于是年二三月间在日本东京帝国大学讲哲学。讲稿后来出版成书曰"哲学之重建"。我的〔北大〕同事唐钺先生在我的襄赞之下把该书译成中文〔30〕。当蒋梦麟和我这一杜威的学生听说他在日本讲学时，我们乃商请北京大学、南京高等师范、江苏教育会和北京一个基金会叫作尚志学会，筹集基金邀请杜威来华讲学，并分担全部费用。

杜威于五月一日到达中国时正是五四运动爆发的前三天。这个在北京开始发动的学生运动原为抗议巴黎和会中有关日本对德国在华旧租借地的决议。杜威于五、六、七三个月中在上海、北京一带目睹此如火如荼的学生运动。他在上海稍住数日便转往北京。在北京他连续做了五个系统的讲演。然后又前往各省——包括东北的奉天省〔北伐后改名辽宁〕的沈阳，西北山西省的太原，华中的湖北、湖南，华南广东省的广州等地。我是他在北京、天津、济南、太原等地讲演的主任翻译。他在其他地方讲演，我〔因为北大教课的关系〕不能随往。但是我的朋友，也是我哥大时代的老同学王徵（文伯）则担任其沈阳区的翻译。其他各地如南京、上海等处，则另由杜氏其他学生分担了。

注释

[1] "胡适的学位问题"年来颇为海外业余考据家们或疑或卫的考据对象。到今年夏秋之交,哥大的夏志清教授和已退休的汉学老教授富路得(Luther Carrington Goodrich)先生也加入卫胡行列。但不论是疑是卫,笔者皆受池鱼之殃。疑胡派(如《北美日报》上的胡祖强先生)便认定笔者"有九分证据,说三分话",为亲者讳。卫胡派(如夏志清先生)则居然认为我也有疑胡之嫌。

笔者一直没有加入他们的笔战。天热人忙的原因之外,最主要还是因为两派皆在说空话。哥伦比亚大学又未关门,记录俱在,一索即得,何劳诸公"考据"呢?!笔者二十多年前便已详细查过,胡氏是哥大一九二七年的"哲学博士"("哲学博士"非考不可,是"荣誉"不得的),并早有交代。现在实在不想再兴师动众,要哥大具结证明了。

不过本篇所译,胡公还是说他一九一七年通过考试,取得学位的(I got my degree……)。笔者如不稍加签注,不是又要引起"疑胡玄同"们大哗了吗?因再缀数语,以释群疑。

要了解胡适之的博士学位,得先了解哥大有关博士学位的考试制度和当年中国学生读学位的惯例。

胡适之时代的哥大文科博士学位研读过程是:研究生修毕规定学分之后(胡氏在康乃尔研究院的学分,哥大是承认一部分的),还要考过一道笔试、一道口试、一门欧洲语。门门及格,这样才算是"博士候选人"(doctoral candidate)。既为"候选人",便可选择题目,撰写"博士论文"了。论文完毕,再来一道"防卫口试"(defense oral)。防卫口试是最后一道关,也是最容易的一道关。但是尽管比较容易,考后仍有三种,通称"三栏"或"三柱"(three columns)的不同结果。其分别如后:

第一柱,"小修通过"(pass with minor revision)。"通过"之后,由主任论文导师监督,"小"事"修"改就成了。

第二柱,"大修通过"(pass with major revision)。"通过"之后,要另组考试委员会监督"大"加"修"改。这是件极麻烦的事。论文"大修"之后,还要回校参加"补考"。

第三柱，"不通过"（failure）。十年之功，废于一旦，不许补考，博士告吹。

还有，哥大当年博士论文一定要出版成书，缴入大学一百本（今日用缩微胶片），才算有正式学位。所以不论你考的大修、小修，至少要一年半载以后才能算真博士。加以那时美国出版太贵，中国学生论文类多带回上海交"商务印书馆"一类的出版商代印，然后以一百本寄回哥大，才算大功告成。所以那时的中国留学生在美国，不管考得哪一"柱"，甚至没有考，一旦回国，都迫不及待以"博士"自居了。所以那位疑胡派诗人张子英先生说的"哥伦比亚读未终，先把博士使用"，那时几乎个个博士都如此。张诗人如把他的"西江月"里的"先"字改成"都"字就更切贴了。不过有的"先用"一年半载，有的三年五载乃至十载。"先用"一辈子的也不是没有的。

夏、富二教授认为胡公先用了十年，别无他因，只是"论文缓缴了"就是了。富老先生在一九二七年已是哥大的中日文系主任。是年胡适自英来美便是他筹款请来的——公开讲演六次。胡是三月份正式取得学位，六月初在毕业典礼上，胡公接受"加带"（hood）和领取文凭时的"傧相"（escort，这是那时的制度），便是富先生。据说当胡氏披着无带道袍应召向前接受加带时，他一九一七年的老同学，斯时已是哥大哲学系的资深教授的施纳达（Herbert Schneider），曾鼓掌戏弄他，弄得胡博士哭笑不得。

据富氏所知，一九二七年胡氏并没有"补考"。他取得学位真是"拍拍肩膀"（汤晏先生语），"天方夜谭"式（胡祖强先生语）地过去了。

所以胡先生在他那一九三六年出版的《留学日记》（页一一四三）上说他在一九一七年五月二十二日"考过"博士学位最后考试，他并未说"通过"。事实上纵使他说是"通过"，也没有大错。

因而所谓"胡适的学位问题"不是什么"真假"的问题。问题在：他拿学位为什么迟了十年？这问题因此牵涉到，他一九一七年五月二十二日参加口试，所"通过"的是"哪一柱"（Which column？）的问题了。富、夏二先生都"有疑处不疑"地认为他考得"第一柱"——"小修通过"。如此，则胡氏的论文便立刻可以在上海出版，一九一七年底便可拿得哲学博士学位了（哥大博士学位是论文随缴随拿，不以学期为限），何必等到一九二二年杜威离华之次年始付印，一九二七年亲返纽约始拿学位呢？！

　　事实上胡氏在一九一七年口试上所遭遇的困难略同于后来的"二柱"。考入"第二柱"在普通情况之下，便非返校补考不可了。那时中美之间又无喷气客机，返校补考，谈何容易！所以他就只有"拖"之一途了，一拖就是十年！

　　胡适考了个"二柱"是否"丢人"呢？写历史的人，应该说公正话。那不但不"丢人"，相反的，他实在可大吹一番。因为他那篇光照百世，继往开来的博士论文，不幸地却被几位草包给糟蹋了。胡适写的是一篇纯"汉学"（Sinology）的论文，而汉学在当时的西方尚未达启蒙阶段。尤其那时排华之焰正炽，"中国文明"在一般美国教授的头脑里实在渺无踪影。胡适跟他们谈汉学，老实说，实在是对牛弹琴。不信且看当时听琴的阵容——胡适的六位大主考：

Professor John Dewey（杜威）

professor D. S. Miller

Professor W. P. Montague

Professor W. T. Bush

Professor Frederich Hirth（夏德）

Dr. W. F. Cooley

这五位教授中只有夏德略通汉文。可是夏氏在那时的哥大只是一件学术点缀品而已。他一个学生也没有，人家也不把他当作老几。对这几位先生谈"墨翟名学"岂不等于向戴东原、毕秋帆辈谈"穆勒名学"一样吗？他们完全不懂，也不能装懂。考起来其后果如何？也就不难想象了。

　　再者，胡适谈中国哲学的论文，在这些洋人看来，简直像一本不知所云的中国哲学教科书（poorly-written textbook），根本不同于一般博士论文钻牛角的"体例"。胡著《中国哲学史大纲》卷上（事实上是胡适博士论文的延伸），在有深度的中国学者读来，虽然是前无古人，但是考他的那六位虮髯客，又如何能领略呢？他们之所以不能接受他的"教科书"作"博士论文"是完全可以理解的。

　　老实说，胡适那时如果把他考庚款留学的国文试题延伸为博士论文，作一篇《中国古代规矩考》，来他个"矩之作也，不可考矣。规之作也，其在周之末乎？"（见《四十自述》）他的博士论文可能就"一柱"擎天通过了。不幸他的论文气魄太大，真知灼见太多，他就倒霉了。韩文公曰："世有伯乐，然后有千里马。千里马常有，而伯乐不常有！"这六位考他的番邦学者，有谁又学过伯乐之术呢？因此我们的千里"洪骍"，就被他们花下晒裤地活活糟蹋了——糟蹋到现在。如今胡博士含冤九泉已十七年了，还要受潘维疆、胡祖强的鸟气！

今日西方的"汉学"比五十年前，不知要高明多少倍了。但是今日在西方以洋文治汉学的华裔学人，除非你也愿意和这批虮髯客，搞半通不通的东西；你要搞点真刀真枪，还不是要照样受他们的闲气！我的美国朋友读拙作，希望不要鼓起嘴来。我们华人治"西学"，比起你们治"汉学"还不知要差几千里也。半斤对八两，想想也该心平气和吧！

胡适的另一个不幸，是他选了个"大牌教授"杜威作论文导师。

大牌教授声望高、治学忙、名气大，一切都不在乎。学生慕名而来的又多，正如马融当年，绛帐之内，佳丽如云；山门之外，弟子以次相授业，或莫见其面。这种"大"教授，他平时哪有工夫来细读你的论文，给你耳提面命？因而一般研究生像胡适当年一样都欢喜巴结大教授。名师高徒，说来好听；论文又少挑剔，真是一举两得，好不惬意。可是正因为如此，他对你及格不及格，也漠不关心。因而"大教授"指导下的研究生，一上考场，真是死人如麻。三考既毕，秋风萧飒，好不凄凉！

所以胡适之于一九一七年五月二十二日上"法场"的情况真不难想象。当大家七嘴八舌挑剔起来，有心替胡氏分忧的夏德，自知分量不够。能够铁肩担道义的杜威，中文一字不识；胡氏论文他可能根本未翻过，好坏全不知情。胡适得博士不得博士，关他底事！他的学生本来就是一半以上不及格的。杜威后来虽然颇以有胡适（Hu Shih）这样的学生而骄傲，但是那是一九一九年以后的事。"贱日岂殊众？"一九一七年五月二十二日，口试考毕，面如死灰的适胡（Suh Hu）和当时其他的"支那曼"并无两样啊！

可是两年之后，杜威亲临中国，一住两年。他亲眼见到胡著《中国哲学史大纲》在学术界的声势，这才自愧有眼不识泰山——这本划时代的名著，原来就是他不让"小修通过"的"博士论文"啊！加以胡氏朝夕相从，公谊私淑，都使杜威有改正以前错误之必要。但是哥大的校规是严格的，他也未便过分做主；不过以杜氏当年在哥大的地位，配合胡氏本身在中国和国际间的声望，从"大修"改"小修"是绝对办得到的。笔者所知的这类例子，就多不胜数。这样，自然就没有"补考"之必要了。如果杜威遗札尚存，哥大记录犹在，"胡适学位问题"的官司也就不必再打了。

胡祖强先生还谈到些什么"十年学制"的问题。其实有同样情况的前辈老朋友李铁铮博士等都可以现身说法，哪里是什么"问题"呢？至于说胡适不能在哥大教书是"学位问题"！为压低胡适，自抬身价而说这种话的政客，真是其心可诛！此人分明知道那时在哥大任教的名教授王际真先生（现在还住在纽约），就没有"博士学位"；王公退休之后，继任的"哑子没有方帽戴"的蒋彝教授，也没有"博士学位"。他却硬要说这种话来暗箭中伤胡氏，岂不令人叹息！

笔者还读到杨大杰先生一篇文章，他疑胡之余，还把我们几位"老童生"也讥笑了一番。笔者自惭愚鲁，固毋庸议；可是我倒替那位读了十七年的"李博士"和读了二十一年的"鲁博士"，和无数个读了十年二十年的中西朋友，稍感不平。因为这儿牵涉到一些美国研究院的学制问题。

美国人读大学本科，大致都靠父母接济或奖学金维持，但是一到研究院就六亲无靠了。此邦文法科的研究生大多自食其力。有的积点钱或借点钱作三年之计，一鼓作气，全时读书，把"专题口试"考掉。及格之后，按学术界惯例，就可到小大学去做讲师或助教授了。做助教授一级的工作是忙乱不堪的。再加远离大城市和大图书馆，研究工作不方便，写起论文来，就开始拖了。这种保全职业、养家活口、进修博士、归还债务……诸事并举，是十分辛苦的。事忙人倦，论文就拖得没止境了。所以美国人一般都不愿念博士，念博士的只是一些才不过中人的傻瓜。

再者美国与欧洲不同。长春藤盟校级的一流大学里正统学科的博士是十分难读的。像夏志清先生那样的天才，能在三数年内一气呵成，实在是凤毛麟角。按《时代杂志》在一九五七年（苏联第一个人造卫星上天之年）的统计，一九五七年以前的博士学位九年读毕，算是快的；十二年是中等；十六年不算慢！这在当时都是有统计的。

笔者所最敬佩的亡友卢飞白先生，联大毕业后，考得庚款留美，习西洋文学；当时与何炳棣、杨振宁两先生真是鼎足而三。他的中英文造诣亦与志清相埒。但是他在芝加哥大学在西洋文学上所下的硬功夫，便在十六年以上。可是他一生志在所学，不求闻达。接近他的朋友，谁不知道飞白有真才实学，也是一位了不起的诗人。不知道他的人，但看他求学年限，还不是和杨大杰先生一样骂他饭桶。吾人读中国近代留学史，百年来诸公碌碌，有几个人曾达到飞白为学的境界？又有几个人知道卢飞白这个名字？！

笔者在这里顺便提一下，也算是对亡友飞白的一点纪念。

〔2〕"伦理文化学会"亦译为"道德文化学会"。笔者便是在这个"学会"内，用非宗教仪式结婚的。

〔3〕查理·毕尔（Charles A. Beard）是美国以经济史观治美国史，最负盛名的早期哥大名教授。他的名著《美国宪法之经济诠释》（*An Economic Interpretation of the Constitution of the United States*）于一九一三年初版问世时，美国政学两界为之大哗。因为他揭穿了北美合众国华盛顿以下诸开国元勋道学面具之后的生意嘴脸，被指为亵渎圣贤，随后被迫自哥大辞职，一时"人心大快"！

〔4〕这部胡氏所说"辉煌的"《钦定古今图书集成》是哥大汉籍收藏的老祖宗。全书共一万卷，分装五千零四十四册，共有字数约一万万之多。据当时西方汉学家估计，其分量较第十一版《大英百科全书》（*Encyclopedia Britannica*）要大出四倍之多，允为当时世界上最大的百科全书了。

六十年代中期哥大图书馆当轴，因为它部头太大，占地太多，而又"无人使用（！）"，乃决定将其捆绑起来，曳入地下室，永远禁闭。笔者由于血浓于水，情有不忍，乃联合中国出生的富路得老教授，提出抗议，才算把它中途拯救下来。为此笔者曾搜索美国外交档案，查清它老人家移民美国的经过，撰一考据短文，刊于哥大《图书馆季刊》，以为富公与我面红耳赤的理论根据。

哥大这部书原为清廷"总理衙门"所重印。装潢、纸张、校订皆优于康熙原版。由于部头太大，当时只重印一百部，为"分赠列强"之用。不意书未送出，便遭火灾，所余无几。此一赠书大典，乃无形中辍。

庚子拳变（一九〇〇）期间，哥大忽然雅兴大发，延师教授汉学，但又苦于无汉籍足资参考。校方乃函请美国国务卿，那位搞"门户开放"，大名鼎鼎的海约翰（John Hay）及美国驻华公使康吉（E. H. Conger），转请中国北洋大臣李鸿章鼎力帮忙。鸿章乃奏请西太后交盛宣怀酌办。盛氏乃奏请以前总理衙门火余之书相赠。这便是这部巨著来美和番的始末。据当时估计全书约值美金七千元（约合今日美金十万元）！

哥大得此厚礼，乃辟室开专馆收藏，浸假成为近代世界汉籍名藏之一。笔者今日偶访旧地，见此"辉煌巨著"与适之先生遗像相互辉映，喜故人无恙，亦颇以为慰。

【5】大陆无高等教育部，张之实职为"教育部长"，自一九五二至一九五八年凡六年。见《中共人名录》（"台湾省国际关系研究所"编，一九六七年版），页三六六。

【6】美国的哥伦比亚大学是专门替落后地区制造官僚学阀的大学。五十年代末期哥大校长寇克（Granson Kirk）访问中东，所过之处，哥大校友设宴欢迎。筵席上座，在不知者看来，往往以为是各该国内阁官员商讨国是的聚餐会。所以胡适的学生时代住在哥大三大宿舍的外国留学生，回国后"抖"了起来的，不独以华人为然也。

【7】Frank Hyneman Knight, *Risk*, *Uncer tainty and Profit*, New York: Houghton Miffin Co., 1921.381 pp.

【8】笔者前在《忆胡》第二篇中，曾提及不懂经济是胡先生谈政治的致命伤。这里是他老人家有趣的"夫子自道"。

【9】通常美国大学里设立的所谓"讲座"（Chair），多为纪念性质，由私人捐助巨款，投资生息。每年由利息所得为该"讲座教授"（Chair Professor）的薪金。美国为汉学而设立的第一个讲座，便是哥大的"丁龙讲座"。这一纪念讲座之设立，背后却有一个极为感人的故事：

丁龙原为一华工，姓丁抑姓龙，已不可考。他受雇为美国卡本迪（Horace W.Carpentier）将军为仆人有年。可能因为勤劳诚实，深得三人信任，因而当其退休之时，卡将军赠以巨资——据说是美金两万元——为退休费。丁龙在谦辞不获之后，竟以全款转赠哥大为"研究中国文化"之用。卡将军为丁龙的义举感动不已，乃加捐巨款，凑成十万元为哥大特设一"丁龙讲座"（Dean Lung Professor）以纪念这位了不起的中国工人。古人说："善要人知，便非真善。"丁龙究竟姓啥名谁，我们都不知道，而能有此义行，实在可说是"真善"了；而卡将军不惜巨款以成人之美，也是难能可贵！夏德便是哥大第一位"丁龙讲座教授"，富路得先生便是第二位。富氏于六十年代退休之后，此缺至今虚悬。觊觎者虽不乏人，迄今尚无入选者。

〔10〕Friederich Hirth, *The Ancient History of China to the End of the Chou Dynasty*.Columbia University Press, 1923. 383 pp.;*China and the Roman Orient*. Leipsic & Munich；Shanghai & Hong Kong, Kelly & Walsh, 1885.

〔11〕人类的文明发展到今天，任何民族的历史，都已不能孤立研究。"孤立"便有"偏见"，有偏见则无真知识。余读当代欧美史名著，便觉其无一本无偏见；其偏见实起于"欧洲中心主义"（Eurocentrism）。欧洲中心主义便是以"欧洲"为"中国"，以其他民族为"四夷"。这种学术上的愚昧无知实起于作者的先天缺憾——东方史对他们是一张白纸。这一点今日欧美史家（汉学家除外），尚少人体会。

相反的，当然也完全一样。我国学术界今日不是不需要"通人"，只是今日的"通人"已不是"熟读三《通》"，而是要中西兼"通"。近代英国还出个威尔斯（H. G. Wells）和汤恩比（Arnold J. Toynbee）。但是时至今日中美两国的尖端学人之间还未出过一个真正的"通人"。胡适之先生"庶乎近焉"，但也谈不到真正的"东西兼通"。

所以我们今日不能小视欧美的"汉学"（Chinese Studies）。西方专才，研究中国，所钻虽浅，隔靴搔痒尤多；然从西向东看，往往观念弥新，颇值得吾人借鉴。我们研究"西学"，如能钻到西人治"汉学"的十分之一的深度，我们的史学界也就要面目一新了。

〔12〕这一类的笑话，现在实在太多了。中西双方都有。好事者收而集之，可以编出一部真实的《笑林广记》。也是中西文化交流史上的趣事，值得一做。

〔13〕笔者在《忆胡》的文章里，根本没有重视范缜对胡适无神思想的影响。夏志清教授不以为然，并举出《四十自述》上胡氏自述为例。这就是志清"尽信书"的老毛病。夏教授可能到现在还未读过《神灭论》，笔者当然更未读过。但是我二人皆不信神，何也？！相反的，胡适如未读过《神灭论》，胡适就会信神了吗？这答案是可以用电脑推算出来的。

〔14〕译文欠佳，然为胡公自译。笔者喜其信达，故未敢擅改。详《留学日记》页八一九。

〔15〕康德（Immanuel Kant）是近世西方唯心主义哲学系统内的大师，他不但是德意志学派里的尖端人物，他的思想简直支配了十九世纪整个白种人的世界。

康德认为"道德"是绝对至高无上的客观存在，是不受人类社会变动的影响的。这便是康德哲学内的"绝对命令论"或"至高无上论"（Categorical imperative）。

康德这一道德脱离社会单独存在的观点，后来为他的普鲁士后辈的马克思全盘推翻。马氏认为"道德"是"阶级"的附属品，也随生产关系的变动而变动。

这两派各走"极端"，互不相让，所以那位"执其两端"的杜威则讥笑这些德国佬为"普鲁士绝对主义者"（prussian absolutists）。

那位影响胡适早期思想甚深的厄德诺，便显然是个康德派。他把康德的抽象观念具体化，乃发动组织了一个无神的宗教。胡适之在接触杜威之前，他对这个伦理文化派，极为折服。但是胡氏天分极高。这个混沌水的"新唯心主义"，不能满足他。等到他一碰到杜威，便觉豁然开朗，疑虑顿失，乃"尽弃其学而学焉"，就变成"实验主义"的信徒了。

胡适之少年时代思想变动的过程，与郭沫若颇有相同之处。

胡、郭二公在思想体系形成的过程中，有个相同的"大不幸也"。那便是他二人都是"少年得志"。在学术界一辈子都睥睨群贤，目空当世；认为在学问上，只有人家学他的。至于他们自己，则总以为"山东无足问者"了。加以誉满天下，谤亦随之。为着全誉却谤，一辈子抱着自己的"思想"，不肯分毫让人，因而他们再也不能安静下来，把自己来解剖解剖了。七八十岁所搞的还是二十岁所学的东西，一个人怎会有进步？这就是所有启蒙大师的悲哀啊！

〔16〕康乃尔的"塞基派"并不是一个真正的学派。只是该校一批搞"新唯心论"的教授，群居于塞基大楼，臭味相投，此唱彼和罢了。

〔17〕中文题为胡氏自译。见《留学日记》页一一三三。

〔18〕杜威在这个公寓内一直住到一九五二年，他九十三岁时老死为止。杜氏自一九二一年自华返美以后，对中国大感兴趣。所以在他以后的家庭招待会里，中国名人和学生总也是客人中的主要分子。

一九二七年杜威丧偶，但是他的招待会仍继续举行。一次一位中国学生，不善饮酒，却偏好两杯，不意一时酩酊大醉，竟在杜威卧榻之上鼾睡起来。等到酒醒之后，他所看到的，不是"杨柳岸，晓风残月"，却是杜老头的胡须飘飘。他居然与杜大师同榻睡了一夜，一时传为趣谈。

二次大战后，杜氏以八七高龄，居然续弦，讨了位四十二岁的年轻夫人。杜先生当然不能再生孩子了，他二人乃领养了两个意大利孤儿。杜氏年逾九十之后，仍然神志清明，著述不停，至死方休，也真是名副其实的一位怪杰。

笔者震于杜威大名，于一九四八年进入哥大之后，亦常与同学二三人赶着去"看杜威"，不用说那都是受了《胡适文存》的影响。

〔19〕William James, *The Will to Believe，and Other Essays in Popular Philosophy and Human Immortality*.New York:Dover Publications, 1956.332pp. Reprinted from the original edition.

〔20〕"实验主义"在杜威崛起之前通用 Pragmatism 一字，意为"实用主义"。学者认为只有有"实用"价值的观念，才是"有价值的观念"。这一概念如不加澄清，则易流于"机会主义"（opportunism）。所以杜威不喜此字，乃另造 Instrumentalism（机具主义）及 Experimentalism（实验主义）。杜氏主张观念必须在实验中锻炼，只有经过实验证明，在实践上能解决实际问题的观念，才是"有价值的观念"，也就是"知识必须自实践出发"。它不是"只论目的，不择手段"。相反地它是为达成解决实际问题，于实验中选择正当而有效的手段。这就是杜威的"实验主义"。

〔21〕John Dewey, *Essays in Experimental Logic*.University of Chicago Press, 1916. pp.183-219.

〔22〕"苏格拉底的法则"（The Socratic Method）是个什么东西呢？欲知其详，得先谈谈苏格拉底（Socrates）。这位古希腊哲学家的老祖宗，我们中国知识分子对他也可说是耳熟能详。尤其是柏拉图（Plato）的名作《苏格拉底之死》的英译，我们许多当年在大陆受教育的老中学生，往往都能背诵。我们朗诵《英文背诵选》时，对他老人家把毒药当成可口可乐喝下去，视死如归的样子，真是既感叹又恐怖。

苏格拉底为什么被判死刑呢？那是因为他老人家谈政治谈出了毛病。

记得抗战期间重庆的茶馆有一副脍炙人口的对联："空袭无常，贵客茶资先付；

官方有令，国防秘密休谈！"所以坐茶馆的人，最好少谈政治。可是希腊这位游手好闲的苏老头，就专门欢喜在茶寓酒肆，吹牛皮谈政治讲哲学。

我国的哲学家和社会贤达们像胡适之、梁漱溟者流，谈起政治来总欢喜批评这个政府太独裁，那个政府不民主，弄得人家不痛快。想不到希腊这位老头子，却反其道而行。他专好批评这个政府太民主，那个民选官员太饭桶……他也弄到人家吃勿消程度。结果大家以二八〇票对二二〇票之民主"多数"，公请他喝毒药，才把老命送掉。

苏格拉底可能是人类历史上，绝无仅有的大学教授，为批评政府太民主而送掉性命的，真是黑天冤枉！

苏氏为什么要拼老命反对"民主"呢？那就是由于他对"知识"这个概念的特殊看法。苏公是读"三字经"启蒙的，相信"人之初，性本善"。但是为什么人们要有不善呢？那是由于"无知"的关系。他认为"知"是"行"的先决条件。"知"里有善而无恶，有恶之"知"，就不是真"知"。"无知"则"行"必失其准则。所以苏格拉底也是阳明山上下来的，主张"知行合一"，循"知"而"行"自能臻于善境。

但是什么是"知"呢？吾人又如何去求"知"呢？老苏说要知"知"，得先知"不知"。因为所有事物和概念之中皆有真"知"，但一般人皆不"知"此真"知"，而强"不知"以为"知"，所以糊涂一辈子而不"自知"。因而无"知之明"的生命是不值得活下去的。

老苏这种说法是侮辱我们知识分子或大学教授吗？非也！我们就是过了一辈子"无知"或"强不知以为知"的糊涂生活而不自觉。

笔者未敢妄评同文之"无知"，但却深"知"自己之"无知"。

记得还不足十岁时的一个夏天，我与一位同年的表兄折木为枪，在一片谷场上，表演"操兵"。我二人那时的检阅者和评判员是一群吃下午茶的农民。等我二人操演完毕，他们一致认为表兄"操"的像"兵"，我"操"的不像。

我对这一裁判，至感不服。因为不久之前家人曾带我"进城"，适逢城内"过兵"。那些荷枪而过的丘八，走起路来，两腿一提一提的，给我印象极深。所以我后来"操兵"也全式模仿。这步伐是我亲眼看到的"真兵""真操"，还会有错吗？因此我心中始终不认错，反觉他们"无知"。一直等到我做了"童子军"，才"知道"我以前在谷场上"操"错了。

以上是笔者童年时期一件"无知"的小经验。可是其后数十年中，这种"无知"的经验，不断地重演。就拿读苏格拉底的经验来说吧，从中学、大学到现在，以"不知"而为"知"的经验，就翻过多少次身。如今斗胆再向各界读者大谈苏格拉底，如有高明，匡我不逮，则"闻善言则拜"之余，生命中不又要多出个"无知"的阶段来了吗？

吾生也有涯而知也无涯。人生一辈子本来就在这个无止境的"无知"过程之中，一段段地摸索前进。"知识分子"究竟有多少"知识"，实在是天晓得。

不过"无知"如下走者，纵作恶也不会太大。大不了误了人家几个子弟，欺骗了若干读者罢了。可是手握兵符政柄，掌生杀大权的人，如果只是全盘"自信"，而毫不"自疑"；自觉聪明天纵，不知其"不知"，而强不知以为知，那就民无噍类矣。所以胡适之先生以前主张多谈点"问题"，少谈点"主义"，也不是毫无道理的。

照苏格拉底的看法，一个哲学家像胡适那样的人，要有自知之明，已经很难了，何况群众！因此那以"德谟"（demo 希腊文为"民众"）意志为依归的"德谟克拉西"（democracy），实在是最庸俗和最无知无能的政体，应该废除。但是"众人之事"究竟让谁来管呢？苏格拉底因而主张元首大位要让"有德者居之"。"德"只是"知"的表现，有"知"自然就有"德"了。

但是怎样才能化"无知"为"有知"呢？这个从无到有的过程和方法，便是所谓"苏格拉底的法则"了。

苏氏认为天下任何事物和概念都有其"普遍界说"（universal definitions）的。以"黑猫白猫"为例吧，按苏氏的"法则"，则"黑猫、白猫皆非猫"；只有"捉老鼠"这个"普遍界说"，才能概括所有的"猫"。所以要找出"什么是猫"这条问题的答案，诸子百家不妨各提一条，大家来开个"研讨会"（symposium）。在会中不妨辩论一番。去其"特殊"，存其"普遍"；水落而石出，"普遍界说"自然就显示出来了。

这种两造或多造按逻辑举行的推理问答，柏拉图叫它作"辩证讨论"（dialectic conversation）。黑格尔说这就是他的"辩证法"的老祖宗。当然也就是马克思的老祖宗了。

上述这种推理法，就是所谓"苏格拉底的法则"，也就是我们中学教科书上所说的"苏格拉底问答法"。杜威对这"法则"大为赞赏，胡适当然更是如响斯应。他师徒二人为什么对这个"法则"大为赞赏呢？那就是因为"法则"只是个"法则"——是一种寻找真理、解决"问题"的方法；而不是替任何"主义"去证明它那毫无"辩证讨论"余地的"终极真理"（ultimate truth）。他们"实验主义者"是走一步，算一步，不谈什么"终极真理"的。

[23] 杜威对之颇有微词的亚里士多德，又是怎么回事呢？让我们先来个"破题"：

亚里士多德（Aristotle）者，"阔肩大师"柏拉图之弟子，反民主哲学家苏格拉底之"小门生"也。生于慷慨悲歌、帝王独裁之燕赵（希腊北部马其顿 Macedon 附近），南向游学于人文荟萃、自由民主之苏杭（雅典）。以马其顿宫廷御医之纨绔，折节师事雅典街头之寒酸，出入陋巷二十年，尽得其传；其向学之诚心，亦可见矣！

但是亚里士多德自信——可能也是真的——其才大于其老师，也高于他的祖师爷。他学成归国之后，居然位至太子太傅。那位人类历史上第一位企图征服欧亚两洲的亚力山大大帝，便是他的得意门生。余游亚力山大城，想起这位古希腊的翁同龢，犹不胜其唏嘘焉。

亚氏认为他两代师承的思维推理之学，都杂混无章；如在下批评敝老师胡适一样："不成一套！"他要搞出个"一套"来，因而就套个"三段论式"（syllogism）的推理法则来。

什么是"三段论式"呢？简言之，便是一种"抬杠"的逻辑。今有尚在台湾大学读书的两位哲学家，在咖啡店内为政治思想、恋爱意义……抬起杠来。抬到面红耳赤之时，乔治张把桌子一拍说："你说的根本不合逻辑！"亨利李也不甘示弱说："哼！你的逻辑在哪里？……"二人吵得不得开交。忽然邻座一位长着大胡子的亚里士多德走了过来排难解纷。

子亚子曰，二位要谈逻辑，先得把逻辑的形式（form）来规定一下。下面便是亚子逻辑的初级形式：

大前提：凡人必死！（张、李二君完全同意）

小前提：胡适是人。（张、李二人都不敢无聊地说"胡适不是人"）

正确结论：胡适必死！（张、李二君皆瞻仰过适之先生的遗容的）

所以这么一来，咖啡店内的杠，就可抬出个结论来了。否则咖啡打翻，茶房破头，杠还是抬不完的。

亚里士多德的"三段论式"，原是解决抬杠问题的，因为古希腊人——尤其是那些自觉了不起的"辩士"（sophists）——最欢喜抬杠。要不搞出个抬杠法则来，大家抬到最后，就要互骂"狗娘养的"了。

任何原始文明（original civilization）的启蒙期间都有一段抬杠的过程。我国古代的墨子，就欢喜抬杠，是所谓"墨辩"。孟老夫子尤其欢喜抬杠。抬到后来还要说："吾岂好'抬杠'哉？！吾不得已也！"

孟子抬得最得意的一次，便是和那个社会主义者陈相，抬八级工资制。那个只懂教条，不懂逻辑的小土包子陈相，被孟老夫子抬得哑口无言。孟老夫子也为之洋洋得意。两千年后的语文老师，还要强迫我们背诵他的圣贤之言呢！

胡适之先生那时指导我去读《墨子》的《明鬼篇》。我读后益发不相信"有鬼"了。我觉得老墨那个烂逻辑，如何站得住呢？所以"名学"在我国古代只萌个芽，始终没有开花结果，发展成西方哲学里的"逻辑学"。

古印度文明启蒙期间，也曾有个足目大师（比孔子还早一点），倡导"因明学"（唐朝人的翻译）。他的"宗、因、喻""三支"，也就是亚里士多德的"三段"。我国前辈学者熊十力、陈大齐诸先生，对其皆有极精湛的研究。但是印度的"因明学"和我国的"名学"一样，都只发个芽，始终没有成熟。

东西逻辑学发展之有如此差异，笔者个人总觉得是东西两方对"法"的观念不同的滋长有以致之。"法律"是最讲逻辑的，因而个个律师都是逻辑专家；而律师在西方社会里的地位——从古希腊罗马到今日的英美法苏——那还了得！可是我们传统中国人（古印度人也是一样）最瞧不起所谓"写蓝格子的""绍兴师爷"和"狗头讼师"。我们的"仲尼之徒"一向是注重"为政以德"的。毫无法理常识的"青天大老爷"动不动就来他个"五经断狱"。断得好的，则天理、国法、人情、良心俱在其中；断得不好的，则来他个"和尚打伞"，无法〔发〕无天，连最起码的逻辑也没有了。

西方就适得其反了。西方的律师，诉讼起来，管他娘天理、人情、良心，只要逻辑不差，在国法上自有"胜诉"。因而他们的逻辑，也就愈发展愈细密了。

亚里士多德就认为他的师父和祖师爷，推理的方法不够细密，才搞出他的分三段而推之的"演绎推理法"（deductive method）；也就是从一个不可否定的"命题"（premise），一个接着一个推下去，推出个有"真理"的（事实只是在逻辑上驳不倒的）正确结论来。

"胡适必死"是不是真理（说不定胡适成仙了呢！）逻辑家是不管的，他们要管的是这一结论在逻辑上是否站得住。

自亚子"思想搞通"之后，他就开始骂他的老师了。他认为苏格拉底和柏拉图都搞了一辈子"逻果斯"（logos，希腊语"究天人之际的思想语言之学"），结果都不懂"逻果斯"。只有他亚里士多德才懂"逻果斯"呢！他想得得意了，不觉把两代祖师的石像敲得叮当作响曰："吾爱吾师，吾更爱真理！"

有此西哲骂老师的先例可循，梁启超骂康有为"厚颜"之时，也就西为中用了。

但是只把人类有系统的思考分"三段"而推之，岂不小视了万物之灵了吗？再把它来个"演绎"之"演绎"，就变成后来发扬光大的"形式逻辑"（formal logic）和"符号逻辑"（symbolic logic）了。

有数学头脑的人更来个"符号"之"符号"，就变成更高深的"数理逻辑"（mathematical logic）了（亦有人混"符号逻辑"与"数理逻辑"为一谈）。当代欧美社会科学家"穷则变、变则通"，又搞出个"数理派"（methematical-metrical）的"行为科学"（behavioral science）来。

这种逻辑由亚里士多德这个始作俑者搞出之后，由希腊传至罗马。在西罗马亡国之后，被冷落了几百年。后来罗马文明被那"独崇耶术"的教会在中世纪篡夺了。这个横蛮无理、罢黜百家的教会所独尊的"神学"（Theology），原是个万物始于一元的"唯心一元论"（spiritual monism）。搞一元论，就要追求"终极真理"和"最后之因"（The last cause）。这两个东西，他们早已有"现成货"，因而苏格拉底式的"寻找真理"的"法则"是用不上了；他们要的却是"证明真理"的逻辑——这两宗"现成货"之所以为"真理"，就是它"合乎逻辑"或在"形式逻辑"上可以推算出来。

只要"合乎逻辑"——"形式逻辑",至于杜威所说的"常识",那就顾不得许多了。因而那位几乎被雅典人为着"亵渎神明"而杀头的,形式逻辑的开山老祖亚里士多德,这一下在上帝的保佑之下,忽然又神气起来了。

亚氏本来就是马其顿帝国的国师。帝国自有其帝国的立国之道,国师只要"证明",何须"处士横议"?"寻找真理"与"证明真理"于焉殊途!

所以所谓杜威之学事实是"科学"萌芽时期,传统的哲学家受科学的影响,搞出个新的文艺复兴,或文艺复古。他们要冲出证明真理的亚里士多德传统下形式逻辑的牢笼,而回头去搞寻找真理的苏格拉底法则。杜威的"实验逻辑"之中是没有什么最后之因,或终极之理。真理是在实验中不断发现,在实践中不断扬弃。

这一派实验逻辑的发展,实在是文艺复兴以后,上帝"宝座"动摇了,由培根(Francis Bacon)开始的一种反形式逻辑的新潮流;也是人类思想发展上一个逃避不了的"客观实在"。杜威只是这一思想系统下的一个大山头,胡适之承其余绪,在这山头上安营扎寨,做个孙悟空罢了。

笔者之所以不厌其详地对杜、胡师徒二人的片语只字,做了数千言的诠释,主要的原因是觉得近三十年来左右两派,如火如荼地对胡适的"买办言论"和"毒素思想"的批判,皆未得其平。未得其平的道理,便是奉命执笔的学人未真正了解胡适;不了解胡适的原因是他们"心有不愿"或"知有不及",去真正地搜出胡适扎在西洋哲学里的"根"。不知其根在何处,则臧否就难得其平。不得其平,就不能服人之心,不能服人之心,则胡适的思想言论,就"终因好之者众,未能废也"了(《四库提要》上批评王充的话)。

【24】John Dewey, *The Wit and Wisdom of John Dewey*.Edited with an introduction by A.H.Johnson.Boston:The Beacon Press, 1949.111pp.

【25】John Dewey, *Essays in Experimental Logic*.University of Chicago Press, 1916.444pp. "*Some stages of logical thought*" pp.183—219. "……诸阶段"为该书之第六章。哥大所公布之缩微胶片稿页一〇〇,误把 giving them stay and power 写成 state and power(参考该原著页一〇五)。

【26】国人研究"因明学"有专著问世的唯陈大齐、熊十力两先生。陈著有《因明大疏蠡测》(一九四五年重庆自印本)、《印度理则学(因明)》("中

华文化出版事业委员会"，一九五一年初版）、《因明入正理论悟他门浅释》（"中华书局"一九七〇年版）。熊著有《因明之研究》（一九三九年，自印本），《因明大疏删注》（广文书局，一九七一年重印本）。《因明大疏》为足目大师原著，以"五支"推理，是为"古因明"；后期佛经中的"三支"推理法，为"新因明"。

【27】当年适之先生发了这一大套理论之后，他总是说杜威之言诙谐，幽默。那时笔者亦熟读杜子之书，我就丝毫看不出杜威诙谐或幽默在何处。杜老头在老老实实、板着面孔说理，幽默从何来呢？但是胡老师那种"拈花微笑"的"幽默"姿态，终于使我恍然大悟。原来他是在"幽"所有批胡者之一"默"！

【28】John Dewey, *How We Think*.Boston:D.C.Health & Co., 1910.224pp.

【29】从这几段都可看出胡先生于一九一七年返国以后，在"西学"上没有跟进的迹象。

【30】John Dewey, *Reconstruction in Philosophy*. New York:H.Holt & Co., 1920.224pp.唐译出版否，不详。唐氏出版有《唐钺文存》凡四千七百余页。该译文是否收入其文存之中，笔者手头无是书，一时无法检校。

原载《传记文学》第三十三卷　第六期

▼

第六章

青年期逐渐领悟的治学方法

这一章或者可以叫作"我青年时期所逐渐领悟的治学方法"。

在此次录音之前我便在想，我的治学方法是从什么地方、哪一本书和哪一位老师学到的呢？对于这个问题，我实找不到一个确切的答案。我的治学方法似乎是经过长期琢磨，逐渐发展出来的。它的根源似乎可以一直追溯到我十来岁的初期。在我用中文撰写的〔四十〕自述里，我就说过我十几岁的时候，便已有好怀疑的倾向，尤其是关于宗教方面。我对许多问题存疑，我〔尤其〕反对迷信鬼神。我对我的文化生活，乃至日常生活中的一切理论、记载和事实，如一有怀疑，也都要予以批判来证明或反证明。这都是由于我的怀疑的倾向所致。所以纵使我才十几岁的时候，我已经在寻觅一个能解决我怀疑的方法。

远在一九一○年，我第一次接触到汉朝的古典治学方法——这个较早期的古典学术，所谓"汉学"。那是和后来偏重于哲学性诠释的"宋学"，截然不同的。我国近三百年来学术的发展，一般都叫作"汉学复兴"。这种说法在我看是不很切当的。我国以前就没有一本中国古典学术史是用现代的观点和批判的方法写出的。所以〔汉代著作中〕所用的许多不同的专门名称或名词都有点名实不符。

我个人认为近三百年来〔学术方法上所通行〕的批判研究，实是自北宋——第十至第十二世纪之间——开始，其后历经八百余年逐渐发展出来的批判方法，累积的结果。这都可远溯至中国考古学兴起的初期。由于考古知识的逐渐累积，古代的残简、旧稿，乃至古墓里出土的金石、砖瓦等文物，和这些文物上所印刻的文字和花纹的拓片或摹拟，等等，均逐渐被发展成历史工具来校勘旧典籍。这便是批判的治学方法的起源。这一段史实，再度支持了杜威的理论。杜威认为一切有系统的思想和批判的法则，都是在一种怀疑状态之下产生的。也就是说在一些史籍上发现了可疑之处；例如一个时间上的差异，和史迹上有些不符之处，使学者难以置信。

所以近三百年来这种批判研究的学术——如研究有关古籍版本的真伪，和内容的正讹的"校勘学"，和研究古籍中文字的原义的"训诂学"，等等——都有了更迅速的发展。在这些方面的研究，更发展出一个较概括的学术名词叫"考据学"或"考证学"。这也便是我在上章所说的，译成英文〔或白话〕，便叫作"有证据的探讨"。

前面已经提过，我对较早期发展的〔汉〕学，于一九一〇年才开始接触。在此之前的七百年中，中国的社会、学校、村塾、家学中的教学和研究，一直都以宋儒朱熹（一一三〇——一二〇〇）的权威理论为依归。七百年来，国人对古典——尤其是《四书》和另外数种重要典籍——的研究，大体都承认宋儒的注释是最具权威性的。

但是当我于一九一〇年在北京参加庚款留美考试时，招待我的杨景苏先生原是我二哥的同学，我就住在他家里，杨君告我不要专读宋儒的著作，对汉唐诸儒所致力的《十三经注疏》也应稍事涉猎。所以我也就买了一套该书的石印本，携来美国。在我留美期间，当我想读点中国书籍的时候，我就读了些宋人以前〔注释〕的旧典籍，尤其是〔《十三经注疏》中的〕《诗经》【2】。

但是使我惊异的却是我自己对郑玄（康成）和毛公〔（毛苌）〕两位汉学大师也感到不满。郑康成死于公元二〇〇年，比朱熹整整早一千年。今日回思，我想我那时是被宋儒陶醉了。我幼年期所读的〔《四书》《五经》〕一直是朱熹注。我也觉得朱注比较近情入理。因而当我接触到毛公、郑玄一派的注释时，我为他们〔汉、宋〕两派之间显明的差异炫惑了；所以才引起我自己企图来写点批判性的文章。这些文章也显示出我幼年期以批判法则治学的精神，我把它叫作考订古文字真义的"归纳法"。在一九一一年五月十一日，那时我才十九岁零五个月，我写了一篇论文。

这篇论文的内容实在不是完全从康乃尔大学学到的。这篇文章后来收集在我的《文存》里，也是我《文存》中著作最早的一篇。

一 《诗三百篇言字解》

这篇文章是有关一个"言"字意义的诠释。根据汉儒的解释，"言"字的意思原与第一人称代名词"我"同义。〔《尔雅》上说，"卬、吾、台、予、朕、身、甫、余、言，我也。"〕〔汉儒〕根据古字典做这样解释，我实在不能接受。在我那篇《诗三百篇言字解》的文章里，我指出《尔雅》并非古字典。其书殆出于汉儒之手，〔如《方言》《急就》之流。盖说经之家，纂集博士解诂，取便检点，后人缀辑旧文，递相增益，遂傅会古《尔雅》，谓出周、孔，成于子夏耳。今观《尔雅》一书，其释经者居其泰半，其说或合于毛，或合于郑，或合于何休、孔安国。似《尔雅》实成于说经之家，而非说经之家引据《尔雅》也。鄙意以为《尔雅》既不足据，则研经者宜从经入手，以经解经，参考互证，可得其大旨。此西儒归纳论理之法也。（见《诗三百篇言字解》，《胡适文存》一集，卷二）〕所以我认为汉儒用这个古字典去解经是靠不住的。

在这篇文章里，至少也可看出我自己治学怀疑的精神。

在否定这一古字典的权威之后，我就用一种我叫它作"归纳论理法"，把《诗经》上所有"言"字的用法，归纳在一起。这办法就是我所说的"以经解经"的办法。把这些"言"字在不同的辞句里的用法比较、印证之后，便可找出更自然、更近情理，也更能被人接受的意义了。

就在一九一一年五月十一日那一天，我忽然灵机一动，体会出"言"字在《诗经》上多半是夹在两个动词之间使用；发生一个"连接词"（conjunction）〔严复译为"挈合词"，马建忠译为"连字"〕的作用，颇像古文中的"而"字。"言"字是个"连接词"便是我那篇文章的结论。因此〔古籍中的〕"醉言舞""醉言归"的真正意思，便是简单的"醉而舞"和"醉而归"了。

我下此结论之时，实远在我读到王念孙之子王引之的名著《经传释词》之前。这家王氏父子是中国"校勘学"和"训诂学"里最具权威的两位学者。

王念孙为十八世纪另一位权威大儒戴震（东原，一七二二—一七七七）的弟子。戴震死于一七七七年。我作《言字解》时，尚不知王引之对古文"虚字"的研究。当我后来看过他的著作，我才欣然发现我们所用的方法原是一样的。这些〔乾嘉〕大儒他们所用的中国固有古典训练中归纳比较的方法，也是极其严谨的和极其科学的。但是我国传统的学者却缺少一种在不同语言中做比较文法的研究。他们只能说"言"字是个"虚字"，而说不出它是〔《尔雅》上弄错了的〕"代名词"。他们不能像我一样能找出这个重要的字在文法上所发生的〔连接的〕作用。

我举出以上的例子来说明我那时对归纳法已经发生了兴趣，也有所了解；至少我已经知道了"归纳法"这个词了。同时我也完全掌握了以中国文法与外语文法做比较研究的知识而受其实惠。

我想我在赴美留学之前，我一定已经受了一本研究"汉文"文法的权威著作的影响，那便是马建忠所著的《马氏文通》。马建忠是我国早期的留欧学生。他不但通法文，对拉丁文也有研究。《马氏文通》这本权威著作便是他和他弟弟马良（相伯）合著的。他二人所用的便是归纳法，把文字上相同的句子归纳起来，然后再对字义做出结论。

后来我曾批评马氏之书，写作时〔作者对其资料〕缺少历史性的处理（historical approach）。他兄弟二人把文字上相同的例子归纳起来研究的办法是无可非议的，不过他们写书时缺乏历史概念。须知文法和语言文字本身一样都是随时间和空间变迁的。一个研究者要注意到他的研究对象上历史和地理的因素。经过数千年的演变，各地区各时代方言的文法可能皆各有不同，不可一概而论。所以马建忠举《诗经》和《论语》上的例句和唐代散文大家韩愈文章里的例子来比较研究就不准确了。但是我显然是受了马氏归纳法的影响，知道先归纳相似的例句，分析比较，然后再求其有概括性的结论。

二 《尔汝篇》和《吾我篇》

我在后来又写了两篇〔类似的文章〕，内容比较就更有进步了。作《言字解》之后五年，我在日记上对古文中所用的第二人称代名词的"尔"和"汝"两字也做了一番研究。在一九一六年六月七日的日记上，对这个问题，我便写了一大段。我记道："尔、汝二字，古人用之之法，颇有足资研究者。余一日已睡，忽思及此二字之区别，因背诵《论语》中用此二字之句，细细较之，始知二字果大有区别。明日以《檀弓》证之尤信。"（见《留学日记》，一九一六年，六月七日）

《檀弓》在语言学上说是与《论语》同时的作品。在我考查《檀弓》上"尔""汝"二字用法之后，我觉得此第二人称的两个代名词的用法是颇有不同的。《马氏文通》的作者忽略了历史上的变化，把相隔一千五百余年的两个时代里不同的句子，混在一起来比较研究，他们之间的差异便被不经意地忽略了。所以我说在孔子时代的语言里，那个用作〔第二〕人称代名词的"汝"，和有一定用法，置于名词之前便用成第二人称所有格代名词的"尔"——"你的"，是有绝对分别的。我同时也指出，在孔子后二百年的孟子时代，这一分别便逐渐模糊了。

在撰《尔汝篇》的数月之后，我在日记上又写了一大段有关第一人称代名词"吾"和"我"的分别。我又举出许多例句，把古今不同的用法做一比较研究。我也发现孔子时代的用法和两千五百年后的用法也大不相同。在孔子的时代，那个第一人称代名词"我"便时常被用成所有格，作"我的"解；"吾"则专用于主格。再者，"我"字亦常被用于受事格〔也就是英文里的me〕；虽然在特殊情况下"我"有时也被用作主格的。所以我又发现了《马氏文通》的不正确。它不正确的原因，便是作者忽略了历史性的变迁。

举个例子来说，那个第一人称代名词的"吾"在《诗经》上便根本没有出现过。只有"我"字在第一人称中，四格——主格、宾格、所有格和受事格——通用。这一现象的可能解释，便是当《诗经》在最后成书阶段之时，"吾"和"我"的分别已不复存在了。这可能是时代的关系，也可能是区域的关系。当《诗经》在某一区域最后定稿成书之时，该区域的方言里，第一人称的"我"是四格通用的。但是到今天为止，还没有人对《诗经》何以不用"吾"字，能做出满意的解释。

我所要说明的便是在我于一九一一和一九一六年所写的三篇文章里，我的首要兴趣便是归纳法；也就是把相同的和不同的例子归纳起来加以比较研究，以求其概括性的结论。那也是我第一次企图发展我自己的治学方法。我那研究代名词的两篇文章〔《尔汝篇》和《吾我篇》〕，都说明了我对时代变迁所影响的语言和文法上变化的研究兴趣。这两个有关代名词的长篇，后来我都把它们改写成论文，并发表于《留美学生季报》〔一九一七年三月，四卷一期，页一四—二五〕〕。其后《北大日刊》也加以转载，最后也收入我的《胡适文存》〔（卷二，页二四三—二五四）〕【2】。

三 论"校勘""训诂"之学

我举出上述三篇文章来说明在我当学生时代，我已学得一个基本上是归纳法的治学方法。在我一九一六年十二月二十六日的日记上，我也写了两段：一段《论训诂之学》，此较短；第二段《论校勘之学》，则比较长。第一段中我谈到"考据"这个通用名词，我认为"考据"便是"有证据的探讨"。我说考据之学，其能卓然有成者，皆其能用归纳之法，以"小学"为之依据者也。我又说辛亥年（一九一一）作《三百篇言字解》已倡"以经解经"之说，以为广求同例，观其会通，然后定其古义，吾自名之曰"归纳的读书法"；其时尚未见《经传释词》也。后来才稍读王氏（念孙、引之）父子及引之的同窗段玉裁等人的著作。我也举出他们十九世纪同期前辈学者孙诒让。孙氏的名著《墨子间诂》我在当学生的时代曾引用过它来写我研究中国古代哲学的博士论文。

在我一九一六年〔十二月二十六日〕的日记上，我记着说，两年以来始力屏臆测之见，每立一说，必求其例证。例证之法，约有三端：

（一）引据本书：如以《墨子》证《墨子》；以《诗》说《诗》。

（二）引据他书：如以《庄子》《荀子》证《墨子》。

（三）引据字书：如以《说文》《尔雅》证《墨子》。

由此可见我那时已深受近三百年来中国古典学术的影响了。

今日回看我在一九一六年十二月二十六日的日记上所写的第二个长篇《论训诂之学》：读毕觉得有趣而值得一提的，那便是这整篇文章实在是约翰·浦斯格（John P. Postgate）教授为《大英百科全书》（*Encyclopedia Britannica*）第十一版所写的有关"版本学"（textual criticism）一文的节译。这篇文章今日已变成〔版本学界〕有权威性的经典著作了。今版《大英百科全书》所采用的还是这一篇。假如我不说出我那篇文章是上述浦文的节要，世上将无人知道，因为我那篇节要并未说明采自何书。我文中所举的也全是中国的例子，而不是浦氏原文所举的第一版《雪莱诗集》上的例子。

浦文之所以对我别具吸引力的道理，便是中、西两方治校勘学的相同之处。所以我能够用中国古典哲学中的例子，去替代浦文中原举的例子。浦氏的文章也较我所见过的类似的中文有关科学艺术的校勘学著作为佳。中西校勘学的殊途同归的研究方法，颇使我惊异。但是我也得承认，西方的校勘学所用的方法，实远比中国同类的方法更彻底、更科学化。

多少年后——我在一九三四年为陈垣先生治校勘学的巨著《元典章校补释例》，写了一篇长序。陈氏和他的一些学生，曾经花了很长的时间，从事一种史学要籍《元典章》的复原工作。陈氏那时与我比邻而居，所以他要我为他的著作写一篇序。我就写了一篇长序，这篇序后来也收入我的《文存》第四集，并把原文题改成"校勘学方法论"。

在那篇一九三四年所写的序文里，我指出现代西方的校勘学和我国近几百年所发展出的传统的治学方法，基本上有其相同之处。基本上第一点相同之处便是〔在所校勘的材料上〕发现错误；第二点便是〔把这个错误〕改正；第三点要证明所改不误。上述三个步骤便是中西校勘学的基本相同之处。其中最重要的一点也是根据最早的版本来校对。最早的版本也就是最接近原著的版本。这也是所有校勘学上最基本的相同之处。

但是我也指出那里有三种历史性的差异——不是方法学上的差异，而是历史因素的差异。西方人治校勘学比中国人方便，其原因有三方面：

第一，西方的印刷术要比中国印刷术晚出四五百年。正因为印刷术之晚出，所以欧洲保留了更多的〔手抄〕原稿。

第二，西方有更多古老的大学。校史有的可以远溯至中世纪。正因为有这些古老的大学和图书馆，手稿多赖以保存。

第三，西方有甚多不同种语言同时流传。各种语言都有其古代典籍的译本。因而最早的译本可以用来校正后出版本上的讹谬。

上述的西方三大便利为中国所无。在这方面看，在西方治校勘学，比起在中国学术史上所做的工作就要容易得多了。

我举出了这些例子，也就是说明我要指出我从何处学得了这些治学方法，实在是很不容易的。我想比较妥当点的说法，是我从考证学方面着手逐渐地学会了校勘学和训诂学。由于长期钻研中国古代典籍，而逐渐地学会了这种治学方法。所以我要总结我的经验的话，我最早的资本或者就是由于我有怀疑的能力。我另一个灵感的来源，也可以说是出于我早期对宋学中朱注的认识和训练。朱熹的宋学为我后来治汉学开拓了道路。我对汉学事实上不太有兴趣——尤其汉人解《诗》——曾引起我的反感。

最后让我再说点近三百年来〔中国〕学术对我更直接的影响。上节曾提过，我在十来岁的时候，便颇受《马氏文通》的影响。另一个影响我的人便是〔康乃尔大学〕的布尔（G. Lincoln Burr）教授。布尔的门人中后来有很多知名的教师和历史学家。哥伦比亚大学的奥斯汀·艾文斯（Austin P. Evans）教授便是布氏的高足。我在康乃尔认识艾文斯时，他已是布尔的助手了。我在康乃尔读研究院的时候，曾选了布尔的一门课叫作"历史的辅助科学"（Auxiliary Sciences of History）。这短短的一门课使我获益甚大。在这门课里，他每周指定一门"辅助历史的科学"——如语言学、校勘学、考古学、高级批判学（higher criticism）〔——《圣经》及古籍校勘学——〕等等。这是我第一次对这些"辅助历史的科学"略有所知。我想就是因为这门课促使我去翻阅〔《大英百科全书》中的〕浦斯格的文章。所以我说布尔教授的课是对我后来治学的第二个影响。

第三个影响便是乌德瑞（Frederick J. Woodbridge）教授〔在哥伦比亚

大学研究院〕所开的历史哲学那一课。这门课使我大感兴趣，因为它与我在〔康乃尔大学〕本科所选的客雷敦（J. E. Creighton）教授的"历史哲学"，截然不同。乌教授是专治希腊哲学的大家，他总是提醒我们做研究工作在运用史料时要特别当心。柏拉图的对话录和亚里士多德的著述之中，伪托甚多。他总是教导我们"高级批判学"和这些古籍的批判史，他也指导我们如何去清查伪托和认清窜改。那些都是近年来西方对古籍研究的新发现。我今日仍然记得我那时写了一份期终作业，文中所说的便是我国清代所发展的校勘学、训诂学和考据学。我把考据译为"有证据的探讨"。

最后我必须一提的，便是杜威教授有系统的推理思考的理论〔也是对我有极大的影响的〕。

在述完本章之时，我想从我在一九一七年缴入的哲学博士论文《中国古代哲学方法之进化史》的序言里，引几段作为结论。我说："我在这里想提一提的便是拙作的研究方法和主要出发点，是与传统的中国学术截然不同的。"我说我所面临的第一个问题，便是资料选择的问题。在全篇之中，我没有引用任何不可充分信任之书和不十分可靠之文。我指出所谓《五经》之中，只有《诗经》一项我是可以完全信任的；我对《书经》和《礼记》的态度则特别审慎，未敢遽引一辞。《礼记》中只是第二篇《檀弓》我认为它有其真实性的。《管子》和《晏子春秋》在我看来是同样不足信。至于后人所注的古典著作，〔我说：〕"我对近两百年来，中国学者在训诂学和校勘学上研究的成果，曾尽量加以利用……因为只有通过训诂学的研究，吾人才能摆脱古人主观注疏的成见，而真正能了解古代典籍的原义。"〔3〕

注释

[1] 我国学术自汉武帝以后，两千年来不用说政、教两界皆形成儒家独霸的局面。可是儒术在汉武以后便分为势成水火的古、今文两大派。两家不但"学问"不同，政治主张亦迥异。那个把孔子捧为"素王"（无位的统治者）的今文家，原是两汉的当权派。当权派搞一花独放，自然就脱离不了"教条主义"。清末民初的康有为便是个有心做当权派的大儒。

在汉代和"今文家"唱对台戏的"古文家"，原是一肚皮牢骚……有名无位，所以只好捧捧主张民为邦本的"先师"，吹吹"学问"，办办野鸡大学，去诲人不倦了。本章里胡适之先生所谈的"汉学"，便是这个"宁信孔孟误，讳言郑服非"，诸训诂、考据大家的古文汉学——这个在汉代政坛上被挤得"靠边站"的"修正主义"！

治近代学术史的人，每把"胡适"列入"古文家"。胡先生向我说，他绝对不承认这顶帽子，因为他搞的是"科学方法"，马融、郑玄懂啥科学呢？其实胡氏此言也犯了他所批评的"马氏兄弟"所犯的同样毛病——没有对研究资料做"历史的处理"。近人有以现代天文学证《夏书》的。吴健雄教授也曾告诉笔者，有人要以"现代数学"和"现代物理"来解释《易经》。因为什么"初九"，什么"九二"都有其高度"现代数学"上的意义。这套本事，胡适之先生也没有，用功去学也绝对学不会。但是我们怎能说胡适之不懂"现代数学"便小视他对"整理国故"的贡献呢？

再者，从西学上说，希腊罗马时代又何尝有过什么"高级批判"之学呢？所以说"胡适"是"古文家"的人，只是说他实事求是，为学术而学术的"考据"求真的精神，近乎汉代的马融、郑玄；不像汉代的"今文家"……牵强傅会硬要以"学术为政治服务"罢了。

至于着重"哲学解释"的宋明"理学"，与清代的"朴学"也有其本质上的差异。清初汉族士大夫，椎心泣血，深感"亡国之痛"，他们觉得"置天下饥馑于不顾"的宋明理学家太空洞了，他们——如黄宗羲这一辈的明末遗老——痛定思痛，乃想搞点真能经世致用、救国救民的学问。吾人读闲书读到《明夷待访录》，再读读十七八世纪欧洲《民约论》等类似的著作，真不禁废卷叹息。

可是到乾嘉之际，汉族士大夫做亡国奴已做成习惯。不梳辫子，而要回头去留明朝的"长毛"，反觉不舒服。加以康雍乾三朝开明专制的结果，"三代以下无斯盛"，物阜民丰，简直是亘古所未有。《明夷待访录》因而再也引不起知识分子的共鸣。再加三朝文字之狱的教训，士大夫既不想再搞明心见性，又不想搞也不必再搞什么经世致用，这样才群起"厚古薄今"，大倒其字纸篓，搞起了胡适之先生宣传了一辈子的"乾嘉之学"——具体一点地说便是"训诂学""校勘学"和"考据学"——也就是"整理国故"之学，太平盛世的文化余事。

如果我们说"置天下饥馑于不顾"去搞什么"明心见性"为本末倒置，则胡先生"置天下饥馑于不顾"而去倡导什么训诂、校勘，乃至于自由、容忍，不也是与时代脱节吗？

回忆抗战胜利之后，举国学潮汹涌。笔者这一辈的知识分子那时正是这学潮正反两面的中坚。在这个学潮中，所谓胡适思想简直未发生任何作用。主要的原因便是他与时代完全脱了节。胡适之先生在本章所说的"治学方法"，原是学术界的奢侈品；奢侈品只有在像我国的乾嘉之世，或今日富强甲于全球的美国，才能大派用场。

〔2〕当胡先生颇为得意和不断微笑地向笔者口授其大学时代所逐渐领悟的治学方法之时，他也常常问我抗战期间读大学和中学的情况，因为那时他没有回过国，不了解战时教育的状况。因而笔者偶有陈述之时，他总是说："应该写下来！应该写下来……这些都是最好的战时教育史料。"

其实"史料"是否"最好"，虽很难说，故事倒也是挺有趣的。笔者拜读鹿桥兄的《未央歌》，对他在四季如春的昆明校园里的生活颇为神往。而我自己所藏身的雾重庆里的沙坪一角，也别有情趣！

笔者抗战中期所就读的大学，是"人间"一坝的沙坪"中大"（那时后方还另有"天上"和"地狱"两"坝"）。可能是因为地区的关系，全国统一招生，报考"第一志愿"的学生太多，沙坪中大那时是个有名的"铁门槛"。要爬过这个门槛，真要凭"一命二运三风水，四积阴功五读书"。可是惭愧的是我们那时的文法科，也是个有名的"放生池"。一旦"阴功"积到，跨入大学门槛，然后便吃饭睡觉，不用担心，保证四年毕业！

那时的"联大"据说比我们便好得多了。目前在美国颇有名气的数理逻辑专家王浩教授，便是与笔者"同年"参加"统考"，进入"联大"的。当我二人各吹其"母校"时，王君总是说："你们进去比我们好，出来比我们差！"笔者细思，按数理逻辑来推理一番，王君之言，倒不失为持平之论。我想我们出来比他们"差"的道理，是我们四年大学，有一半是在茶馆里喝"玻璃"喝掉了。

当年"我们"在沙坪坝读文法科，教授先生与我们，似乎没有太大的关系。他们上他们的课堂，我们坐我们的茶馆，真是河水不犯井水。考试到了，大家挤入课堂，应付应付一下。若有"保送入学"的"边疆学生"，或日军中起义来归的"韩国义士"，用功读书，认真地考了个"八十分"，大家还要群起而讪笑之，认为他们"天资太差，程度不够"！

因此要看"天资不差，程度很够"的高人名士，只有到茶馆里去找，因为他们都是隐于茶馆者也。其时所谓"沙扇区"一带的茶馆里的竹制"躺椅"（美国人叫"沙滩椅"）据说总数有数千张之多。每当夕阳衔山，便家家客满。那些茶馆都是十分别致的。大的茶馆通常台前炉上总放有大铜水壶十来只，门后篱边，则置有溺桶一排七八个。在水壶与溺桶之间川流不息的便是这些蓬头垢面、昂然自得的、二十岁上下的"大学者""真名士"。那种满肚皮不合时宜的样子，一个个真都是柏拉图和苏格拉底再生。稍嫌不够罗曼蒂克的，便是生不出苏、柏二公那一大把胡子。

诸公茶余溺后，伸缩乎竹椅之上，打桥牌则"金刚钻""克鲁伯"，纸声飕飕。下象棋则过河卒子，拼命向前……无牌无棋，则张家山前，李家山后；饮食男女，政治时事……粪土当朝万户侯！乖乖，真是身在茶馆，心存邦国，眼观世界，牛皮无边！

有时桥牌打够了，饮食男女谈腻了，行有余力，则以学文。换换题目，大家也要谈谈"学问"。就以笔者往还最多的，我自己历史学系里的那批茶博士来说吧，谈起"学问"来，也真是古今中外，人自为战，各有一套；从"通鉴纪事"到"罗马衰亡"，从"至高无上"到"反杜林论"……大家各论其论。论得臭味相投，则交换心得，你吹我捧，相见恨晚！论得面红耳赤，则互骂封建反动，法斯过激，不欢而散。好在彼此都是卧龙岗上，散淡的人；来日方长，三朝重遇，茶余溺后，再见高下……

如今事隔三十多年了，回头看看当年"进去比他们好，出来比他们差"，才气纵横、囚头垢面而谈诗书的沙坪旧侣，又何尝不是如胡适之先生所说的"诸公——皆人英"呢？笔者在海外教书，算来也二十多年。所参与的各种民族、各式各样的学术讨论会，也为数不少。但是那些"会"就很少比我们当年沙坪坝上的茶馆更有才气，更富智慧！

前些年笔者在纽约州立大学一所校园内，教了一年书。那是群山丛中一个孤立的大学城。学生课余无聊，则去"啤酒吧"（beer bar）里喝啤酒，跳舞吹牛。因而四周群山之中，据说有啤酒吧五十余所。笔者课余无事，偶随一二同事，进去一觑虚实。观察所得总觉得他们的"啤酒吧"里饮食男女的气味太重，没有我们"茶馆"里的"学术气味"。

在我们的"茶吧"之中，笔者自惭"智商"较低，读书也比较保守。但是风气所及，也读了一肚皮小册子。今日回思，那时我们在茶馆里所谈的"学问"，已经很明显地超脱了"胡适之治学方法"的范畴。

记得在大二的时候，我选了一位戴瓜皮小帽的教授赵少咸先生的"文字学"。我们主要的参考书是《段注说文解字》。一次我在《说文》中无意地翻到个"县"字。一看《段注》引《释名》曰："县、县（悬）也；县（悬）于郡也。"我立刻便觉得段玉裁太疏忽了。"县悬于郡"是始皇以后的事，而县之制早见于春秋，怎能说县之为县，是因为他老人家"县于郡也"？！

所以我想"县"字在古代一定别有意义。我一肚皮的小册子，因而也帮助我大胆假设出，"县"的本义是"悬而未决"，不是"县于郡"。因为在古代封建制度之下，土地不能自由买卖。它的所有权，不是"封"人，便是受人之"封"。但是有些新近开拓的土地，在未找到适当"受封"者之前，则暂时不"封"。这种"悬而未决"的"待封"土地，便是"县"；它由国君派一文官，暂时管理，这种暂时性的管理员，便是后来"县令"或"县长"的前身。

就拿我"唐"家来说吧。据说散族的一世祖原来却是个凤子龙孙——他是周成王的"小弱弟"。一次他哥兄俩在一起玩耍，哥哥捡起一片"桐叶"向弟弟说："封给你吧！"也是我唐家有福，这句"戏言"被周公听到了，他就向小弱弟"道贺"。成王说这不过是我兄弟俩的游戏，何能当真？谁知周公是位书酸子，他硬要说："天子无戏言！"这一下成王不得已，只好"封小弱弟于唐"。小弱弟也就一下变成敝族里的第一个"封建地主"了。

但是"唐"这块地方（territory），在小弱弟受"封"之前又具有何种"法律地位"（legal status）呢？我想那可能就是个"悬而未决"的地位。在封建制极盛的西周，"县而未决"的土地，终必封人。至东周封建制逐渐崩溃之时，许多"县而未决"的土地，则派专门文官治理，永不封人。这一来，我国的"封建制"也就逐渐蜕变成"文官制"。文官制下，土地自由买卖，也就逐渐变成所谓"亚洲式的生产方式"（The Asiatic mode of production）了。

我把这个"发现"带回茶馆。众茶馆历史家都认为"有道理"，认为"这个题目可以做"。在诸大名士鼓励之下，我就真的"做"起来了。我做的"方法"也是直觉地把古书里所有有关"县"字记载抄下来，排个队。可怜那时我们这些在国立自修大学里读书的青年，尚不知道古书已有"引得"（index）可用。我们只是用笨办法到古书里一页页地去"找"。什么《十三经》、诸子，乃至金石甲骨的拓片，都是我寻找的对象。我们的茶馆讨论班有时也帮我去找。我们一共找了百余条有关"郡"和"县"的记载。把它们排起队来，我越看越相信我的"发现"有"真理"。在众人讨论和鼓励之下，我就真的写了一篇《中国郡县起源考——兼论封建社会之蜕变》的小文章。这是大学二年级的事。

大学三年级我又选了一门顾颉刚先生兼授的"商周史"。顾先生教了些什么我已不大记得了。只记得他是我大学四年中唯一不要考试，只缴一篇期终作业，便可了事的教授。因而我就把我这篇茶馆论文，修改修改，便搪塞了。转眼就是大学四年级了。我想写一篇中国古代地方制度史作毕业论文，因而就写了封信给顾先生讨回这篇"期终作业"。谁知在顾先生寄还的卷尾上竟有一长篇用朱笔写的批语，说什么"有眼光有裁断，文笔亦能达出……望多治商史，将此文重作，当为编入《文史杂志》也"。另外他还附了一封长信，一再叮咛，要我"多治商史"。遗憾的是那时被"摆子"打惨了，平价米的"八宝饭"也吃够了，我急于要"毕业"，也就未再去"多治商史"了。今日回想起来，真觉得有辱师承。

笔者之所以不惮烦，把自己这篇上不得台盘的茶馆作文，也重叙了一大篇的道理，主要的是我觉得，我们那时沙坪坝茶馆里一群二十上下的臭皮匠所谈的"学问"，似乎已经突破了胡适之先生所倡导的"治学方法"的框框了。

　　胡适之先生在本篇中所说的"治学方法"，事实上是我国最传统的训诂学、校勘学和考据学的老方法。简言之便是版本真伪的比较、文法的分析，再加上他独具只眼的"历史的处理"。用这些精密的方法，他可以发前人所未发，把古书里的"言"字、"汝"字、"尔"字……分析得头头是道。但是如果碰到"郡"字、"县"字，这些与制度史、社会史有关的字，他那套"方法"便不够用了。

　　把土地"悬而不封"，这一"封建社会蜕变过程"中的活生生的现象，并非中国所专有。中古欧洲和近古日本皆有例可援。这是以"社会科学治史"和比较史学中的关键所在。学者如罔顾社会科学的法则，而专门去倒训诂学、校勘学的字纸篓，那就所见有限了。

　　所以胡适之先生求学时期，虽然受了浦斯格和杜威等人的影响，他的"治学方法"则只是集中西"传统"方法之大成。他始终没有跳出中国"乾嘉学派"和西洋中古僧侣所搞的"圣经学"（Biblical Scholarship）的窠臼。

　　我记得我们那时在茶馆里也曾谈到"孔子的老子为何不姓孔"的问题。孔子的子孙：孔鲤、孔伋、孔安国、孔融、孔祥熙、孔德成，都姓"孔"，为何他的老子独独不姓"孔"呢？这虽是个小问题，但它却显示出孔子时代社会经济上的大变动。这个变动的实情如何？那当然也不是"胡适的治学方法"所能"治"得出来的了。

　　所以在现代社会科学方法发展的对照之下，适之先生的治学方法，事实上只能算是现代学术中的一种"辅助纪律"（auxiliary discipline）。适之先生之所以乐此不疲者，实在是因为他幼而习、长而行，考据成癖。还有就因为他是个"老辈"。老辈们搞老辈的学问，你要他不知老之将至，而向后辈不断跟进，是做不到的，尤其享有盛名的"老辈"！

　　［3］正因为"胡适的治学方法"受了时代的局限，未能推陈出新，他的政治思想也就跳不出"常识"和"直觉"的范围。最主要的原因便是由于他的"治学方法"不能"支持"（support）他政治思想的发展。

在四五十年代的中国思想界，"胡适"简直具有"自由男神"的形象（image）。但是试问胡大神，"自由"究竟是个什么东西呢？胡氏的答案也超不出我们一般人所共有的"常识"。这常识是发自一个"不自由"的时代，被奴役的人们"直觉"上对"自由"的渴慕。这在"行为科学家"（behavioral scientists）的公式上便是个 S-R 或 S-O-R（stimulus-organism-response）——也就是"刺激·生机·反应"过程中的自然产品。这与饥则思食、渴则思饮、穷则呼天……一样地自然。但这只是个"常识"的答案，而不是科学的答案。但是国族兴亡，社会变迁，又岂是我辈匹夫的"常识"所能应付得了的？！

在一个行为科学家看来，"自由"只是人类观念里的一种"价值"（value）。"价值"云何？"有用"（usable）之意也。天下无"无用"（useless）之"价值"。"价值"既有用矣，则价值必有其他的相关因素存乎其间，相互构成个"价值连锁"（value relativism）。美学家曰要美必求真，有真始有善。这种"真、善、美"的"价值连锁"，是一种哲学性的"价值连锁"，为社会科学家所不取。社会科学家所要研究的则是科学的"价值连锁"（scientific value relativism）。"自由"这个"价值"，在科学上与它相互连锁，牵一发足动全身的相关因素，是些什么东西呢？搞出了这些东西，则这些东西的"价值"都是在科学上客观地相互依赖的，以科学规律为依归，是谓之"价值中立"。在这些相关因素未全部澄清之前而奢言某一价值，则这一价值便是孤立的价值。孤立的价值在哲学上有其情趣，在科学上是没有意义的。

胡适之先生生前所倡导的"自由"，是直觉上的"为自由而自由"的"自由"，是一项不折不扣的孤立价值的"自由"。孤立的"自由"自有其哲学上和宗教上的情趣，在社会科学和行为科学上便完全失其意义了。

笔者引了这些"行为科学"上近乎诡辩的理论来批评胡先生，并不等于说适之先生倡导自由是搞错了。我只是指出他没有解释"自由"是个什么东西，为什么要争取"自由"，和如何去争取"自由"罢了。

再者，笔者虽然提出适之先生的政治思想没有行为科学的根据，也不是说美国的行为科学就有什么了不起。相反地，时至今日它仍然是个没有完全成熟的东西。它和其他任何美国"新"东西一样，是一半实质，一半花枪的。

笔者在三十年前初抵美洲之时，"行为科学"正和另一项美国新货"电视机"同时上市。它的销路也和电视机一样，不数年便风行全国！它不但在理论上把原有社会科学老前辈，一一挤得"靠边站"，它在"经济"上也威风一时掌握了"福特基金"。非行为派学人想在基金会内找点油水也真是难上加难。记得五十年代之初，笔者所参加的哥大青年教授戴维·端纳（David H. Donald）有关美国社会史的"持续讨论班"（continuous seminar），班中的一批青年师生便口口声声什么（与行为科学双线并行的）"新修正主义"（neo-revisionism）。笔者当时是这个小班中的唯一的"老番"。虽然我觉得他们钻得洋洋得意的小牛角，不合我的口味——因为他们把"白人"的经验缩小到"美国人"，再把"美国人"缩小到林肯以后某时某地的美国社会（是一种社会科学上的原子分裂术）——但我也觉得那是与当时市场上新出品的半导体收音机，一样的精巧、新颖、可爱。同时我也发现那些搞汉学的老教授对这些"新"东西简直一无所知！胡适之先生对这套"新"学问，似乎也不甚了了。

　　更令我震惊的则是我发现这个新兴的"行为科学"（behavioral science or sciences）的始作俑者不是别人，正是胡适的老师杜威。杜威在年近九十之时，讨了个比他小了四十来岁的年轻老婆，同时在杜威哲学上又搞出个个性决定行为的新花样！可惜天不假年，他才活了九十来岁，新论未出，便短命而死！

　　可是正当杜威之学走向一个新阶段之时，他的东方第一大弟子胡适却大开其倒车——到处宣传其早已与时代脱了节的、停滞在"训诂""校勘"阶段的"治学方法"；他自己虽然是满口"自由、民主"，而每日灯下埋头钻研的却是一部支离破碎的《水经注》！天下事之"不调和"有若斯者乎？

　　当然一个人的精力是有限的。我们检讨胡适之先生的成就，绝不应该责备他，为什么在晚年不学他的老师去讨个小老婆，在治学方法上玩点新花样呢？只是吾人读近代中国政治史和学术史，觉得我们政学两界都害了过分依赖权威的毛病，如果"权威"没有进步，我们全民族就跟他们一道落伍了。

原载《传记文学》第三十四卷　第一期

第七章

文学革命的结胎时期

今天我想谈谈我对语言和文学里的各种问题所逐渐发生的兴趣，以及我个人怎样主张以活的通俗语言去代替〔半死的〕的文言作为教育工具和文学媒介的经过。在我的《四十自述》里，我曾写有专章讨论此事；此处我想再用英文留点记录，也该是很有趣的吧〔1〕。

　　首先我想指出的便是这一运动时常被人误解了。举个例子来说吧。前些年〔美国的〕《展望杂志》选出我为全世界一百名闻人之一。我当然觉得这是一件荣誉。可是当我一看到我照片底下那一段颂词，我不禁失笑。他们选我的原因，是我曾经替中国发明了一种新语言。这一项荣誉，世界不论任何人——男人或女人，都不能承当。我没有替中国发明一种语言，世界上也没有任何人曾经替任何国家"发明"过一种语言〔2〕。

　　我并且必须先说明，由于我个人的历史观念很重，我可以说我经常是一位很保守的人。我是反对什么知其不可而为之的。由于历史观念很重，我总是告诉我的朋友们，语言文字是世界上最保守的东西，比宗教更为保守。这句话已经就说得够重了。

　　语言之所以为语言，正如宗教之所以为重要的宗教，它们都必须深入到百万千万的广大群众中去。当一种社会上的事物，深入群众而为群众所接受之时，它就变成非常保守的东西了。改变它是十分困难的。语言文字之所以变成世界上最保守的东西，就是因为它普及于群众而为群众所接受的缘故。就中国的语文来说吧。汉语已为亿万群众所接受，因此对汉语要有任何兴革的倡导，难免都是要为听者所误解的。因此其结果便是要从事一个〔易为亿万群众所误解的〕语文改革，谈何容易？！在英语里面从事拼音改革而受到阻力的故事，是尽人皆知的。在我当学生时代，一些有影响力的要人如老罗斯福（Theodore Roosevelt）等人所策动的英语拼音改革运动，毫无成绩之可言〔3〕〔也是这个道理〕。

上面已经说过，由于我的思想深深地受了历史的训练而使我变成个保守的人，所以我对语文改革运动并不十分乐观。纵使我才二十来岁的时候，我对语言问题已是相当保守的了。我反对那些轻言中文字母化的人。关于这一点，我在《四十自述》里曾经有过交代〔见该书附录《逼上梁山》第一节〕。我说我是被"逼上梁山"的。这句中国成语是说一个人为环境所迫，不得已而做出违反他本意的非常行为。〔我原来是个保守分子，被众人所迫而走上了对中国语文作激进改革的道路。〕

〔在《四十自述》里（一九五四年港版，页九九）〕我说过一个故事：做个庚款留学生，我每月总要收到一张自华盛顿清华学生监督处寄来的支票。在这张支票的信封里，总也有一张由主办书记所私下插入的小传单。这位传单的作者叫钟文鳌，是位教会学校（〔上海〕圣约翰）出身的好好先生。他对改革中国社会具有热情。因而他在每月寄出的支票信封内，总夹了一张宣传品，内容大致是这样的：

"不满二十五岁不娶妻。"
"废除汉字，改用字母！"
"多种树，种树有益。"

平时我们收到这些小传单，总是把它向纸篓里一丢就算了。可是有一次——我想是一九一五年——我坐下来写了一张小条子，回敬了他一下。我说："像你这样的人，既不懂汉字，又不能写汉文〔而偏要胡说什么废除汉字〕，你最好闭起鸟嘴！"大致如此【4】。

这张小字条寄出之后，我心中又甚为懊悔，觉得我不应该对这位和善而又有心改革中国社会风俗和语言文字的人这样不礼貌。所以我也就时时在朋友们的面前自我谴责，并想在〔文字改革〕这方面尽点力。我说假如我们认为像钟君那样的人不够资格谈这类问题，那我们这些够资格的人实在应该在这方面用点功，把那些可行和不可行的问题都提出来检讨检讨！因而我就和我在一九一〇年同时进康乃尔的赵元任谈起这些问题。

赵君一直对语言问题有兴趣，尤其有关汉字拼音和拉丁化的问题。事实上我当初并无心反对汉字以字母拼音。我只觉得像钟君那样的人，实在不够资格来谈汉字拉丁化这一类的问题罢了。换言之，只有像我同学朋友赵元任这样的人才能以科学分析方法来谈谈汉字拉丁化这一类的问题。

那一年恰好美东中国学生会新成立了一个"文学科学研究部"，我是文学股的委员，负有准备年会时分股讨论的责任。我就同赵元任先生商量，把"中国文字的问题"作为本年文学股的论题，由他和我两个人分做两篇论文，讨论这个问题的两个方面；赵君专论"吾国文字能否采用字母制及其进行方法"，我的题目是"如何可使吾国文言易于教授"。

我二人的论文都在中国学生会中宣读了。赵君后来觉得一篇不够，又连作了几篇长文讨论吾国文字拼音化的问题。今日大家都知道，赵先生自此继续深入研究，也就变成了后来汉字注音两大系统之一的主要编制人。现在的"国语罗马字"便是他和其他几位音韵学家编制出来的【5】。

在我自己的那一篇讨论如何使〔文言〕文字易于教学的论文里，我也提出了若干条。此处我就不想重复了。各条之中后来对我研究语言问题有关的一点，便是我指出中国的文言文是个"半死的语言"。我认为语体（白话）是活的语言而文言半死的原因，就是文言里面有许多现在仍在通行的词，同时也有些已经废弃不用的词。例如"狗"字今日仍在用，"犬"字就不用了。"骑马"仍是日常用语，"乘马"就是个死词，事实上已不通用了。所以我说教授活的语体语言的方法，应该和教授半死的语言的方法，大为不同。这一条便至少可以看出我后来说白话是活的语言，文言是个半死的语言，这一主张便是这个时期开始的【6】。

这是一九一五年的夏天。那年秋季我就从康乃尔转学到哥伦比亚去了。因而从这次开始之后，以后两年我致力于语文改革的工作，也就是我在哥大学生生活中的一部分。

当我正准备离开康乃尔之时，我的朋友梅光迪那时在绮色佳度假，正准备去哈佛升学。梅君也是一位庚款留学生。他自威斯康辛大学读毕英国文学学士学位之后，便转入哈佛去跟随当时有名的文学批评家白壁德（Irving Babbitt）继续深造。梅君与我为文学改革引起了一场辩论，也就是因为他对我改革观念的强烈反对，才把我"逼上梁山"的〔7〕。

一、革命的导火线

下面我要讲的故事便是一连串发生的几件小小的事件。这些事件终于促使我走向对中国语文做废除死的古典语文，改取活的语体语文这一激进的改革方向。我主张不但用这种老百姓的语言、街坊的语言作为教育工具，并且用它来做文学媒介的改革。一连串的小意外事件，逐渐地强迫我采取了这个立场。我是反对历史单因论的。我时常开玩笑地说，〔历史上的〕意外事件往往比"单因"（monistic cause）——例如经济、色欲、上帝等等——更为重要。上述这些"单因"对历史上所有的事件，皆可解释。正因为它们对所有的事件皆可加以解释，它们也就不可解释任何事件了〔8〕。

让我来谈一谈我作诗送我的朋友梅光迪去哈佛这一件意外的小事。这首小诗按中国诗的标准来说，算是相当的长了。在这首替朋友送行的打油诗（informal poem）里面，我用了十一个外国人的名字例如爱默生、霍桑、达尔文、拿破仑、凯尔文、牛顿、爱迪生、培根等人。当时在康乃尔的另一位中国朋友任鸿隽（叔永）把这些外国名字连缀起来，也作了一首打油诗来嘲笑我，说："文学今革命，作诗送胡生！"但是我可不能轻意把他们放过，因为我那首诗立意相当严肃。我鼓励我的朋友们留意今后中国文学的发展。最后我并且说，致力于中国文学革命，其贡献并不下于征服自然，我叫它作"缩地戡天"！所以我在从绮色佳去纽约的火车上，也作了一首答任鸿隽的诗，表明我对"中国诗歌开始革命"的念头。

那时我〔对文学革命〕的观念，仍然是很模糊的。但是那首诗却是我第一次把我对这些问题的想法写下来。我说："诗国革命何自始？要须作诗如作文！"这里我就不再引全诗来解释为什么要"作诗如作文"了。

我那首诗在我的朋友们之间引起了一场是非。梅、任两君都参加了对我的辩论。梅君认为"诗"和"文"是根本不能混为一谈的。"诗之文字"（poetic diction）和"文之文字"（prose diction），自有诗文以来（不论中西）已分道而驰……所以我们辩论不休，愈辩则牵涉愈多，内容也愈复杂愈精湛。我的朋友们也愈辩愈保守，我也就愈辩愈激进了。

当我在哥大的佛纳大楼住定之后，我也有了更多的时间对这些辩难与讨论做更严肃的思考。今日回思，在一九一六年二三月之际，我对中国文学的问题发生了智慧上的变迁。我终于得出一个概括的观念：原来一整部中国文学史，便是一部中国文学工具变迁史——一个文学或语言上的工具去替代另一个工具。中国文学史也就是一个文学上的语言工具变迁史。

同时我也得出〔另外〕一个结论：一部中国文学史也就是一部活文学逐渐代替死文学的历史。我认为一种文学的活力如何，要看这一文学能否充分利用活的工具去代替已死或垂死的工具。当一个工具活力逐渐消失或逐渐僵化了，就要换一个工具了。在这种嬗递的过程之中去接受一个活的工具，这就叫作"文学革命"【8】。

就在那个时候——一九一六年三月——我写了一封长信给麻州剑桥的梅君。在那封信中我就指出，整部中国文学史都说明了〔中国〕中古以后老的语言工具已经不够用了。它不能充分表达当时人的思想和观念，所以人们必须要选择一个新的工具。事实上这个变迁在唐代便已发生了。那时的散文在体裁上发生了革命，因而逐渐发展出一种以"白话"来表达"语录体"的新文学。这种新体裁，首先为和尚们所采用，后来宋代的哲学家也逐渐地采用它来记录他们的哲学讨论。最后老百姓更利用它来作歌曲。他们甚至使用这种活的语言（白话）来编戏剧和写短篇和长篇的小说。所以我指出这种用语体文写的活文学——最明显的如元曲——便是人民大众在不知不觉中完成的文学革命的最高潮。无可否认的，中国文学之复苏，实得力于白话戏曲和白话小说之兴起。在那时，我们都以为所有的传统中国长篇小说皆是元朝的产品。出我意料之外，我这项由历史分析出发所得出的结论，竟为我那在哈佛大学的保守朋友梅光迪，所欣然接受了。

所以在一九一六年的春季，我就写了一些比较完备的有关我对中国文学史的概念和大纲。我指出在中国文学史里面，便曾经有过好多次的"文学革命"。自"三百篇"而下，三千年来中国诗歌的流变之中，便有过一连串的革命。有的渐进，有的却也相当激进。在老子和孔子以后所逐渐发展的散文，也是如此。

对这项历史的研究我特别重视中国戏曲、短篇故事和长篇白话小说等活文学。我指出在蒙古人入主中原的时候，一个活文学便已在中国的地平线上出现了。不幸的是在〔明代〕仿古文学再度出现之时，这个文学革命受到了挫折和限制。所以我说，如果这一个趋势未受到人为的故意的限制和压抑的话，一个中国文学革命便可能早已出现了。〔其光彩〕足以和促成意大利文艺复兴的但丁（Dante），领导英国文学兴起的乔叟（Chaucer）和由马丁·路德（Martin Luther）以现代德文翻译《圣经》而开始的现代德国文学等相媲美〔亦未可知〕。

在一九一六年的春天，我对中国文学史已得到一个新认识和新观念——中国文学不是个一成不变的东西，它是一连串的有着生气勃勃的变动。我把这些变动叫作"革命"。远在元代我们已经看出白话文学的兴起。这在中国文学史上是极其重要的。我并且也得出另外一个有关现代文学的结论。在我们自己的时代，那唯一可以被称为活文学的作品便是"我佛山人"（吴趼人）、"南亭亭长"（李伯元）和"洪都百炼生"（刘鹗）等人所写的《二十年目睹之怪现状》《九命奇冤》《官场现形记》和《老残游记》〔10〕。

那时我还填了一首词〔"沁园春"，题目叫"誓诗"〕。在这首词里我便高呼"诗学革命"了。我坦白地指出："文学革命何疑？！且准备搴旗作健儿！"那年的夏季我去俄亥俄州的克利弗兰城参加"第二次国际关系讨论会"，来回都要路过绮色佳〔在那里一共住了八天〕，因而和在那里度暑假的老朋友任叔永（鸿隽）、唐钺（擘黄）和后来中央研究院发起人之一的杨杏佛（铨）重叙旧交。我们讨论了中国各方面的问题，尤其是有关文学方面。在这两次访问之后，我在日记里记着我们讨论中的几个项目。这几项也很准确地总结出我自己对这些问题的主张。所以在这里我也把它念出来，做个英文记录：

（一）今日之文言乃是一种半死的文字。

（二）今日之白话是一种活的语言。

（三）白并不鄙俗，俗儒乃谓之俗耳。（当然啦，现在我也了解，所谓"俗"vulgar，其简单的意义便是"通俗"，也就是能够深入群众。它和"俗民"folk一字，在文字学上是同源的。）

（四）白话不但不鄙俗，而且甚优美适用。凡言要以达意为主，其不能达意者，则为不美。

（五）凡文言文之所长，白话皆有之。而白话之所长，则文言文未必能及之。

（六）白话并非文言文之退化，乃文言文之进化，其进化之迹，略如下述：

1.从单音的进而为复音的。

2.从不自然的文法进而为自然的文法。〔例如"舜何人也"变为"舜是什么人"。〕我并且举出文法上的变化。多少年后我又特别地写了一篇论文，来讨论〔中国〕文法的演变。

3.文法由繁趋简。由中古文言的多种文法构造，逐渐简化。例如人称代名词之逐渐简化。

4.文言文之所无，白话皆有以补充。〔例如文言只能说"此乃吾儿之书"，但不能说"这书是我儿子的"。〕

（七）白话可以产生第一流文学。白话已产生小说、戏剧、语录、歌曲、诗词。

（八）以白话小说、故事、戏曲为代表的活文学，可能是中国近千年来唯一真有文学价值的文学。其非白话的文学，如古文，如科举专用的八股，笔记，等等，在世界文学标准中，皆不足与于第一流世界文学之列。

（九）文言的文字可读而听不懂，白话的文字既可读、可说又听得懂。凡演说、讲学、笔记，文言决不能应用。今日所需，乃是一种可读、可听、可歌、可讲、可记的言语。要读书不须口译，演说不须笔译；要施诸讲台舞台而皆可，诵之村妪妇孺皆可懂。不如此者，非活的言语也，决不能成为吾国之国语也：半死的文字决不能产生第一流的文学也。

以上九条是记载在我一九一六年七月六日的日记之中，很确切地表达了我对策动中国文学革命的中心思想。这许多严肃性的讨论，和我后来所做的历史性的研析，实在只是由于我写了一首向去哈佛升学朋友的送别诗所引起的小小偶然事件。这也就是我所说的偶然发生的事件往往会产生历史性的大事〔的实例〕。

那时还有一桩值得一提的偶然发生的小事，也引起了连锁性的反应。其结果竟使我下定决心不写旧诗，要写就用活的语言来写。就在我记录上述九条的同时，我又收到一封从绮色佳的来信，信中告诉我说，又有一件小小的意外事件在绮色佳的凯约嘉湖畔发生了。

原来那年七月八日我的朋友任鸿隽、莎菲陈（衡哲）——她是沃莎女子学院的学生——梅光迪、杨铨、唐钺等人在〔绮色佳〕凯约嘉湖上划船。片云头上黑，忽然刮起风暴来了。他们急忙把船向岸边划去，但是雨已经下来了，匆忙之中，他们几乎把船也给划翻了。虽然没有发生什么意外，但是大家都被淋得狼狈不堪。这件事对这批中国留学生来说，也可算是件险事，所以我的朋友任鸿隽乃写了一首〔《泛湖即事》〕诗附在他给我的信中寄给我要我批评。那是一首四言古诗。其中竟用了些陈腐（archaic）的像〔《诗经》里面的〕"言"字一类的老字。恰好我年前又曾作过一篇《言字解》的文章。〔所以我看到他诗里那些"言棹轻楫，以涤烦疴"，又有"猜谜赌胜，载笑载言"一类的句子，有点不舒服。〕

我反对我的朋友把这些陈腐的文字和现代语言夹在一起。所以我写信给叔永说他的诗不好，因为他的诗里"文字殊不调和"！任君不服，特别是对我所说的"三千年前之死语"，更感到愤愤不平，因而我们就辩论起来了。但是更有趣的一点倒不是我诗人朋友任君的强烈抗议，而是另一位哈佛朋友梅君，路见不平来拔刀相助，写了一封十分激动的信向我反击。

这时的梅觐庄正受了他那位保守派文学批评老师白璧德教授的影响。所以我的一切激进他都反对到底。他认为语言必须经过第一流的诗人加以锻炼，才能成为诗的语言。〔他坚持〕文学的文字——尤其是诗的文字——一定要由第一流的诗人和美术家加以美化，才能成为诗之文字。据此，他便对我的观念大加挞伐。

梅君这种变化实在是很有趣的。他的保守主义和激动的评语使我大为欣赏。所以我坐下来写了一首长的，约有一百句的滑稽打油诗加以奉答。这是我生平所写的最长的一首诗。开头我描写老梅大发脾气，接着我又讨论了一些死文字和活文字不同之点。我举了许多例子开玩笑地来驳掉他"文字哪有死活"的理论。我特别提出了他所说的文字必须经过诗人、美术家长期锻炼那一点来驳他，我说这正是我所想做的。我觉得我们这批当代的诗人和作家正应该把这些所谓俗语俗字"锻炼"起来，提高它们的地位，把它们提到诗歌文学里来。

我这首打油诗（burlesque）引起了康乃尔的任君和哈佛的梅君大发雷霆。因而他二人皆复信取笑我企图作白话诗。但是我在他二人的信里也发现了他二人也有个共同的论调：他二人都承认白话文的生动可以用到许多别的写作上去，如评话、故事和长篇小说，但是就是不能用在诗里面。例如梅君说，文学之中有各种部门，在小说和民歌里面，白话是可以用的，但是在高级散文里——肯定的是在诗里面——白话千万用不得。任君的信上则说："白话自有白话用处（如作小说、演说等），然不能用之于诗！"

所以我终于得到个结论，那就是我们一年多的讨沦已逐渐约束到一个中心议题里来。这个中心议题便是：白话文用在文学其他任何部门都很适合，就是不能"用之于诗"。诗一定要用有锻炼的文字来写。

这样一来，则我的朋友们除了"诗"这个堡垒之外，其他方面已经全部向我让步了。

〔为攻克这最后一个堡垒，〕我开始用的战术是把他们反对我的原因排个队。第一，从来没有诗人用俗语俗字作过诗。〔在中国诗词中，〕我只能找到一首——甚或一首中的几句——是用白话文写的。所以使他们振振有词的原因，是白话诗的数量太少。第二，也是他们更能言之成理的，则是从来没有中国作家认真着实用白话来作诗作文。诗人们最多是兴之所至，在他们的作品中偶用白话，或者一诗之中偶写数行白话而已。他们都对白话有一种下意识的鄙弃，从来没有认真地用白话作诗。因而我想我如果要说服我的朋友们，使他们相信白话也可以作诗的话，那我只有以身作则，来认真尝试用白话作诗。除此之外，再没有其他的办法了。

在一九一六年的七月底，我便向我这些朋友写信说，白话也可以作诗，虽然以往没有太多的白话诗，今后则可以多写，写得它多彩多姿。所以今日当务之急，便是我们自己认真着实从事写作"白话诗"的试验。纵使我们失败一二次，乃至无数次，我们还是可以不断地试验下去，试验到最后证明白话究竟能不能作诗为止。因此在七月二十六日我就写了一封信给吾友任君，说："……文字者，文学之器也。我私心以为文言决不足为吾国将来文学之利器。施耐庵、曹雪芹诸人已实地证明作小说之利器在于白话，今尚需人实地试验白话是否可为韵文之利器耳……"

接着我又说：

我自信颇能以白话作散文，但尚未能用之于韵文。私心颇欲以数年之力，实地练习之。倘数年之后，竟能用白话作文作诗，无不随心所欲，岂非一大快事？

我此时练习白话诗文，颇似新辟一文学殖民地。可惜须单身匹马而往，不能多得同志，结伴同行。然我去志已决。公等假我数年之期。倘此新国尽是沙碛不毛之地，则我或终归老于"文言诗国"，亦未可知。倘幸而有成，则辟除荆棘之后，当开放门户，迎公等同来莅止耳……

所以在一九一六年七月底八月初，我就决定不再写旧诗词，而专门用活的语言文字来写白话诗了。在我还没有写出几首白话诗之前，我已决定把我下一个诗集定名为《尝试集》了［11］。

这个诗集的名字也明显地表示出我是受杜威实验主义的影响，把实验主义的哲学理论应用到文学改良运动上面来。"实验主义"告诉我，一切的理论都不过是一些假设而已，只有实践证明才是检验真理的唯一标准。同时要证明一个理论之是否有真理的唯一方法，也便是想出这个理论在实际运用上牵涉到的各种情况，然后在实验中观察这一特殊理论是否能解决某一问题的初步困难，从而进一步找出一个原来所要寻找的解决方案。

所以我的以白话文为活文学这一理论，便是已经在小说、故事、元曲、民歌等〔文学〕领域里，得到实际证明的假设。剩下的只是我的诗界朋友们所设想的韵文了。这剩下的一部分，也正是我那时建议要用一段实际试验来加以证明或反证的。

二、孤独的文学实验　大胆的革命宣言

在一九一六年的十一月，我开始把我们一整年非正式讨论的结果，总结成一篇文章在中国发表，题目叫作"文学改良刍议"。

在那篇文章里我提出八条很温和的建议。你可看出，纵是这个题目也是很谦虚的。我已经不再用我向朋友们所时常提到的"文学革命"了。"文学革命"一词在我的诗和信里都时常提到，在朋友们给我的信中也时常提起。有时他们用的是开玩笑的态度，但是有时也很严肃。可是当我第一次要把我们一年多讨论的结果和我自己的结论，撰写成文章，送到国内发表的时候，为考虑到那无可怀疑的老一辈保守分子的反对，我觉得我要把这一文题写得温和而谦虚。所以我用这个题目，说明是改良而非革命；同时那只是个"刍议"，而非教条式的结论。

下面便是我那篇文章里所提出对文学改良的八条建议：

（一）须言之有物。

写文章的人一定先要有一些值得一说的东西，才下笔。重点应在内容而不在形式。

（二）不摹仿古人。

在这一条里，我乘机夹入我对中国文学史的看法。后来我叫它作"文学演变观"。其重点是一个时代要有一个时代的文学，后一代毋需摹仿前一代。同时我也指出十三四世纪中所产生的、用语体所写的俗文学——如故事、小说、杂剧等的重要性。

（三）须讲求文法。

这一条乍听起来，似乎有点荒唐。但是我们这些对中古中国文学相当熟悉的人都知道，那时的作家写文章，往往不讲求文法。中文的文法本来很简单，可是那中古作家们，运用了各种形式如对仗、骈骊、典故等故意把它弄得复杂了。因而千多年来，写古文的人对文法的分析与结构全不讲求。

（四）不作无病呻吟。

（五）务去烂调套语。

（六）不用典。

用典是中国文学里自中古时期遗传下来的一种花样，古代作家原无此恶习。可是自中古到近代，中国诗文简直是典故的天下。在这篇文章里，我对用典的批评写了很长的一段，因为两千年来，中国文人已把这种传统弄成习惯。要人家作诗文不用典，是件骇人听闻的事。

（七）不讲对仗。

中文里"对仗"这玩意用英文来解释实在很不容易，可是对仗在中文里实在太普遍了。

（八）不避俗字俗语。

这条最重要，但是我写得还是很温和。我的用意是说："在所有的文学里，皆用活的文字——用俗语——用白话！"为强调这一点，我就公开地说我承认那些伟大的小说如《水浒传》《红楼梦》和那些我在本篇中所列举的当代通俗小说，比那些仿古的作品更能代表时代。我坦白地指出，那些几百年来都为人民大众所喜爱，而却为文人学者所鄙弃的白话小说、故事说部和戏曲都是中国出产的第一流文学，其原因便是由于他们所用的文学工具之有效率，换言之也就是它们是不避俗语俗字的作品。

那一篇对中国文学做试探性改革的文章是在一九一六年十一月写的。我一共复写了三份。一份给由我自己做主编的《中国留美学生季报》发表。《季报》那时是由"商务印书馆"承印的。另一份则寄给当时一份新杂志《新青年》。该杂志由陈独秀主编已出版数年。陈氏于一九一六年受聘为国立北京大学文科学长。

这篇文章于一九一七年一月在《新青年》刊出之后，在中国文化界引起了一场极大的反应。北京大学一校之内便有两位教授对之极为重视。其一则为陈独秀本人。另一位则是古典音韵学教授钱玄同。钱氏原为国学大师章太炎（炳麟）的门人。他对这篇由一位留学生执笔讨论中国文学改良问题的文章，大为赏识，倒使我受宠若惊。钱教授〔后来〕告诉我，他曾与陈教授讨论到有关我这些建议的重要性。陈先生原来就是死硬派的革命人物。他在《新青年》的后一期也写了一篇《文学革命论》来作为响应，他就公开地来支持一个文学革命了。他坦白地说，那首举义旗号召文学革命的是他的朋友胡适。他自己则高张大旗为他的朋友作声援。旗上并应大书特书三大口号：

（一）推倒雕琢的、阿谀的贵族文学；建设平易的、抒情的国民文学。

（二）推倒陈腐的、铺张的古典文学；建设新鲜的、立诚的写实文学。

（三）推倒迂晦的、艰涩的山林文学；建设明了的、通俗的社会文学。

陈君所阐扬的三大口号与我对中国文学史的了解实在甚为接近。独秀并于中国历史中找出很多的革命事迹。当他叙述到现代文学之时，他甚至把那些阻扰自宋元以后便以白话小说所发轫的文学革命的〔古文大家〕，总括为"十八妖魔"。在那个时候，我们对像《水浒传》等一流的小说巨著正确的写作年代，还不太清楚。我们还以为他们是元代的作品。现在我们是比那时更清楚了。那些精彩的故事和长篇小说，都是经过几百年的流传，到明代才正式写出定稿的。但是那时陈独秀和我都以为文学革命高潮起自元代而为明清两代的"十八妖魔"所阻扰了。

"十八妖魔"是哪些人呢？他们是领导明代文风的"前七子"和"后七子"。另外四人则是明代的古文大家归有光和清代的方苞、刘大櫆和姚鼐。这四位中的后三人〔方、刘、姚〕，皆是陈独秀和我的安徽同乡。现在我们安徽又出了个陈独秀，居然把这三位乡前辈，也打入反文学革命的"十八妖魔"之列。独秀把中古以后直到现在所有的仿古作品，一概唾弃；而对那些俗文学里的小说、故事、戏曲等作家则大加赞赏。

钱玄同教授则没有写什么文章，但是他却向独秀和我写了些小批评大捧场的长信，支持我们的观点。这些信也在《新青年》上发表了。钱教授是位古文大家，他居然也对我们有如此同情的反应，实在使我们声势一振。

因而在我回国之前的几个月——一九一七年一二月之间，我们的两篇文章（我的原文和陈独秀的响应文章）已经成为全国讨论的热门。读者投书更不断寄来，有的也在《新青年》上发表了。在此同时，我也把我尝试写作的白话诗寄给《新青年》刊登了。今日看来，那些诗实在没有〔从文言中〕真正解放出来。我的朋友赵元任就常常说我那些"白话诗"和"白话文"都"不够白"，不是一般人所常用的真正"语体"。这点我早就承认。我说，那就像一些裹了四十年或者就是二十年小脚的女人，她纵使要把小脚放大，她还是不能恢复天足的。像我们这样作古文作旧诗起家的人，不能完全运用白话文，正和小脚放大的女人不能恢复天足一样。

但是我们这些文章——特别是陈、钱二人的作品和通信——都哄传一时。陈独秀竟然把大批古文宗师一棒打成"十八妖魔"。钱玄同也提出了流传一时的名句"选学妖孽"和"桐城谬种"。

桐城是我们安徽〔安庆府里〕的一县，而一县之中竟在"十八妖魔"里出了方苞、刘大櫆、姚鼐三大"妖魔"，号称"桐城派"。所以钱玄同叫这一派古文家为"桐城谬种"。

"选学妖孽"则指的是《文选》。《文选》是公元六世纪初年梁代的昭明太子自古代诗文中选编的。他所选的都是我国早期中古诗文的代表作，所以钱玄同称这一派作品为"文选学派的妖孽"。

这几句口号一时远近流传，因而它们也为文学革命找到了革命的对象。

注释

〔1〕胡适之先生在中国文化史上的贡献和地位，不是因为他是个什么"实验主义者"。实验主义在中国，说穿了只是一些早期留美学生带回国的美国相声。一阵时髦过去了，在近代中国文化史上只能做做注脚，是不值得多提的。

适之先生真正不朽的贡献，事实上便是本篇所叙述的，他对白话诗文的倡导和试作。这虽然多少也是那时的"时势"所铸造出来的，但是胡氏毕竟是第一个"英雄"。现在有许多讨厌或嫉妒胡氏的人，硬要把胡适的贡献打在陈独秀、钱玄同之下是有欠公平的。

所以在胡氏口述本章时，笔者就一再劝他不要再把"逼上梁山"那套陈锅巴烂豆腐翻成英文了。我劝他把他那八不主义的文学观在过去四十年所发生的影响做一番自我检讨：有永久价值的则认可而继续引申之，只有临时价值，现已渐失时效的，则检讨而修正之；错误或时效全无的，则拔其根而扬弃之。总之，他老人家应该把那些本是浮光掠影，已嫌落伍的胡适文学理论提到"五十年代的水平"上来。

可怜胡老师这时已经没有当年"青衣泰斗"陈德霖老师的勇气。据说当年陈老师虽老，还不时博粉涂朱，披挂上台，来唱个没有牙齿的穆桂英！胡老师虽然还有满口牙齿，已不敢在台前亮相了。他总是说："你们写嘛，你们写嘛！"他老人家自己在本章里，好汉专提当年勇，真令人泄气。

因此本章的英文稿，原是我们自他《四十自述》的《逼上梁山》那一章里节译出来的，今日只要复原一下，就不必再回译了。不过这经过胡先生自己手订的英文稿与《逼上梁山》的原文，多少也有点出入，所以笔者还是把它翻译回来了。

〔2〕见 Donald Robinson，*"The World's 100 Most Important People"*，*Look*，Oct.4，1955，p.40. "Hu Shih, 63, Chinese scholar.He has invented a simplified Chinese language, is a great scholar."

〔3〕英文原是从拉丁文里变出来的。拉丁语根和古英文里遗留下来很多累赘，本来都是可以简化的。举个最简单的例子：英文内"亲戚"relative 一字的最后一个字母"e"字，就是个不必要的字母，留在上面反而有碍于英语拼音的习惯法，

所以有些语言改革家就主张把这段盲肠割掉，但是他们割了数十年，这个盲肠还在那儿。

【4】胡氏中文原文用字文雅得多。这句"俗语俗字"是笔者根据他的英文稿翻出来的。那些"不懂汉字，又不能写汉文"的人，偏要在海外演"中国之夜"也是同样令人"吃勿消"的。青年胡适发了这个小脾气，也实在是忍无可忍的结果。

【5】笔者年前在《胡适杂忆》文中所写的《国语·方言·拉丁化》一篇在《传记文学》刊出之后，曾收到刘绍唐先生转来台北"《国语日报》"王书川先生辱教大函，读之颇开茅塞。笔者本人也是赵元任主义者，赞成"国语注音"。因为我们传统的查"部首"办法实在太不方便了，笔者幼年作文就不知道对"康熙字典"发过多少次脾气。近年荒疏海外，为怕写别字，有时也查查字典，还是觉得《汉英辞典》比《康熙字典》方便；在海外中文图书馆里查书，拼音制亦远比部首制方便多多。"国语注音"之造福学子，是没有人能否认的。

【6】搞文学革命和搞政治革命有许多相同的地方。其中很重要的一点就是革命家一定要年轻有冲劲。他们抓到几句动听的口号，就笃信不移。然后就煽动群众，视死如归，不成功则成仁。至于这些口号，除一时有其煽动性之外，在学理上究有多少真理，则又当别论。青年胡适的"文言是半死的文字"这句口号，在那时是有其摧枯拉朽的功能，佢是这口号本身究有多少真实性也是值得重新商榷的。

今日的考古学家和人类学家都知道任何初民，其语言和文字都不可能是一致的。我国最早的甲骨文和金文也都与口语无关。它们的作用就和"结绳记事"一样是一种"记录文字"。同时这种文字是受了原始文具的影响，写起来愈简略愈好。就拿我国商代来说吧，商朝文人要留点记录，他们就要雕龟、刻骨或漆书竹简。写起来如此麻烦，所以他们记点天气变化曰"亥日允雨"，他们就不想用"亥那一天果然下起雨来"那样啰嗦麻烦了。

古埃及、巴比伦和古印度的情形也大致相同。据说古印度《吠陀经》的作家们，他们如果在他们的作品上"省"一个字，比他们"多"生一个儿子还要高兴。巴比伦的"泥砖"作家亦复如是，因为一块泥砖实在写不了几个字啊。

所以如果我国商代也出了像胡适之那样的洋洋洒洒的大作家来，那么伐南山之竹，捉东海之龟，杀尽澳洲之牛，也不够他胡先生来出个文存！可是到春秋战国以后，中国文化进步了，生产力也提高了，先秦诸子才把原有的记录文字，进化成记人记事的古文文学。先秦诸子的特点是，第一它仍保持有远古记录文字（如"亥日允雨"这类的结构）简洁的特点；第二在简洁中求其达意与生动。

且看《庄子》上写盗跖见孔丘的情况："跖两展其足……声如乳虎，曰：'丘，前来！'"你能说这是"死文字"？

到司马迁更把"我们安徽"的土话也写入古文。史记《陈涉世家》描写那位糊涂胆大的皖北农民陈涉，造起反来，当了"王"了。他以前那伙一起种田的土朋友去看他。一进他的"宫殿"，乖乖，这批乡巴佬吓坏了。一位老乡对另外几位老乡说："伙颐！涉之为王沈沈者！""伙颐"便是今日皖北还在用的土话"伙计"，"沈沈"也是一种土语：伙计，陈涉真正做了王了。司马迁把"我们安徽"这批老乡，真写得活龙活现。

《史记》里这一类的用法是举不尽的。它的好处便是以最简洁、大家都看得懂的传统记录文字，参以当时人说话的语体（俗语俗字）——用句现代话来说，便是"文白夹杂"。文白夹杂的好处，便是它既不诘屈聱牙，也没有纯白话那样啰嗦，而其简洁生动，则为两者所不及。

全世界任何仍在使用的语文，都生存在不断地新陈代谢之中。而一个语言文字的发展也受各种客观因素的影响。司马迁一部五十万言的巨著，都是在竹片上写下的。他和我们用原子笔写原稿纸如何能比？洋人就更方便了。他们拿起话筒对录音机大念一通，然后就用不着管了，女秘书们自然会把他们的"文章"打得整整齐齐的。

一次郭廷以先生访美，他看到洋人写文章的情形，然后回过头来叹息地向我说："德刚呀！他们写文章是机械化，我们写文章是手工业，如何能比？！"

郭老师这句话虽只是一句"戏言"，但这句戏言中却含有至理：一部中国文学史是不能与一部中国社会经济史分开来读的。它和一部政治制度史，也有分不开的血肉关系。

青年胡适躺在哥大的学生宿舍之内，冥想一番，再和那几位满肚皮英文"教科书"的同学辩论一通，就对全部中国文学史，下了极武断的结论，而掀起现代中国空前绝后的文学革命的高潮。

吾人今日如平心静气地来把胡老师分析一下，实在不能不佩服他悟性高：举一反三，能把旧文学的毛病，全部揭发；对新文学的兴起做大胆的倡导。所以吾人今日如对胡氏当年那点点浮光掠影的倡导也不愿接受，那我们便落伍到连逊清遗老也不如。但是吾人如只是接受了胡氏的"启蒙"而不加检讨和修正，那我们这过去六十年也就白活了。有志跟进的青年文学理论家，实在应做更多的努力。

[7]胡适之先生之所以一棒把"中国文学"打成"文言""白话"两大段，便是他对中国社会经济史毫无兴趣而把中国文学史孤立了的结果。"白话"是一种"通俗文学"。一种"通俗文学"之兴起一定先要有个需要这个通俗文学的社会。这个社会之形成在欧洲历史上便是那文艺复兴前后，一时并起的以小手工业为主体的小城邦。在城邦内聚居的小业主和技工头所形成的受有起码教育的城市小中产阶级，才是通俗文学发芽滋长的土壤。欧洲的通俗文学（vernacular literature）便是从这块土壤上长出来的。没有"城市居民"（burghers；townspeople）的纯农业社会，通俗文学的滋生几乎是不可能的。

在中国历史上，有同样性质的城市之普遍与兴起（着重"普遍"二字）是南宋以后的事。在此之前的农业大帝国内，"城市居民"的比率太小。社会上的主要构成阶层是有闲阶级五谷不分的士大夫（多半是地主）和胼手胝足毫无教育的农民。农民没有太多受教育的机会，对通俗文学也就没有强烈的需要，文学欣赏也就变成士大夫阶级的清玩了。加以"天子重英豪"的政治鼓励，"秀才只为财"，因而我们这个伟大的文物之邦里的"文物"也为上层的士大夫阶级所专享。写起诗文来，原是"士大夫写给士大夫看"，又有什么死活之可言呢。

可是南宋以后，人民经济生活有了重大的改变，通俗文学也就随之而起了。以现在观点治中国文学史的大家如胡适、陈独秀、钱玄同、胡小石……诸先生都承认元、明、清三代的文学主流是"通俗文学"。但是何以"通俗文学"在元明之际突然兴起？他们就只知其然，而不知其所以然了。读历史的人，总应把中西历史比较着读，才会有新境界。

[8]作者在此地反对历史单因论。这问题事实上牵涉传统历史哲学上所谓必然与偶然之争。单因论者谈客观实在，也就是必然论者。反对单因论的胡适可也不是个偶然论者。他是个"实验主义者"，是夹在必然和偶然之间的边缘人。偶

然论是相信无拘无束的自然发展（natural course）的。实验主义者是不能听任历史自然演变，他要在实验中寻找演变的正确方向从而领导之。因而"白话文运动"虽然只是他们少数朋友之间由辩论而发生的偶然事件，但是由于"实验主义"的影响，他这位孤单的实验主义者最后总算把它的正确发展的方向给"实验"出来了。因而没有"胡适"，恐怕也就没有"白话文运动"——至少运动也不会在那时就发生了。

适之先生一辈子都坚持着这个论调。反对他的人就觉得他居功太多。一九五六年当他以这一论调在哈佛大学讲演时（笔者至今尚保存一份那时的录音带），那时尚在哈佛读书，后来曾为他作传的格里德（Jerome B. Grieder）博士简直就嗤之以鼻。平心而论，这也就是中国俗语中所谓"英雄造时势，时势造英雄"的问题。鸡蛋与鸡，必然和偶然是说不清的。必然之中有其偶然，偶然也多少是从必然之中酝育出来的。套用一句黑格尔，盖可谓之辩证的发展吧。

【9】"中国文学史"是否就只是一部"中国文学工具变迁史"呢？这里胡先生只注意到"形式"而忽视了"内容"。殊不知在中国文学史上，由于"工具"的不同，它所制造的产品"内容"也不同；使用这些不同工具的作者的"社会地位"（social status）也不同。对这些问题研究的人都应当做一点"社会科学的处理"（social science approach）才好。"唯工具论"也只是一种"单因论"。

【10】我国"通俗小说"的真正的大量生产还是自清末开始，也就是因为"五口通商"以后，沿海商业城市日益繁荣，产生了百万千万"城市小中产阶级"的结果。社会上有此需要，作家才有此供应。这也是文化上的"供需律"吧。

【11】一九五六年六月二日，也就是任叔永、梅光迪诸名士偕美泛舟遇雨，而引起胡适博士从这个美丽的开始，大作其白话诗的整整四十周年的时候，胡氏又在那原作诗的公寓的九条街之外，对当时纽约的白马文艺社发表了一次有纪念意义的讲演，把本章内的故事又原原本本地重述一遍。

时隔四十年了，河东转河西。当年胡适作新诗是以寡敌众，而这时的白马社已是新诗人的天下。有谁敢对"新诗"说半个不字，包管吃不了，兜着走。就在这时该社曾在新散文作家鹿桥和新诗主将艾山的主持之下，举行了一个有关"传统与创造"的讨论。笔者何敢反革命招众怒，只是历史是我的职业，我只是从我的职业观点，说了几句有关新诗发展史的话，却被艾山派的"黑线专政"，大大地"镇压"了一番。

我认为"四十年来"（现在应该是六十年了），胡适之先生所提倡的"白话文"是百分之百的成功了。但是"白话诗"则未必——至少是还未脱离"尝试"阶段。它失败的道理，便是它不只是单纯的"工具"问题，它还有诗人出身的"社会成分"问题。

"诗"这个东西，基本上（强调"基本上"三字）是个"小资阶级个人主义"的产品，它是"通俗"不了的。不是你用几个"俗语俗字"它就可以"通俗"一下的。冯玉祥的"丘八诗"，真是最通俗的了，但是没有哪个诗人承认冯玉祥的诗是"诗"。艾山的《山居小草》把four-letter words都用到诗里去，可说是真的"不避俗字俗语"了，但是艾山的诗就是最不通俗的诗。如果新诗愈作愈不通俗。愈作离群众愈远，则新诗人就得闭起鸟嘴，不要动不动就骂作旧诗的人"腐""象牙之塔""脱离群众……""新诗人"的坏习气，渐渐地弄得比"旧诗人"还要令人"受不了"……

笔者二十年前和艾山所抬的杠，想不到二十年后的今日还是如此。今日台湾歌星如凤飞飞等所唱的歌，真是风靡一时，听起来十分过瘾。可是今日港台和海外闻名的诸大诗翁，一定不承认凤飞飞所唱的是"诗"。然这些诗人们自己的诗，却离群众愈来愈远。离开他们自己的"沙龙"，"小百姓"们也就不读了。

所以我国古代士大夫作旧诗，和当代士大夫作新诗，其基本的社会意义和性质是完全一样的。因此胡适之的"文学工具论"不是全无道理的，但是他所能解释的范围，实在太狭隘了。

就当我和艾山抬杠的同时，纽约的"华美协进社"忽然包了一艘大游艇，来个旅美同侨的"夜游赫贞河大会"。参加这个游河大会的中国士女真是人山人海。游艇之中热狗、冷饮、舞池、酒吧……一应俱全。其场面与四十年前的莎菲游湖遇雨的情况，简直不可同日而语。侨居纽约的华裔知识界流浪汉几乎全部动员。夕阳初下，明月方升，也真是言棹洋艘，以涤烦疴……歌声起处，择美而舞之……我向艾山说，遥想叔永当年，只莎菲一人，已诗兴大发。任公渡海惊艳，也来个"临别犹悭一握缘"，自作多情一番。今日粉白黛绿，佳丽如云，"尔我如今更少年"，学学老辈风流，不管我是"传统"，你是"创造"，俱不可无诗！三千年来，我国臭男人为歌诵美女而作诗，亦何止千千万万，也多不了你我二人。

　　艾山后来"创造"了些什么，我已经找不到记录了。最近因重查胡适之先生《新文学·新诗·新文字》的讲词，竟然在同一期的杂志里（纽约《生活杂志》一九五六年七月十六日出版第一一九期），无意间却把我自己的"传统"找出来了。属笔至此，我忽然也发现了纽约华埠出售的一九七九年"红楼月历"上，那些"激进派"文人如姚雪垠等人，现在居然也"开倒车"作什么"隔窗忽惹芳心碎，可是鸳鸯半绣成？"一类的艳体诗来。所以笔者不避酸腐，也把二十多年前，为和艾山抬杠而写的"传统"歪诗，抄博读者一笑。这也是我们在海外，造胡适之先生的反的一点小插曲吧。

夜游赫贞河

又逐群贤上画船，笙歌声里掩烽烟，
中流最怕凭栏望，家在斜阳那一边。
莫向故人话故园，神州事已不堪论，
十年书剑皆抛却，慢惹扁舟楚客魂。
一寸丹心半似灰，错随仙子到蓬莱，
劝君莫论中原事，且乘歌声舞一回。
秀出上林第几丛，卷帘初识莫愁容，
曾无脂粉污颜色，一笑岂因酒后红？
笑拥瑶台第一仙，碧罗裙子曳珠璇，
蓬瀛若许游人住，应伴刘郎五百年。
"探戈"声里舞迟迟，醉后贪欢醒却疑，
互问家山无限恨，最难相许是归期！
舞罢红裳映晚霞，柳阴深处忆儿家，
揽舷初识愁滋味，一任风飘两鬓斜。
凭栏软语淡如云，茉莉香飘袖底闻，
妒彼海风更轻薄，撩人乱拂绿罗裙。
欲别翻留意转浓，问君何计访萍踪，

相随"南渡"三更月，来听"河边"夜半钟。

指点"摩天"识下城，楼头电炬报三更，

任他纽约灯如昼，怎比西湖月色明？

初涨江潮添夜寒，海风欺我客衣单，

为他吹去愁千缕，影散人离漏已残。

已负胸中百万军，忍将肝脑染红裙，

杭州莫羡东风暖，击楫中流待使君。

（"南渡"为 South Ferry；"河边"Riverside Church 也。）

原载《传记文学》第三十四卷　第三期

▼

第八章

从文学革命到文艺复兴

一 国语的文学 文学的国语

在本卷录音里我想把所谓"文学革命"总结一下。

上面我曾说过，我本是个保守分子。只是因为一连串几项小意外事件的发生，才逐渐促使我了解中国文学史的要义和真谛，也使我逐渐认识到只有用白话所写的文学才是最好的文学和活文学。〔这项认识〕终于促使我在过去数十年一直站在开明的立场，甚至是激进的立场。我最初和住在美国大学宿舍里的中国同学们讨论时，站的便是这个立场。后来回国我撰文、写信和向社会公开发表〔有关文学问题的讲演著述〕，站的还是这个立场。我的主要的论点便是死文字不能产生活文学。我认为文言文在那时已不止是半死，事实已全死了；虽然文言文之中，尚有许多现在还在用的活字。文言文的文法，也是个死文字的文法。

这一件是非，也便是一九一七年前半年的中心议题。但是我自己却一直等到我在哥伦比亚大学考过博士学位的最后口试之后，才于七月回到国内。一回国我便发现文学革命的整个命题，已在广大的读者圈中明确地和盘托出。那时的读者圈不太大，但是读者们思想明白而颇富智慧。

当我在北京大学出任教授的时候，北大校长是那位了不起的蔡元培先生。蔡校长是位翰林出身的宿儒。但是他在德国也学过一段时期的哲学，所以也是位受过新时代训练的学者，是位极能接受新意见新思想的现代人物。他是一位伟大的领袖，对文学革命发生兴趣，并以他本人的声望来加以维护。

在北大我也被介绍认识了当时教育部主办的"国语统一筹备会"里的一批文学改革家。这些改革家都是一些有训练的传统学者，缺少现代语文的训练。但是他们都有志于语文改革，对"语文一致"的问题，皆有兴趣。"语文一致"的意思就是把口语和文学，合二为一。这〔在当时〕是根本不可能的。很显而易见的解决方法就只有根本放弃那个死文字，而专用活的白话和语体。

我受聘为该会会员之一，并经常和他们商讨这些问题。这时我就注意到他们都为一个问题所苦恼，这苦恼便是中国缺少一个标准白话。他们希望能有个在学校教学和文学写作都可适用的标准白话——他们叫它作"标准国语"。我当时就很严肃地向这些老学者们进言，我认为要有"标准国语"，必须先有用这种语言所写的第一流文学。所谓字典标准是不可能存在的。没有人会先去查国语字典，然后才动笔去写作——去写故事、小说、催眠曲或情歌。标准原是一些不朽的小说所订立的，现在和将来也还要这些伟大作品来加以肯定。

就拿现代的标准英语来说吧。近如一六一一年才刊行的詹姆士王朝的英译《圣经》，和伊丽莎白女王时代以及莎士比亚时代所产生的戏曲，才是真正促成英语标准化的原动力。它们的标准都不是从字典里找出的。我觉得我必须告诉这些〔寻找标准国语的〕人们一项最简单的事实：我们不可能先有"标准"然后才有"国语"；相反的是先有"国语（白话）文学"，其后才会产生"标准国语"的。

所以在一九一八年的春季我就写了一篇长文《建设的文学革命论》来讨论文学革命的问题。文章主题之外我又加了两条副题，"国语的文学，文学的国语"。也就是说文学是用国语写的，国语是写文学的语言。本文的全篇大意是阐明不要等到用文法和字典先把"标准国语"订好，〔然后才来写国语文学。〕应该就以国语直接写文学。等到我们有了国语的文学，我们自然就有了文学的国语了。

此文发表后的两三年之内，许多人也已看出其中的道理来。青年人也不再以没有"标准国语"而发愁了。他们就用群众的语言去作诗作文。我也以我自己的体验告诉他们，许多伟大而畅销数百年的小说如《水浒传》《三国演义》《西游记》《红楼梦》《儒林外史》等巨著，早已把白话文的形式标准化了。它们已为国语订下了标准，当了国语教师，未要政府破费一文去建立学校和训练师资。我告诉他们说我本人就是从皖南的一个方言区域里出来的。我家乡的方言便是中国最难懂的方言之一，但是我只是学了一两千汉字，就能欣赏《水浒传》等中国传统小说名著了。当我十来岁去上海读书时，我虽然还不会说"官话"（白话），我已经毫无困难地写起白话文了。

所以我后来告诉青年朋友们，说他们早已掌握了国语。这国语就简单到不用教就可学会的程度。它的文法结构甚为简单。我们已经从这些小说里不知不觉地学会了一种语言，一种有效的〔文学〕工具。我们只要有勇气，我们就可以使用它了。后来事实证明我这句话是正确的。

一九一九年五四运动之后，全国青年皆活跃起来了。不只是大学生，纵是中学生也居然要办些小型报刊来发表意见。只要他们在任何地方找到一架活字印刷机，他们都要利用它来出版小报。找不到印刷机，他们就用油印。在一九一九至一九二〇两年之间，全国大小学生刊物总共约有四百多种。全是用白话文写的。虽然这在一九一九年所发生的学生运动，是对中国文艺复兴运动的一种干扰——它把一个文化运动转变成为一项政治运动——但是对传播白话文来说，五四运动倒是功不可没的。它把白话文派了实际的用场。在全国之内，被用来写作和出版。这些青年人的行为也证明了我的理论——我们从阅读欣赏名著小说，而获得了一种〔新的应用〕文字。

在短短的数年之内，那些长短篇小说，已经被〔广大读者群〕正式接受了。当我在一九一六年开始策动这项运动时，我想总得有二十五年至三十年的长期斗争〔才会有相当结果〕；它成熟得如此之快，倒是我意料之外的。我们只用了短短的四年时间，要在学校内以白话代替文言，几乎已完全成功了，在民国九年（一九二○），北京政府教育部便正式通令全国，于是年秋季始业，所有国民小学中第一、二年级的教材，必须完全用白话文。

政府并且规定，小学一、二年级原用的〔文言文〕老教材，从今以后要一律废除。小学三年级的老教材限用到民国十年（一九二一）；四年级老教材，则限至民国十一年（一九二二）〔过此也都一律废除〕。所以在一九二二年以后，所有的小学教材都要以国语（白话）为准了。

因此在我们的斗争中，至少获得了部分的胜利。其中重要的部分就是以白话文为教育的工具。在此之前，纵使是小学教材，所用的也是已死的古文。这些死文字却必须要以各地人民所习用的活的方言来把它译成语体。所以在这个革命运动中，有关教育的一方面，却于一九二○年，在那个守旧政府教育部明令〔支持〕之下得到了胜利【1】！

一九一六年以后我们就试用活的文字来做一切文学的媒介。首先我们便尝试用白话文来作诗，一种中国诗界的新试验。一九一七年以后青年作家们，也就群起试作了。白话文很容易就被一般群众和青年作家们所接受。从一九一八年起，《新青年》杂志也全部以白话文编写。当然其中还偶尔有几篇简洁的古文，但是大体上所有的文章都是以白话为主了。特别是在一九一八年一月之后，所有的文学创作用的都是白话。因此从文学方面来说，白话文学在一九一六年和一九一七年间也就开始生产了。

当然文学方面的进度是相当缓慢的，不像教育方面，有一纸政府命令便可立见功效。

在过去四十年中，中国全国以白话文所写的活文学的生产量也是相当可观的。当然我也应该指出，新文学各部门的发展并不平均。例如短篇小说就比长篇更成功，当然长篇小说也是有相当成就的。但是多数青年作家都是靠写作为生，他们实在写不起长篇，因为长篇太耗费时间和精力。戏剧的成果也较差，因为当时的观众仍然贪恋以歌舞为主的旧剧。不过从总的方面来说，散文、小品、中篇叙事文、故事、小说、戏剧和新诗，各方面都有发展。四十年来的新诗更是大有成就。

今日回头看去，近代中国文学革命之所以比较容易成功，实在也有许多历史的因素。

第一，我必须指出，那时的反对派实在太差了。在一九一八和一九一九年间，这一反对派的主要领导人便是那位著名的翻译大师林纾（琴南）。林氏本人不懂一句西文，但是他竟能以文言翻译了二百多种西洋小说〔实数为一百八十种，二百八十一卷〕。他说："吾固知古文之不当废，然吾不知其所以然。"对这样一个不堪一击的反对派，我们的声势便益发强大了。那时甚至有人要想用暴力或迫害〔来阻止新文学的流行〕，但是也无济于事。

第二，用历史法则来提出文学革命这一命题，其潜力可能比我们所想象的更大。把一部中国文学史用一种新观念来加以解释，似乎是更具说服力。这种历史成分重于革命成分的解释对读者和一般知识分子都比较更能接受，也更有说服的效力。

第三，我应该说，文学革命成功最重要的因素，便是那些传统小说名著如《水浒传》（这部小说有赛珍珠的英译本）、《西游记》《三国演义》以及后来的讽刺十八世纪中国士子的小说《儒林外史》等名著已为它打下了坚固的基础。我在前面已经说过，这些小说名著都是教授白话文的老师，都是使白话文标准化的促成者。这一基础已经有好几百年的历史，这些小说也已给它们的读者锻炼出一种文学工具。只要一旦障碍扫除，一有需要，也就一索即得了。

最后，也是第四个因素，便是这个中国的活文字本身的优点，足以促使运动成功，因为中国的语体文本身便是一种伟大而文法简捷的语文。这个语文居然简捷到使学者觉得到不需要文法的程度。

白话文是有文法的，但是这文法却简单、有理智而合乎逻辑，根本不受一般文法上转弯抹角的限制，也没有普通文法上的不规则形式。这种语言可以无师自通。学习白话文就根本不需要什么进学校拜老师的。所以白话文本身的简捷和易于教授，便是第四个因素，也是最重要的因素。

但是上述这些成就，对我这位原始运动策划人来说，我还是感觉到不满意。由于多种原因——尤其是政治方面的原因——使白话文在四十年来就始终没有能成为完全的教育工具和文学工具。原因之一便是执政者的保守主义和〔在文化改革上的〕反动性质。它虽然执政数十年，但是它对推动这一〔普及〕活语言和活文学的运动，实际上就未做过任何的辅导工作。

不过事实上这也是一件很容易理解的事，因为世界上所有的民族主义运动（nationalist movement）都是保守的，通常且是反动的。他们经常觉得愧对祖宗，认为凡是对祖宗好的，对他们自己也就够好了。这便是所有民族主义运动的心理状态。就拿这桩语文改良或文字革命来说吧，中国的执政者，对促使白话文为教育和文学工具的这项运动的停滞和阻扰，是无可推卸其责任的。

还有一个同样重要的原因，那便是文人学者和教育家们不理解死文言和活白话不能在同一本教科书之内并存的。一反我多年来把文言从白话中滤掉的主张，那种文白夹杂——那种文人学者和教育家不知道文言白话根本不能并存的事实——在学校中使用的情形，把下一辈青年的头脑弄糊涂了。这一项混乱现象，实是保守成性的教育家们，想把文言文在学校课程中过早恢复的结果。

这一〔推行白话文〕运动的失败，当然可能还有其他的原因。但是眼看四十年过去了，这运动至今还没有达成我当年的理想，我宁愿只提这两项最重要的原因〔2〕。

二　文学革命的数种特征

现在我想把上面讨论过的文学革命这一节再加两个注脚。第一，我想对有关以中国文字为整个语文〔改革〕运动和文学改良运动的基础〔这一命题〕略加补充。我要指出现代欧洲各国的国语（national language）和各国的文学发展史上，彼此之间有几种基本上相同的因素。其中之一便是有关国语〔标准〕的选择。一个国家怎样去选择一个国语呢？这是第一个重要因素。大凡一种方言被选择为一国的国语，这一方言一定要具备三种条件：第一，这一方言是该国最普遍使用的方言。以意大利为例，意大利语原为意国托斯卡纳（Tuscany）地方的方言。在那个时候意大利还未统一，但是托斯卡纳的方言却是最普遍的方言，所以它具备了当选的条件。

法国的情形也是一样的。在法国有两种方言都有当选为法国国语的资格。那便是巴黎方言和普罗旺斯（Provence）方言。但是巴黎因为是国都所在，又是大商业中心，结果巴黎方言当选了。

英国还是如此。英语原为英格兰岛中部（Midland）的方言。这一方言为伦敦市和牛津、剑桥两大学所使用。使用的人最多，也是最普遍的方言。

所以要一个方言能升格变成各国的国语的第一个条件，便是它必须是各该国最流行的语言。在中国，后来被尊为"国语"的"白话"，原是"官话"。它是中国最普遍使用的方言。中国〔本部〕大致有百分之九十的土地上，和百分之七十五以上的人口，说的都是"白话"。自北京至南京，东北自哈尔滨，西南至昆明，说的也都是官话。我们如从哈尔滨向西南画条直线，直达滇缅公路的起点昆明，这条线大致有四千英里〔约七千公里〕。在这一条线上没有哪一处的居民会觉得他们有另说一种方言之必要，因为每个人都会觉得他所说的话是最普通的话，是全国通行的〔普通话甚或是国语呢〕〔3〕！

方言升格为国语的第二个条件，是最好这个方言之中曾经产生过一些文学。〔意大利文艺复兴时期的大文豪〕但丁（Dante Alighieri）曾写过一篇论文为方言辩护。他说在意大利，托斯卡纳的方言不但使用的人最多，它还产生过许多诗歌。他指出在他之前便有许多用该方言写作的小说家和诗人。

在法国，巴黎方言中也产生过许多诗人，包括鼎鼎大名的诗人维庸（Francois Villon）。普罗旺斯方言中也产生过许多优美的歌曲和抒情诗。所以这两种法国方言都产生过丰富的文学作品。只是巴黎毕竟是国都所在，它所特有的政治影响终使巴黎方言胜过和它一样优美的普罗旺斯方言而当选为法国国语。

英格兰的中土方言也是一样的。英国文豪乔叟（Geoffrey Chaucer）即以此方言写其名著《坎特布里进香记》（*The Canterbury Tales*）。英国早期的《圣经》译本，用的便是这个方言。一六一一年出版的詹姆士王朝的英译《圣经》，也是用这个方言译出的。直至今日，英译本《圣经》还是以此译本最为重要。

中国国语的发展与上述情形也有很多相同之处。

中国的"官话"包括北京方言、华北方言、长江中上流域的方言。纯"北京话"曾产生过像《红楼梦》和《儿女英雄传》等小说名著。"普通话"也曾产生过许多小说，最早的像《西游记》和《儒林外史》。这许多大部头的官话小说，使中国的"官话"具备了足够的资格作为中国的"国语"。

第三个因素便是一个方言之内的文人学士，对该方言的文学价值的有意识的肯定。在欧洲各国的国语发展史中，这项有意识的肯定，通常都是不可少的。但丁不但用托斯卡纳的方言来写其名著《神曲》（*La Divina Commedia*），他甚至写了一篇《为方言辩护》的论文。在这篇文章里，他申述他为什么不用拉丁文而偏要以托斯卡纳方言来写他的《神曲》。

所以在中国可能就是缺少了这种文人学士们有意识的认可——他们认为官话没有文学上的价值——而把官话（白话）鄙视了一千多年。可是只经过为时不过数年的提倡，这个久经鄙视的"俗话"，便一跃而升格成为"国语"了。〔4〕

我想这第一个注脚中提到的条件，加上"有意的提倡"，便替我们解释了，何以四十年来的"文学革命"便为此轻轻悄悄地成功了的道理之所在。

我的第二个注脚便是所谓"中国文学革命"的整个过程，也就证明了我所经常提到的"实证思维"的理论。这个"革命"实是当年居住在美国康乃尔、哈佛、哥伦比亚的学生宿舍之内的、几位爱好文学的朋友们一起讨论而策动起来的。他们面对了几项实际问题。这些问题使他们感到困难、疑虑和彷徨。这些困扰使他们之间发生了激烈的辩论，虽然这些辩论也只是一些朋友们之间的彼此问难而已。

这些问题原是由讨论"诗之文字"这个命题所引起的，进而扩大到中国文学媒介和工具的争辩——有关活文学的争辩。我们提出了几项假设。有几位同学偏重〔文学的〕内容。其他的人——如我自己——则着重文学的工具和媒介。最后归结到提倡白话文的问题，也就是以大众语言（白话）为文学媒介的问题。

这里有几项未能解决的问题：这个活文字（白话）能不能用在一切文学形式之上呢？在白话已被证明为撰写"俗"小说的有效工具之后，它能不能用来作诗呢？我的一些朋友们认为不可以，而我则认为是可以的。所以我们争辩到最后阶段，就非拿事实来证明不可了。

"诗"那时已经成白话文唯一有待克服的堡垒了。但是我们要怎样来证明白话可以或不可以作诗的这个〔正反两面的〕假设呢？我主张我们要有意识地用白话来作诗。换言之也就是说，我们要有意识地来证实一个足以解决难题的假设。

我举出上述层次分明的故事，便是说明，这里有一个〔人类思想发展的〕具体例证。那就是从一种疑难和困惑开始，从而引起有意识有步骤地持续思考，再通过一假设阶段，最后由实验中选择个假设来加以证明。

所以我第二个注脚便是，这整个的文学革命运动——至少是在这一运动的初期——用实验主义的话来说，事实上便是一个有系统有结果的思想程序，也就是个怎样运用思想去解决问题的问题。

三　中国文艺复兴的四重意义

事实上语言文字的改革，只是一个〔我们〕曾一再提过的更大的文化运动之中，较早的、较重要的和比较更成功的一环而已。这个更广大的文化运动有时被称为"新文化运动"，意思是说中国古老的文化已经腐朽了，它必须要重新生长过。这一运动有时也叫作"新思潮运动"，那是着重于当代西洋新思想、新观念和新潮流的介绍——无政府主义者便介绍西洋的无政府主义（Anarchism）；社会主义者则介绍欧洲的社会主义思潮；德国留学的哲学家们则介绍康德、黑格尔，费希特（Johann Gottlieb Fichte）等一流的德国思想家。英国留学的则试图介绍洛克、休谟、贝克莱（George Berkeley）。更摩登的美国留学生则介绍詹姆士（William James）和杜威等人。

我本人则比较欢喜用"中国文艺复兴"这一名词。那时在北大上学的一些很成熟的学生，其中包括很多后来文化界知识界的领袖们如傅斯年、汪敬熙、顾颉刚、罗家伦等人，他们在几位北大教授的影响之下，组织了一个社团，发行了一份叫作"新潮"的学生杂志。这杂志的英文刊名便叫"Renaissance"（"文艺复兴"）。

　　他们请我做新潮社的指导员。他们把这整个的运动叫作"文艺复兴"可能也是受我的影响。这一批年轻但是却相当成熟，而对传统学术又颇有训练的北大学生，在几位青年教授的指导之下，从不同的角度来加以思考，他们显然是觉得在北京大学所发起的这个新运动，与当年欧洲的文艺复兴有极多的相同之处。

　　他们究竟发现了一些什么相同之处呢？我们如果回头试看一下欧洲的文艺复兴，我们就知道，那是从新文学、新文艺、新科学和新宗教之诞生开始的。同时欧洲的文艺复兴也促使现代欧洲民族国家之形成。因此欧洲文艺复兴之规模与当时中国的〔新文化〕运动，实在没有什么不同之处。

　　更具体地说，他们都清晰地看到欧洲文艺复兴时期对新语言、新文字、新〔文化交通〕工具——也就是新的自我表达的工具之需要。虽然当时中国的〔新文化〕运动尚未涉及艺术，而文学革命对这批成熟的北大学生来说，也已经是双方极其相同之点的一环了。这实在是个彻头彻尾的文艺复兴运动，是一项对一千多年来所逐渐发展的白话故事、小说、戏剧、歌曲等活文学之提倡和复兴的有意识的认可。

　　中西双方〔两个文艺复兴运动〕还有一项极其相似之点，那便是一种对人类（男人和女人）一种解放的要求。把个人从传统的旧风俗、旧思想和旧行为的束缚中解放出来。欧洲文艺复兴是个真正的大解放时代。个人开始抬起头来，主宰了他自己的独立自由的人格，维护了他自己的权利和自由。

在中国新思想运动的第一年之中，我们已清楚地看出这一运动对解放妇女和争取个人权利的要求。我的同事周作人先生就认为光是主张用语体文来产生文学是不够的。新的文学必须有新的文学内容，他把这"内容"叫作"人的文学"。"人"——一个生物学上的"人"，他是有感情、观念和喜怒哀乐的。他既有缺点，也有长处。这些都是新文学的基础。那时我们不但对人类的性生活、爱情、婚姻、贞操等问题，都有过很多的讨论；同时对个人与国家、个人与家庭与社会的关系也都有过讨论。"家庭革命"这句话，在那时便是流传一时的名言。

这些〔中西双方〕相同之处，便是促使那批成熟的学生们的刊物叫作"新潮"的道理。我必须再补充说一句，这份《新潮》月刊表现得甚为特出，编写皆佳。互比之下，我们教授们所办的《新青年》的编排和内容，实在相形见绌。

说了这许多题外的话，我所要指出的便是我欢喜用"文艺复兴"这一名词，认为它能概括这一运动的历史意义。所以在其后的英文著述中，我总欢喜用"The Chinese Renaissance"（中国文艺复兴运动）这一题目。虽然Renaissance这个词那时尚没有适当的中文翻译。我猜想这批北大学生也是替他们的刊物找不到一个恰当的中文名字，而姑名之曰"新潮"的，但是他们毫无犹豫地用Renaissance来作他们刊物的英文名字。

在这一〔文化〕运动已经进行了好几年之后，当然有人想把它的意义确定下来。一九一九年初《新青年》的编辑陈独秀先生便写了一篇文章。在这文章里他倒没有替这运动下个定义，他只是把我们这杂志的"罪案"做了个承诺。在那时以北大为中心的很多保守派或反动派，对这一文学运动批评至多。陈独秀认为对"两大罪案"有承认之必要。他说，第一我们拥护赛因斯（科学）先生；第二，我们拥护德莫克拉西先生（民治主义）。因为我们拥护德先生，我们必须反对儒教——反对旧家庭传统、旧的贞操观念、旧的道德和旧的政治。因为我们拥护赛先生，我们一定要提倡新文学、新艺术和新宗教。正因为我们要拥护德、赛二先生，我们只有去反对所谓"国粹主义"。

一九一九年十一月一日，我也写了一篇长文叫《新思潮的意义》。在我引用了一些时下的定义之后，我总结了一下，认为这些定义都太笼统、太普通了。我说据我个人的观察，新思潮的根本意义只是一种新态度，这种新态度或许可以叫作"评判的态度"。

我并且指出这一评判态度已在许多方面运用了。它被运用来评判传统的制度和风俗，用之于对古圣先哲的研究，最后则用来批判那许多下意识地接受了但是却很欠智慧的行为规范。

总而言之，正如尼采所说的，"重新估定一切价值"（Transvaluation of all values），这句话大概就可包括了我们这个运动的真义。在实行方面，这种批判的态度在这一广义的文化运动中的三个具体方面可以清楚地看出来。第一是研究当前具体和实际的问题。我指出许多活生生的问题来。例如以儒教为国教，以儒教为国家道德标准的问题。（在民国初年，尤其是袁世凯做总统的期间，曾有一股反动的潮流，要以儒教为国教。袁氏死后，新宪法的起草人也讨论到以孔教为中国人民道德教育的标准。）

其他方面如语言文字的问题，如何去改良中国文学，以及国语统一的问题、妇女解放问题、传统贞操问题。其余为婚姻、教育、父子关系、旧剧〔改良〕尤其是改良京戏等问题。这些都是当时有待研究的实际问题。

第二点我叫它作"输入学理"。也就是从海外输入新理论、新观念和新学说。我指出这些新观念、新理论之输入，基本上为的是帮助解决我们今日所面临的实际问题。我们的《新青年》杂志，便曾发行过一期"易卜生专号"，专门介绍这位挪威大戏剧家易卜生（Henrik Ibsen）。在这期上我写了首篇专论叫《易卜生主义》。

《新青年》也曾出过一期"马克思专号"。另一个《新教育月刊》也曾出过一期"杜威专号"。至于对无政府主义、社会主义、共产主义、日尔曼意识形态、盎格鲁·萨克逊思想体系和法兰西哲学等的输入，也早就习以为常了。

但是我说那还有个第三方面，那就是我们对传统学术思想的态度。我认为对传统的学术思想也要持批判的态度。这第三点我叫作"整理国故"。"国故"这一词那时也引起了许多批评和反对。但是我们并没有发明这个名词。最先使用这一名词的却是那位有名望的国学大师章炳麟。他写了一本名著叫《国故论衡》。"故"字的意思可以释为"死亡"或"过去"。章氏也是位革命党，为着"苏报案"曾在上海"会审公廨"受过审判，并且坐过牢。《苏报》便是革命党在上海租界中发行的一家报纸。章氏和该报一位比他小得很多的青年编辑邹容一起坐了几年的牢。邹容坐牢〔两年〕结果瘐死狱中。章氏于〔三年期满〕获释。〔一九○三年〕出狱后章氏东渡日本，被选为当时革命党机关报《民报》的编辑。《民报》后来对青年学生发生极大的影响。中国留日学生用尽方法把它偷运回国，并深入内地。章氏是位国学大师，门生甚多。其中有些人也在北大教书。北大教授钱玄同便是章的学生，为治"小学"的名家之一。章氏门人中也有很多反对以"俗文学"代替古文的。其中之一便是湖北人黄侃〔季刚〕。黄也是一位知名的文字学家，对中国文字学有其原始性的贡献。

但是在我看来这个〔新文化〕运动中重要的一环，便是对我国固有文明做有系统的严肃批判和改造。

在这篇论文里，我指出既有这上述三方面，势必要产生个第四方面。这第四方面便是"再造文明"。通过严肃分析我们所面临的活生生问题，通过由输入的新学理、新观念、新思想来帮助我们了解和解决这些问题，同时通过以相同的批判的态度对我国固有文明的了解和重建，我们这一运动的结果，就会产生出一个新的文明来〔5〕。

这就是我对这一项，我叫它作"中国文艺复兴运动"，这一广泛的运动所下的定义。

在以后几个录音纪录里，我预备把这点再来详细说说，并多举出几方面来说明我怎样和那些相信无政府主义、社会主义或共产主义者，在一九一九年，也就是整整四十年前冲突的经过。就在那个时候我已经觉察到，"第二方面"〔"输入学理"〕，已有走向"教条主义"的危险了。

注释

[1] 本篇里面的故事，适之先生生前虽然说了无数次。但是在"五四"六十周年的今天，我们把它重新翻出，让老中青三辈读者，再来温读一遍，平心静气，检讨一番，可能还是有其极重要的意义。

第一，文学革命和其他任何"革命"一样，它的功过如何，是不能让"革命家"本人去自吹自擂的。"是非留待后人评！"只有能看到"革命成果"的"后人"，才能做"盖棺之论"。中国的文学革命，今日也该是"盖棺论定"的时候了。

第二，这场推行白话文运动——尤其是以白话文为中小学"教育工具"这一点——其建设性和破坏性究竟孰轻孰重，最好还是让在这个运动影响最重的时期受中小学教育的过来人，来现身说法。因为他们是这场"教育实验"中的"实验豚鼠"（guinea pig）。人为刀俎，我为鱼肉；是祸是福，亲身感受，最为真切。

笔者不敏，便生在"祸福身受"这一辈之中。所以近年来个人论胡之作虽然已写了数十万字，久思搁笔，然在刘绍唐先生和一些严肃批评指教的前辈、平辈和晚辈读者们的鼓励之下，稍有管见，仍不敢藏拙，也是这个道理。

请先从个人亲身的感受说起：

笔者本人便是胡先生所称许的当年在"新学制"之下受教育的"小学生"之一。不幸我是个乡下孩子。那时最近的"国民小学"距我家也在十里之外。上不了公立小学，就只好留在家里，在祖父延师设立的"改良私塾"上学。由塾师分授英、汉、算三门功课。

先祖原是位"革命党"，后来又是陈独秀的好友和崇拜者。因而他在家中一旦当政，便把祖宗遗留的封建称呼、磕头仪式，全部豁免。可是他对我们这个"改良私塾"里的"汉文"一课的教学却十分"反动"：他规定我们要背诵短篇的古文选读，作文也以文言为主，不许用白话。

启蒙之后，笔者便在这个改良私塾之内，被"改良"了有七八年之久。我们的"汉文"也就从"床前明月光"，一直背诵到"若稽古帝尧"。最后连《左传选粹》到《史记菁华录》也能整本地背。那些故事都有趣而易解。我的同班"同学"，除了两三位"实在念不进去"的表姐表弟之外，大多数的孩子，均不以为苦。

最后在家中长辈的"物质刺激"之下，竟然也主动地读起《通鉴》《文选》等"大部头"书来。

在我们十二岁的那一年春天，家人为要送我们投考初中，乃把我和两位同年的表兄送入附近一所小学，插班入六年级下学期，以便取得一张"小学文凭"。

这所小学是两位留美乡绅筹款设立的。全校一半是新建的西式楼房，操场上"足篮排网"一应俱全，校舍内"图书馆""实验室"也应有尽有。笔者等三个土孩子初入此"洋学堂"，真是眼花缭乱，自惭土气熏人。

我记得我们小学之中国语班所用的教材，便是适之先生在本文中所说的"新学制国语教科书"。我清楚地记得，我所上的第一堂国语误，便是一位黄慰先老师教的，有关"早晨和雄鸡"的"白话诗"。那首诗的开头几句，似乎是这样的：

> 喔喔喔，白月照黑屋……
> 喔喔喔，只听富人笑，那闻穷人哭……
> 喔喔喔……
> 喔喔喔……

那时表兄和我虽然都已经能背诵全篇《项羽本纪》，但是上国语班时，我们三人还是和其他"六年级"同学，一起大喔而特喔。

在我们这个"毕业班"楼下那一间便是"初小一年级班"。他们的国语课，我也还记得几句：

> 叮当叮，上午八点钟——了！
> 我们上学去。
> 叮当叮，下午三点钟——了！
> 我们放学回。

那时的小学生们念国语还有朗诵的习惯。所以早晨上"晨课"，晚间上"自习"，只听全楼上下几十个孩子们，一边"喔喔喔……"，一边"叮当叮……"，好不热闹！

小学毕业后，表兄和我又考进当地的初中。我记得初一国文班上也有一篇，大概是胡适之先生北大里"成熟的学生"所翻译的，俄国盲诗人"艾罗先珂"所写的《时光老人》。我也记得其中几句像是：

时光老人，滴答、滴答，

滴答、滴答，

无必要，莫奔跑……

表兄和我，又在这国文班上，"滴答、滴答"了一学年。

学龄儿童在十二三岁的时候，实是他们本能上记忆力最强的时期，真是所谓出口成诵。要一个受教育的青年能接受一点中西文学和文化遗产，这个时候实在是他们的黄金时代——尤其对中国古典文学的学习与研读。这时如果能熟读一点古典文学名著，实在是很容易的事——至少一大部分儿童是可以接受的，这也是他们一生将来受用不尽的训练。这个黄金时代一过去，便再也学不好了。

如果我们把一些智力上能够接受这些宝贵文化遗产的学龄儿童们的黄金时代，给"喔喔喔"或"叮当叮"，叮当去了，岂不是太可惜了吗？

胡适之先生他们当年搞"革命"，非过正，不能矫枉，原是可以理解的。加以他们又都是一批高高在上的"决策人"，原不知"民间疾苦"。在他们大旗之下受教育的孩子们将来是"祸"是"福"，不是他们可以想象出来的。本来一个政策——尤其是教育政策——的成效如何，也不是应该可从想象中得出的，它只有在长期实践之中，才能找出真正的答案。

六十年过去了。今后的教育家，千万不可再讲大话、讲空话。办教育的人一定要实事求是，去研究出受教育儿童的真正需要才好。

［2］胡适之先生在这儿还有一条他没有完全"证实"的"假设"，那就是文言文已经"全死"，它绝对不可与白话文在同一本教科书中"并存"。这句话是当时欧美留学生以夷比夏，想当然耳的老说法，因为在欧洲古"希腊文""拉丁文"确已"全死"。那些古文字原是当年希腊、罗马"公民"和"士大夫"所通用的语言。可是后来希腊、罗马不但亡了国，甚至亡了社稷，代之而起的却是千百万

入侵的"蛮夷"（现代西欧白人的老祖宗）。原先那小撮希腊、罗马的"公民"，早已自历史上烟消云散。入侵的蛮夷自有他们的蛮夷鸠舌之音。他们最后偷用一点希腊、拉丁字母就够了（现在越南、菲律宾还不是如此？），可是日子久了，方言进步了，够用了，他们也就不再用希腊、拉丁这些死文字的"外国话"（foreign language）了。

我国的文言文是一种一脉相承，本国本土产生的应用文字。它和语体是有血肉难分的关系，它不是像希腊文、拉丁文那种"全死"的"外国文字"。孔老夫子在两千五百年前发了脾气，骂人"老而不死是为贼！"现在人民骂那些该死不死，祸国殃民的老头子，用的还不是这一句吗？你说它是文言呢？还是白话呢？

一千多年来，全国人民雅俗共赏的唐诗宋词，什么"床前明月光""清明时节雨纷纷""车如流水马如龙"……是死文字呢？还是活文字呢？

写长篇小说，当然以白话文最为适宜。但是那些以浅显文言所写的《三国志演义》《东周列国》和《聊斋志异》也有几十年乃至几百年的畅销的历史。苏曼殊的小说也多半是以浅近的文言写的。那时的中学生几乎是人手一册，绝对是一部"畅销书"（best seller）。以文言而写畅销书，这至少证明文言并未"全死"。

至于叙事文、纪录文、政论文等的写作，则浅近的文言反往往比"纯白话"更为生动有力！笔者幼年即时常听到祖父的"清客"朋友们说要指导我们孩子们写"报纸文"。及长读各大报社论，才逐渐领悟什么叫作"报纸文"。抗战期间最具影响力的《大公报》，我们一日不读就若有所失。如不敏记忆无讹，则抗战八年中的《大公报·社论》，就没有一篇是用"纯白话"写的。能写出那样撼摇四亿同胞心灵的"文体"，你能说它是"死文字"，不能作公共关系的媒介（public medium）？

总之每个国家都有其特有的文化传统和语言文字的特征。他山之石，可以攻错。吸收他人之精华，剔除自己之糟粕，原是义无反顾的；但是我们断然不可，因为洋人怎样，我们一定也要怎样。

洋人语文一致的道理，便是他们的传统上没有产生过像我们那样简捷的文言。为什么因为他们没有，我们也就一定要搞掉我们自己的极有效率的大众传播工具呢？在海外久居的中国知识分子都知道，我们如要举行个英语（或其他欧美语）

讲演，我们可先把讲稿写好，由女秘书打得整整齐齐，然后上台照本宣读，宣读之后的"讲稿"便立刻可付印出版。

中文讲演可就不行了。讲中文实在不能把每个字都在讲稿上写出来。写出来了的讲稿，也不应该不加删减，便全部付印出版。这实在不是因为我们"口语"（spoken language）啰嗦，而是我们的"纪录文"（Language for record;written language）太简洁。舍简洁而就啰嗦，那算得是"进步"或"现代化"吗？

胡先生告诉我："共产党里白话文写得最好的还是毛泽东！"毛泽东"写得最好"的原因便是"我的学生毛泽东"没有完全遵从他"老师"指导的缘故。

[3] 我国早期留学生，一般都犯了些不自觉的时代性的错觉。他们总欢喜在文化上以"英国""法国""意国"等和"中国"相提并论。这一错觉所形成的原因，第一便是这些国家也是些"文明古国"，文化辉煌，此中国进步得多；第二，它们在世界上也都张牙舞爪，俨然"列强"焉，比中国也强盛得多。因而做起比较文化研究来，他们也就和中国平起平坐了。这是个时代错觉！那时他们太"抖"，我们太"鲁"。两两相比，我们还自惭形秽呢！胡适之先生在本篇里所做的中西"方言"比较研究，也就带着了不可避免的、他老人家青年时代的错觉。

胡氏所举的巴黎方言、普罗旺斯方言、托斯卡纳方言、英格兰中土方言（我们还可另外举出十几种）是什么回事呢？我们如翻开地图，用比例尺来量量，便知道这些方言所流传的幅度，最多不过一二百公里。再把它们和中国一些方言来比，那它们之间的区别，直如我国的上海话、苏州话、成都话、重庆话、福州话、厦门话、广州话、台山话一类的区别罢了。它们怎能和我们——正如胡氏所指出的——自哈尔滨向昆明画一直线，绵延四千英里的"官话"（白话），相提并论呢？

还有，在中国方言里，为什么只有"官话"（或"国语""白话"）里出了些伟大的小说？近千年来才子如林的苏州、杭州反而出不了一两部"方言文学呢"？广州、福建、台湾也都是人文荟萃之区，为什么也出不了什么"方言文学"呢？难道我们的苏州佬、广州佬、福州佬、台湾佬……就一定比他们巴黎佬、普罗旺斯佬、托斯卡纳佬更笨，更没有文采？非也！我们方言文学之不能滋长，是因为我们有个全国一致通用的记录文字把他们规范了、约束了。这种记录文字也辅助了我们的"官话"的传播。一传播便是自哈尔滨直达昆明！拿欧洲来比，那就是自莫斯科直下马德里，说的都是大同小异的"官话"。

"五四"时代"新青年"派里的启蒙大师们，和"新潮社"里那批启蒙小师们，那时都是一些闻一以知十的才人。大家都欢喜思而不学地做大假设，下大结论。事实上那时我国的"现代学术"尚未萌芽。他们的"启蒙"之功不可没，但是那时的"现代学术"（着重"现代"二字）还不足以支持那样大的结论。

民族有福，现在差不多可算是国泰民安的时候了。希望青年一辈知识分子能多做点基本功夫，少讲点大话就好了。

[4] 胡适之先生说中国传统的"俗文学"之所以被人鄙视了一千多年，文人学士不愿对它做有意识的提倡也是基本原因之一。这句话也值得商榷。若论对"俗文学"的提倡，十七世纪的金圣叹比二十世纪的胡适之可能就有过之无不及。但是金、胡二公的下场何以如此不同？就颇值得吾人深思了。他二人如易时而处，试问胡适之又能玩出什么花样来？这就是笔者一再认为，中国文学史不能与中国社会发展史分开来读的基本原因。

[5] 我国自鸦片战后，国人为救亡图存，富国强兵，乃至复兴中华，再度领袖天下所发动的大大小小的运动，也不下数十个了。就大体说来，这些运动的远大目标都是大同小异的。但是为达到这目标的方法和手段则大有出入，甚或相互水火。然吾人细思他们不同之间的症结所在，实不外乎"中""西"二字。大家都主张去自己之糟粕，采西方之精神。如此两相配合，便是中国"新文化"的远景了。

殊不知近百年来，西方百货店橱窗内的精华太多了，我们在何择何从之间，早已自己打得头破血流。

至于我们自己这个汉家老店里的货色，究竟哪些是糟粕，哪些是传家之宝，这个标准也难以确定。

一般说来，似乎保守派问题比较大，他们对新货的选择，缩手缩脚，不敢大量采购；对自己老店里的东西，样样都是祖宗所遗传，陈筐篓、破瓦罐，总是舍不得丢。结果老店依然，换了些西式门面，而内容如旧——店内送往迎来的，还只是一批戴瓜皮小帽的老掌柜。

激进派的工作似乎比较容易做。他在西洋百货店中，目不斜视，单刀直入，只买他认为是最好的。其实这一选择往往为广告所骗，搬回家全不适用；一切又得全行拆过改装，结果徒劳无功。他们对自己老店里的东西，原意也是采精取华，大量清除糟粕。但是精华糟粕的界限如何，他们并没有受过鉴赏家的训练。

记得那该是三十年前的事，一次蒋廷黻先生皱着眉头在谈论"组党"。我坐在一旁插了一句不知轻重的嘴，"Will can move mountains"（意志可以移山）。蒋氏瞥了我一眼，微笑一下说，"But will cannot move tradition"（意志不能动摇传统）。

"传统"——尤其是中世纪农业社会所遗留下来的不合时宜的传统，对我们现代化的阻力太大了。早期的孙中山先生也曾慨叹"破坏难于建设"！

还有，纵使我们把所有妨碍现代化的反动传统都"破坏"了，但是怎样才能把中西之长熔于一炉？也还是个大问题。就以盖房子而论吧。盖了座五十层西式大洋楼，再加上个黄金色的宫殿式大屋顶，就算是保存了"民族形式"，兼采"中西之长"了吗？最近的华裔建筑大师贝聿铭就慨乎言之。那只是个穿西服，戴瓜皮帽的不伦不类的"唐人街建筑"，哪能算是兼采东西之长？

中华民族如果想复振汉唐之盛，在二十一世纪文明里领袖群伦，它一定要真能把中西文明的精华，融会贯通起来，来铸造个崭新的中国文明。否则我们便是夜郎自大，坐井观天。

胡适之先生六十年前便说过，我们要用批判的精神，检讨输入的学理，重新估定固有文明的价值，适应时代的潮流，来铸造个新文明——一个真正融会中西之长的新文明！

闻声鼙而思将帅，在"五四"六十周年的今日，把胡老师当年对我们的教导改进提升到八十年代上来研究研究，还是有其极新鲜的意味。

原载《传记文学》第三十四卷　第三期

▼

第九章

五四运动

一 陈独秀入狱的经过

从我们所说的"中国文艺复兴"这个文化运动的观点来看，那项由北京学生所发动而为全国人民一致支持的，在一九一九年所发生的五四运动，实是这整个文化运动中的，一项历史性的政治干扰。它把一个文化运动转变成一个政治运动〔1〕。

五四运动完成了两项伟大的政治收获：第一便是在全国舆论谴责之下，北京政府把三位知名的亲日高级官员撤职。第二便是由于全国学生的强烈抗议和中国在巴黎留学生的强烈反对，中国参加巴黎和会的代表团不敢在《巴黎和约》上签字；因此使所谓"山东问题"能够在〔一九二一年召开的〕"华盛顿会议"得以重开谈判而获得解决〔2〕。

这项学生自发的爱国运动的成功，中国的政党因此颇受启发。他们觉察到观念可以变成武器，学生群众可以形成一种政治力量。我在《独立评论》上所写的纪念"五四"的一篇文章里（见该刊一九三五年五月五日出版的第一四九期，《传记文学》十四卷五期于"五四"五十周年特辑，曾转载此文），便举孙中山先生为例。孙公写信向海外华侨捐款来创办报刊〔便强调对青年们宣传的重要〕。在那封信上中山先生便提到北京学生由于新文化运动的启发，竟能化新观念为力量，便赤手空拳地使反动的北京政府对他们让步〔3〕。

一九一九年以后，国共两党的领袖们，乃至梁启超所领导的原自进步党所分裂出来的研究系，都认识到吸收青年学生为新政治力量的可能性而寄以希望。"五四"以后事实上所有中国政党所发行的报刊——尤其是国民党和研究系在上海和北京等地所发行的机关报——都增加了白话文学的副刊。〔国民党的机关报〕《民国日报》的文学副刊便取名"觉悟"。梁启超派所办的两大报：《北京晨报》和《国民公报》里很多专栏，也都延揽各大学的师生去投稿。当时所有的政党都想争取青年知识分子的支持，其结果便弄得〔知识界里〕人人对政治都发生了兴趣。因此使我一直做超政治构想的文化运动和文学改良运动〔的影响〕也就被大大地削减了。

一九一九年六月十二日，陈独秀〔终因政治活动〕被捕入狱。陈氏是在发散他那自撰并出资自印的反政府传单之时被捕的。此事发生在北京城南一个叫作"新世界"的娱乐场所。那时陈独秀、高一涵和我三位安徽同乡正在该处吃茶聊天。陈氏从他的衣袋中取出一些传单来向其他桌子上发散。传单中向政府要求项目之一便是撤换〔卫戍北京并大举逮捕学生数百人，素有"屠夫"之称的〕步兵统领王怀庆。王氏曾在六月初句拘捕了在北京街头宣传反日和抵制日货的学生〔4〕。

我们三人原在一起吃茶，未几一涵和我便先回来了（那时高君和我住在一起）。独秀一人留下，他仍在继续散发他的传单。不久警察便来了，把独秀拘捕起来送入警察总署的监牢。

我直到夜半才有人打电话告知此事。独秀被捕之后，始终未经公开审讯，但是一关便关了八十三天。所幸他的一大群安徽同乡和老朋友们，终于把他于八月间保释出狱〔5〕。

独秀入狱之后，他所主编的《每周评论》，我只好暂时代为编辑，编到被查封为止。这时陈独秀已不做北大的"文科学长"了。校方给假一年，好让他于下学年开一堂宋史新课。

独秀出狱之后，仍在北京居住。不幸于一九一九年底和一九二〇年初，他又出了事。

那时华中地区〔的几所大学〕聘请我去做几次学术讲演，但是我无法分身，因为杜威教授那时也在北京讲演，我正是杜威的翻译，所以我转荐独秀前往。对方表示欢迎，所以陈君乃于一九二〇年一月代我去武汉一行。

讲演完毕，陈氏乃和武汉地区的几位大学校长（尤其武昌城内的几所私立大学）同车返京。这几位校长——特别是一所教会主办的"文华大学"和一所国人私立的"中华大学"的当局们都受了北大所发动的新文化运动的影响，而想到北京来物色几位教授〔新文化的〕师资。

独秀返京之后正预备写几封请柬，约我和其他几位朋友晤面一叙。谁知正当他在写请帖的时候，忽然外面有人敲门，原来是位警察。

"陈独秀先生在家吗？"警察问他。

"在家，在家。我就是陈独秀。"

独秀的回答倒使那位警察大吃一惊。他说现在一些反动的报纸曾报导陈独秀昨天还在武汉宣传"无政府主义"，所以警察局派他来看看陈独秀先生是否还在家中。

独秀说："我是在家中呀！"但是那位警察说："陈先生，您是刚被保释出狱的。根据法律规定，您如离开北京，您至少要向警察关照一声才是！"

"我知道！我知道！"独秀说。

"您能不能给我一张名片呢？"

独秀当然唯命是听，那位警察便拿着名片走了。独秀知道大事不好，那位警察一定又会回来找麻烦的。所以他的请帖也就不写了，便偷偷地跑到我的家里来。警察局当然知道陈君和我的关系，所以他在我的家里是躲不住的。因而他又跑到李大钊家里去。

警察不知他逃往何处，只好一连两三天在他门口巡逻，等他回来。〔陈独秀知道家是回不成了，〕他乃和李大钊一起离开了北京，从此便一去不复返了。

他二人离开北京之后，〔为避免追捕人的跟踪，〕乃故意向北方逃去，躲在离滦州不远的李大钊的老家乐亭县。住了几天之后〔风声渐息〕，他二人乃乘车南下去上海。自此以后陈独秀便与我们北大同人分道扬镳了。他在上海失业，我们乃请他专任《新青年》杂志的编辑。这个"编辑"的职务，便是他唯一的职业了〔6〕。在上海陈氏又碰到了一批搞政治的朋友——那一批后来中国共产党的发起人。因而自第七期以后，那个以鼓吹"文艺复兴"和"文学革命"〔为宗旨的〕《新青年》杂志，就逐渐变成个中国共产党的机关报；我们在北大之内反而没有个杂志可以发表发表文章了。

这件事是发生在一九二〇年。就在这一年中国共产党就正式诞生了〔7〕。一九二三年中国国民党就开始改组，一九二四年两党就开始合作了。

我告你这件事，就是说从新文化运动的观点来看——我们那时可能是由于一番愚忧想把这一运动，维持成一个纯粹的文化运动和文学改良运动——但是它终于"不幸地"被政治所阻挠而中断了！

二 "科学"和"民主"的定义

上段曾经提过，陈独秀先生为《新青年》所写的《〈新青年〉罪案之答辩书》那篇文章的时候，他说《新青年》犯了两大"罪案"。第一是拥护"赛先生"（science，科学），第二是拥护"德先生"（democracy，民主）。可是那时的陈独秀对"科学"和"民主"的定义却不甚了了。所以一般人对这两个名词便也很容易加以曲解。更不幸的是当陈氏在后来遇见了苏联共产党〔的秘密代表〕之时，这些名词就真的被"曲解"了。他们告诉陈君说，他们的"科学社会主义"才是真正的"科学"，才是真正的"民主"。老的民主根本不成其为民主。因为那只是"布尔乔亚"（中产阶级）的民主。只有"布尔什维克党人"（Bolsheviks）所推行的所想望的新的民主，才是人民大众和"普罗阶级"（proletariat，无产阶级）的民主。因此"科学"和"民主"，在这里又有了新的意义了。

但是在我看来，"民主"是一种生活方式，是一种习惯性的行为。"科学"则是一种思想和知识的法则。科学和民主两者都牵涉到一种心理状态和一种行为的习惯，一种生活方式〔8〕。在这一章里，因而我想从中国文化史的范畴之内，试就科学的精神和法则略抒拙见。

在我那篇长文《清代学者的治学方法》（原名《清代学者治学的科学方法》）〔见《胡适文存》第一集卷二〕里面，我便指出在传统的"考据学""校勘学""音韵学"里面，都有科学的法则存乎其间；他们之间所用的治学法则，都有其相通之处。"考据"或"考证"的意义便是"有证据的探讨"。我说有证据的探讨一直就是中国传统的治学方法，这也是一切历史科学〔所共用〕的治学方法，例如研究历史学、考古学、地质学、古生物学、天文物理学等等，〔所用的方法〕都是一样的。（历史科学historical sciences 和实验科学 experimental sciences 的不同之点，只是历史科学里的"证据"无法复制。历史科学家只有去寻找证据，他们不能〔用实验方法〕来创制或重造证据。在实验科学里科学家们可以〔用实验方法〕来制因以求果。这种程序便叫作实验。简单地说来，实验就是制造适当的"因"，去追求想象中的"果"。二者之间的基本法则是相通的——那就是去做有证据的探讨。）

用上述这种说法，〔那些未受过现代训练的传统〕中国学者们，就知道我所说的〔科学的治学方法〕是什么回事了。同时我对中国传统小说的考证，也提供我最好机会来阐明和传播由证据出发的思想方法。

从一九二〇年到一九三三年，在短短的十四年之间，我以"序言""导论"等不同的方式，为十二部传统小说大致写了三十万字〔的考证文章〕。那时我就充分地利用这些最流行、最易解的材料，来传播我的从证据出发的治学方法。

中国的传统小说一共有两种体裁：第一种是由历史逐渐演变出来的小说，例如《三国演义》《西游记》《封神榜》《水浒传》等等。这些小说都经过了几百年的流传〔最后才写出有现在形式的定稿〕。它们最初多为一些流行故事，由说书的或讲古的人〔加以口述〕。正如西方小说之中那些了不起的《荷马史诗》（*The Homeric Epics*）和《亚特尔神王传奇》（*The King Arthur Tales*）等等，在英语小说中的传统一样，那都是经过几百年的演变的。对这些小说，我们必须用历史演进法去搜集它们早期的各种版本，来找出它们如何由一些朴素的原始故事逐渐演变成为后来的文学名著。

第二种小说是创造的小说，例如《红楼梦》。对于这一种小说我们就必须尽量搜寻原作者的身世和传记资料，以及作品本身版本的演变及其他方面有关的资料。

在我所有有关这两种小说的研究中，我用的是同一种的考据方法。我发现这种方法是有其效果的。

三 "问题"与"主义"之争

在上节我已提到〔在陈独秀被捕之后〕，我替独秀代编他的《每周评论》。这个周刊是独秀和他的一批政治朋友们于一九一八年年底所创刊的。那时我因奔母丧〔回籍〕，不在北京。

就在我离京期间，陈独秀和其他几位北大教授创办了这项单张小报，来发表他们的政见。在某种意识上说，这张小报的发行原是尊重我只谈文化，不谈政治的主张。我曾向我的同事们建议，我们这个文化运动既然被称为"文艺复兴运动"，它就应撇开政治，有意识地为新中国打下一个非政治的〔文化〕基础。我们应致力于〔研究和解决〕我们所认为最基本的有关中国知识、文化和教育方面的问题。我并且特地指出我们要"二十年不谈政治，二十年不干政治"。

我的政治兴趣甚浓的朋友们如陈独秀等人，对我这番建议并不太热心。因此他们才创办这个新周刊《每周评论》，来发表政见、批评时事和策动政治改革。这样一来，《新青年》杂志便可以继续避免做政治性的评论，同时他们也可利用一个周刊来得到谈政治的满足。

当我在〔一九一八〕年底或翌年年初返抵北京时，我对他们这桩新猷也未置可否。他们要我写稿，我只是替他们翻译了几篇短篇小说。在我代编期中——从〔一九一九〕六月中旬一直到八月底——我既然无法避免谈政治，我就决定谈点较基本的问题。我的这项新尝试自七月开始，并写了一篇《多研究些问题，少谈些"主义"》。我的意思是想针对那种有被盲目接受危险的教条主义，如无政府主义、社会主义和布尔什维克主义等等，来稍加批评。在那项应该标题为"实际问题和抽象主义"的专栏之内，接连也发表了一些〔别人参加〕讨论的文章。其中之一便是我的北大同事李大钊教授。他也就是后来陈独秀创立中国共产党的早期同伴。在一九二七年〔四月六日〕北京当局搜查苏联大使馆时，大钊不幸为军阀张作霖所捕杀。

在那篇文章里我指出：第一，空谈好听的"主义"，是极容易的事。第二，着重外来进口的"主义"对〔解决〕中国〔实际〕问题，是没有用处的。我并说明一切主义都是某时某地的有心人，对于那时那地的实际问题所提出的实际的解决方案。我说如果我们不去实地研究我们自己现有的社会、政治和文化的需要，单会空谈一些外来进口的抽象主义，是毫无用处的。第三，偏向纸上的"主义"是很危险的。这种口头禅很容易被无耻的政客利用来做种种自私害人的事。

因而我更进一步指出，不顾实际问题而囫囵吞枣地把整套有偏见的外国主义搬来中国，实在是一种智慧上的懒惰。我强调，所有的思想都是从实际的困惑情况之下出发的——不管那是社会的、个体的、制度的或政治上的。这便是我对这一问题所做的实验主义的处理。

再者，既然一切思想都是从一个问号开始的，则思想上的第二步便是提出假设——提出个能解决这些疑难问题的办法。让我们的智慧能力、教育背景和〔生活〕经验，做我们的智力的源泉，来提出并试验每一个假设可能获得的结果，以至找出解决这原始困惑的适当解决的方案。最后拣定一种假定的解决，作为解决的办法，并从而证明之。

我指出这种社会思想的程序〔演进的情形〕，并不是劝人不研究一切学说和一切"主义"。学理是我们研究问题的一种工具。它可以帮助我们提出假设，使我们理解出特殊假设的可能后果。有了许多学理做材料，见了具体的问题，方才能寻出一个解决的办法。我说："我希望中国的舆论家，把一切'主义'都放在脑后，做参考资料；不要挂在嘴上做招牌，不要叫一知半解的人拾了这些半生不熟的主义去做口头祥。"

最后我说："'主义'的最大危险就是能使人心满意足，自以为寻着包医百病的'根本解决'，从此用不着费心力去研究这个那个具体问题的解决了。"

上述这篇文章原是这项讨论中的第一篇。它引起了两项有系统的讨论。其中之一便是梁启超先生的一位朋友，时任《国民公报》编辑的蓝志先（公武）君。他在他的报纸上写了一栏长篇连载，专论这一问题。

我那第一篇文章另外也引起好多方面的反对与敌视，尤其是那些要利用一些主义为口号而从事政治活动的人。

蓝君在批评我的文章中指出学理或主义是最重要的，因为学理或主义是代表一种智慧化的程序。这种理性化〔或智慧化程序〕，在他看来实是对实际问题做有实效分析的先决条件。他说主义代表一种抽象观念，而在解决实际问题之前，先〔谈谈或共同信奉着〕一个抽象观念，实在是必要的。他又指出，主义是多数人共同行动的标准，或是对于某种问题的进行趋向或是态度。他说主义必须涵盖一种未来的理想。他并特地阐明："在一个文化不进步的社会，〔一切事物，都成了固定性的习惯，〕则新问题的发生，须待主义的鼓吹成功，才能引人注意。"所以蓝君对涉及实际问题之前，先谈点"主义"，实付予最大的同情，所以他说"问题"的本身，便是"主义"制造出来的。蓝君这个想法，当然也是有相当真理的。

在第二组内反对我的人则是我的北大同事李大钊教授，他是"布尔什维克主义"（Bolshevism）在中国的早期拥护者之一。李先生在看我那七月二十日的原文之后，便写了一篇反驳我的文章。我替他在《每周评论》上发表了，因为李君原是该刊创办人之一。在他批评我的主张时，他便坦白地说他是信仰"布尔什维克主义"的。他认为俄国革命的成功，已经提供了对"一切问题的激进的解决办法"〔9〕。

他说，就以俄国而论，罗曼诺夫家族（The Romanov Family）没有颠覆，经济组织没有改造之前，一切问题丝毫不能解决。"今则全部解决了。"所以李大钊对我的批评是从一个布尔什维克主义的新信徒的观点出发的。他坦白地说，要解决任何社会问题，必须要有一个绝大多数人民所支持的一个伟大的运动。（当李氏提到一个"问题"时，他总是说〔要找〕"一个社会的解决"。）

事实李君这番话并不是对我的回答，因为他所考虑的一些问题，根本不是我所考虑的问题，我考虑的是"主义"〔这个问题〕。他所说的一个社会的解决必须倚赖该特殊社会里的大多数人民所支持的群众运动。所以他是从一个革命家、一个社会革命的信徒的立场出发的。他说："我们的社会运动，一方面固然要研究实际的问题，一方面也要宣传理想的主义。"〔见《附录李大钊先生再论问题与主义》，载《胡适文存》第一集，卷二，一九七一年，台北远东图书公司发行第三版，页三五七。〕他并举出英国的"欧文主义"（Robert Owen）、法国的"傅主叶主义"（Charles Fourier），以及当时美国所组织的新村落，和那时日本〔武者小路氏等在那日向地方〕所组织的"新村"为例来说明这些〔社会〕运动。他对我所考虑的怕人有盲目相信"根本解决"这一问题倒不以为意。但坦率地说，"要想使一个社会问题成了社会上多数的共同的问题，应该使这社会上可以共同解决这个那个社会问题的多数人，先有一个共同趋向的理想主义，作他们实验自己生活上满意不满意的尺度（即是一种工具）"。

上面所引的两篇文章，大致上便是批评我那基本提议〔"多谈些问题，少谈些主义"〕的一般趋势。我写了一篇对蓝、李两君的答辩。我这第二篇文章的题目叫"三论问题与主义"。（我把他二人的文章算是"二论"问题与主义。）在这篇《三论》里，我说我的结论仍然是：多研究问题，少谈些主义。所有的主义和学理都是应该研究的，但是我们应当把它们当成一种假设的观念来研究，而不应该把它们当成绝对的真理，或终极的教条。所有的主义和学理都应被当成参考或比较研究的资料，而不应该把它们当成宗教信条一样来奉行来顶礼膜拜。我们应该利用它们来做帮助我们思想的工具，而绝对不能把它们当成绝对真理来终止我们的思考和强化我们的智慧。只有这样，我们才能培植我们自己有创造性的智慧，和训练我们对解决当前团体和社会里实际问题的能力。也只有这样，人类才能从含有迷信的抽象名词或学理中解放出来。

正当我这篇文章于一九一九年八月三十日在排版付印的时候，警察突然光临。他们封了杂志，一切财物也被充公了。所以《每周评论》的第三十七期也就始终没有和读者见面了。

这一期的《每周评论》是正在印刷之中被封掉的。所以我的有关抽象主义与实际问题对立的讨论，也就无疾而终。可是当我后来编纂我的《文存》第一辑的时候，我把这篇未发表的文章也编了进去。

　　陈独秀在和北京警察搞了一段不幸的关系之后，便离开北京，一去不返了。其后只有一两次他乔装路过北京，〔但迄未停留，〕数年之后他在有一次秘密路过北京时，曾来看我。但是无论怎样，自一九二〇年一月以后，陈独秀是离开我们北京大学这个社团了。他离开了我们《新青年》团体里的一些老朋友，在上海他又交上了那批有志于搞政治而倾向于马列主义的新朋友。时日推移，陈独秀和我们北大里的老伙伴，愈离愈远。我们也就逐渐地失去我们的学报。因为《新青年》杂志，这个〔传播〕"中国文艺复兴"的期刊，〔在陈氏一人主编之下〕在上海也就逐渐变成一个〔鼓吹〕工人运动的刊物，后来就专门变成宣传共产主义的杂志了。最后终于被上海法租界当局所查封。

注释

[1] 距今天整整十年了——那是"五四运动的五十周年",一九六九年。……同一时期那"日出处"的美洲大陆上的老知识分子,日子也不大好过。今日红极一时的卡特总统的"国家安全顾问"布里辛斯基(Zbigniew Brzezinski),那时在哥大就四处躲藏,不见天日,险遭"猪栏"之灾。笔者就亲眼看见那四处追捕他的长发学生,口喊"猪猡",并真的抬了一条活猪,直闯布氏办公房,破门而入。孰知这位"八戒仁兄"佛性不纯,又捆绑未牢,它一时猪性大发,挣脱了担架,在教授大楼之内,咆哮起来,横冲直撞,一时猪嘶人喊,粪便淋漓,好不乐煞人也。这时布里辛斯基虽然早已逃之夭夭,但是他的办公房内"猪栏"之气,却数日不减。

美国这次如火如荼的学生运动,比中国的五四运动整整迟了半个世纪。就在这个美国学潮汹涌之际,一位执教哈佛大学的有心人史华慈(Benjamin I. Schwartz)教授居然找了一笔基金,并网罗了一批青年学者,忙里偷闲地开了个"五四运动五十周年纪念讨论会"。会后并出版了一本《五四运动回光反照》的纪念论文集(Benjamin I. Schwartz, ed., *Reflections on the May Fourth Movement:a symposium*. Harvard East Asian Monographs 44.Cambridge, East Asian Research Center, Harvard University. Harvard University Press, 1972. 132. pp.)。该书出版之后,"美国政治学会"所出版的《美国政治科学评论学报》的书评栏编辑,曾不耻下问地函约笔者为该书写过一篇书评。

十年已逝,今天已是五四运动的六十周年纪念了。笔者把数年前的旧作翻出来看看,太平洋两岸的局势虽已今非昔比,然笔者自觉我对"五四"历史的发展的看法,尚无太大变动,因不揣浅薄,将旧作移译一段,以就正于高明:

〔差不多〕六十年后仍然虎虎有生气的五四运动,一直便是该运动本身的领导分子,以及后辈史家辩论的对象。赞成这一运动的人(如毛泽东),便认为它是中国(社会主义)革命的真正开始;反对它的人(如胡适),则认为它政治气息太重,把这个时期方兴未艾的一个更有意义的"新文化运动"弄糟了。

不管他们双方对"五四"的估价是如何的不同，但是却没有人对这一运动的基本性质有过疑问；它的基本性质便是如周策纵〔在其《五四运动史》上〕所阐明的"寻找新思想"，来代替旧思想。史华慈教授和他的讨论会的伙伴们指出，"纵是五四时期有名的'守旧派'，也不是完全生活在传统中国里的人；或是预备以传统来做他们防御武器的"。换言之，〔纵是最"守旧"的反对派，对旧传统也不是无条件地去"守"了，〕那时的任何中国知识分子，都主张提倡〔或多或少的〕新思想，来代替被所谓"儒家"所滥用了的旧思想。〔史氏〕这一看法是正确的。

史教授认为"五四运动不是一脉平原之上的异峰突起。相反的，它是一系列复杂的岗峦之后的一个较高的山峰而已"。这一认识也是没错的。不幸的是，史君和他的伙伴们所研究的也就到此为止。他们对这个〔岗峦之后一山峰〕的论断，并未能做进一步的探讨。他们肯定在高峰之前起伏的，这些"复杂的岗峦"的重要性，但是却无人把这些历史上的"岗峦"和这个"高峰"联系起来，对它们之间的历史关系，做出交代。

从历史的层次来看，五四运动（让我借用一句费正清的口号）只是"中国对西方的反应"（China's response to the West）的一个最后阶段。其实这种所谓"反应"（response）也只限于上层阶级中少数尖端知识分子而已。清末办"夷务"的专家们，和随之而起的以张之洞为发言人的继承者，实开其端。只是在提倡〔坚船利炮和路矿新政等〕技术改革（technological reform）失败之后，康有为和孙中山才想到要做全国性的通盘政治大改制。康氏主张以和平方法来改良，孙氏则主张采用武力。〔二人方法虽异，其主张政治改制之目标则一。〕

可是政治改制工作虽然终于在孙氏精神领导之下于一九一二年完成了，但是理想中的目标却终未达到。民国初年那江河日下更形糜烂的情况，终使新一代的中国知识分子，再接再厉地从事更进一步的改革。他们这时已完全相信中国问题得不到解决的根源之所在。这个根源不在别处，正是发自那有三千年历史的儒教——那个"旧思想"。至于"旧思想"究竟坏在何处，他们却一知半解，找不出更科学的解答。解答不出，这批"五四"时代的知识分子——包括最温和的胡适博士在内——就感情用事了。这种近年来〔自一九六六以后的一段岁月〕，大陆上勃然再起的感情用事的行为和作风，对那些有以天下为己任的传统读书人的老遗传，而又受有时代教育的新知识分子，真是一拍即合了……〔这就是五四运动发生在近代中国文化史上的历史过程。〕（英文原作见 *The American Political Science Review*.Vol.LXIX，Dec.，1975，No.4.pp. 1504—1505）

以上这个短篇虽是在胡适之先生逝世之后十多年才执笔的，但是其中一管之见则是笔者在五十年代便和适之先生直言无隐地讨论过的。我反对胡先生把五四运动当成对"新文化运动"的"政治干扰"这一种看法。相反的，我认为一个新文化运动的后果，必然是一个新的政治运动，而所谓"新文化运动"，则是近百年来中国整个的"现代化运动"中的一个"阶段"（state）。为此笔者曾于五十年代的末期写过一篇长文叫作"论中国现代化运动的阶段性"。

就管见所及，近百年来由西洋文明"挑战"（challenge）而引起的"中国现代化运动"的发展，是一个阶段，一个阶段，向前推进的，直到它能够向整个西方文明作"反挑战"（counter-challenge），而达到领导"超西方"（post-Westen era）阶段的世界文明为止。

说穿了，这些一波未平，一波又起，层次分明的诸阶段之递嬗，也就是中国现代化运动中的"过关运动"。关云长如果不能"过五关、斩六将"，何能离开"曹营"？！

可是这"现代化运动诸阶段"，是"后浪推前浪"式循序前进的。领导这一潮流的思想家、政治家和政论家，乃至一般知识分子，都应看清时代。"落伍"固然不好，"躐等"同样是错！就拿我国抗战之后那几年来说吧，那种大兵之后，疮痍满目、饿殍载道、处处贪污、遍地文盲的情况，我们哪里配谈什么"民主宪政"。用一句政治学上的抽象名词，那时我们民族所真正需要的便是个有效率的"福利专政"（benevolent despotism）。如果置政治解纽、天下饥馑于不顾，而去应付一些哗啦哗啦的老头子，和一些无知的洋人，去搞什么不急之需的"民主宪政"，便是在"现代化运动"上"躐等"了。

反过来也是一样的。如果一个国家，衣食足、礼义兴、经济起飞、教育普及，那么"福利专政"就搞不得了。代之而起的必然便是个推动"民主法制"的运动。这是"中国现代化运动"中的一个跑不掉的"阶段"，而这一阶段现在已经显出其咄咄逼人之势了。

胡适之先生是老一辈的"文化学者"（culturist），而不是一位"社会科学家"（social scientist）。他把"新文化运动"和"五四运动"当成两回事，便是纯粹从一个"文化学者的观点"（culturist approach）出发的。

【2】笔者在六十年代初期襄赞顾维钧先生记录其"口述历史"时，顾公把他在"巴黎和会"和"华盛顿会议"时期那段故事，说得妙趣横生。听之真如身临其境。等到十年后顾氏的万页回忆录在哥大脱稿时，我好奇地再去翻翻那一段的清稿，便觉得它只是一篇枯燥的公文档案了。

西人有言："历史比小说更有趣。"笔者真笃信此言。可惜的是历史都是"后世"的人所写的，他们能把历史上的事实，正确地记录下来，已属不易。至于历史事件发展过程中的真实详况，"后世之人"不但无法去"绘影绘声"，有时还因为史料失真，或考据不周，而发生无意的"曲笔"。"口述历史"的好处，便是让历史上的英雄们自己现身说法，去说个痛快淋漓，信不信由你。大多数的历史上的英雄好汉，都是能说会讲的。这也就是孔子所说的"有德者，必有辞"吧。所谓"有德"，或许应该作"大有一套"解，才会更正确。

【3】孙中山先生于民国九年（一九二〇）一月二十九日所写的《为创设英文杂志印刷机关致海外同志书》中，提到"新文化运动"有如下一段：

> 自北京大学学生发生五四运动以来，一般爱国青年无不以革新思想，为将来革新事业之预备。于是蓬蓬勃勃发抒言论。国内各界舆论，一致同倡；各种新出版物为热心青年所举办者，纷纷应时而出，扬葩吐艳，各极其致，社会遂蒙绝大之影响，虽以顽劣之伪政府，犹且不敢撄其锋。此种新文化运动，在我国今日，诚思想界空前之大变动。推原其始，不过由于出版界之一二觉悟者从事提倡，遂致舆论放大异彩，学潮弥漫全国，人皆激发天良，誓死为爱国之运动。倘能继长增高，其将来收效之伟大与久远者，可无疑也。吾党

欲收革命之成功，必有赖于思想之变化。兵法攻心，语曰革新，皆此之故。故此种新文化运动，实为最有价值之事。……

读这一段中山遗著，我们觉得孙中山先生真是"圣之时者也"。子曰："管仲之器小哉。"后辈继起政要比起中山先生来，真是"小哉！小哉！"啊！

〔4〕原来卫戍北京的"步兵统领"是李长泰。李氏多少有点同情学生的倾向，对逮捕学生不太认真，北京政府才改派王怀庆接替。王氏一上任便把陈独秀抓起来了。

〔5〕陈独秀的被捕据说并不完全是政治的原因，因为那时他还不是个共产党，其中可能还有私怨。北京政府当时为"安福系"所操纵，而该系中的骨干分子泰半都是独秀的同乡和熟人。陈氏为人倨傲，而又私德不修。官高势大的同乡们，早就嫌着他，一有借口便把他捉将官里去。当然也有人说陈独秀那时已与"联共"的地下人员有接触。不过安福系其时并无特务组织，陈氏纵与俄人有接触（此事连胡适也不知道），官方也不易发现。加以当时坐安福系二号交椅的王揖唐也在大谈其"社会主义"，他们不可能因"思想问题"，便把一位北大教授一关就关了三个月。

陈独秀后来出狱，正如适之先生所说的，是由于他的"安徽同乡"的帮忙。据笔者家中长辈传言，我的祖父便是为陈氏暗中奔走最出力的朋友之一。因为那时自段祺瑞以下的"皖系"巨擘与我家长辈都有点私交。王揖唐在"中学"之前，便在我家做了四年"塾师"，据说是一位日夜苦读的"寒士"。

王揖唐原名王志洋，中了进士之后，慈禧太后阅卷见了"志洋"二字颇不舒服，乃"赐名"王赓。笔者前年访马德里，曾与王氏的幼子德寅大谈其乃翁轶事甚详，并颇为这位当年苦读寒士才子可惜。做汉奸是一步一步地陷进去的，终至不能自拔。古人说"不谨细行，终累大德"，真是至理名言。

陈独秀当年如不被这些"安徽同乡"帮忙，"放了出来"，一部中国近代政治史，是否另有新章，也就很难说了。

〔6〕中国共产党早期在上海的活动是受"第三国际"的经济支持的。据说莫

斯科的汇款是通过一家美国银行，自纽约寄往上海。至于陈独秀何时与"第三国际"取得直接联系，胡适之先生完全不知道，对当代历史家也还是一件疑案。

〔7〕中国共产党是一九二一年诞生的，因为那一年他们举行了"第一次全国代表大会"。

〔8〕胡先生在这章里对"科学""民主"两个名词的诠释，是不折不扣的杜威之言。杜威说："民主是一种生活方式。"但是哪种"生活方式"才叫"民主"呢？笔者当年向胡老师请益之余，曾写了一篇小文《实验主义新诠》。我认为他师徒二人所倡导的"生活方式"，可概括为"美国主义"〔Americanism〕；虽然他二人都未用过这一名词。换言之，"美国主义"便是"美国生活方式"（The American way of life）的概念化（conceptualization）。杜威便是这一"概念化"过程中的思想家。

〔9〕笔者在《胡适杂忆》之文中便提到那些"问题与主义"之争，是"以小常识，谈大问题"。其实那时他们对"大问题"并不敢接触，例如"中国何以不能工业化？而日本反可一索即得"。再如"民初的议会政治，何以全盘失败？"这些有关国族兴衰的"大问题"，如果没有精湛的（输入的）学理，和有充分资料的研究作背景，而专凭常识抬杠，是不可能有深度的。

胡适之先生他们那时动不动就说什么"抽象"的"主义"和"实际"的"问题"。其实如果把"主义"的内容提出来换个名字，则"主义"也未尝不可"实际"一下。如果我们改口说"自由经济主义"和"计划经济主义"，则这两个"主义"便"实际"得不得了。何择何从？其中牵涉的各项学理、规律和实际试验，都不是外行人可以信口胡吹的。

〔10〕"胡适"在大陆，最近据传也获得部分的"平反"。他被评成政治反动而学术有贡献。他留在上海未曾带出的一部分有关《水经注》的手稿也在解禁付印之中。

原载《传记文学》第三十四卷　第五期

▼

第十章

从整理国故到研究和尚

一 《国学季刊》发行宗旨

在前章里我曾说过，中国文艺复兴运动有四重目的：

一、研究问题，特殊的问题和今日切迫的问题；

二、输入学理，从海外输入那些适合我们作参考和比较研究用的学理；

三、整理国故〔把三千年来支离破碎的古学，用科学方法做一番有系统的整理〕；

四、再造文明，这是上三项综合起来的最后目的。

今天我想把有系统的"整理国故"这一条来说一说。

远在一九二三年，北京大学曾出版一种《国学季刊》。这《季刊》〔原来应该是一年分四期出版的，〕可是后来时常脱期，就变成一种不定期的刊物了。但是当其全盛时期，它对中国的知识界是有极大的影响的。

这本刊物是研究国学的，但是它却以新姿态出现。编排方式是自左向右的"横排"，文章也全部使用新式标点符号。就凭这一点，〔在学术界〕已经是个小小的革命了。这座〔中国首屈一指的〕国立大学出版的讨论国学的刊物，竟然用"蛮夷的"形式出现，当时真是使许多人震惊。

我是该刊的编辑之一，并被指定在〔第一期里〕写第一篇文章——《国学季刊发刊宣言》。这篇《宣言》是把我们研究汉学或国故的原则和方法做一番简要的和广泛的说明。下面便是这篇《宣言》的要点：

我说我们用不着慨叹什么国学传统要沦亡，或国学界老辈的日益凋谢。这些都是历史上逃避不了的事。相反的，〔我们如果再观察眼前国内和国外的学者研究中国学术的状况，我们不但不悲观，并且还抱着无穷的乐观。我们深信〕国学的将来，定能胜于国学的过去；过去的成绩虽未可厚非，但是将来的成绩一定还要更好数倍。

接着我便把过去三百年——那汉学复兴为最佳代表的国学研究时期——的成绩，做个总结。他们的成绩可以分为三方面：

第一是"整理古书"；

第二是训诂，也就是用一种合乎科学的归纳法，来找出古词、古字的原始意义；

第三是逐渐发展出来的一种中国的"高级批判学"（Higher Criticism），换言之便是版本校勘学，以确定古籍的真伪。

综合上述三方面——版本学、训诂学、校勘学——那便是近三百年古典学术史上可概括为"有系统的古籍整理"的第一项成就。简言之，这个第一步工作，足使许多古籍——不管是儒家的经典也好，儒家以外的典籍也好——显得更富智慧，〔更容易谈，〕也更接近现代的学术。

第二项成就或许可以概括为发现古书和翻刻古书。从古学复兴上说，过去三百年或可叫作〔中国的〕"文艺复兴"。因为〔清代的中央政府和各省书局〕都有意于访求古籍，提倡刻书，以致〔丛书与单行本，〕重刊本、精校本、摹刻本、影印本，不一而足。许多人都有意地把访求古版，宋版或元版，以及各该古版之重刻，视为己任。因此所谓"殿版"（中央政府所主持），各省书局版，以及私刻，〔都充斥市面。〕许多爱书成癖的私人和收藏家，都集资募款重椠佚书和秘籍。所以在这方面说，那真是个古学复兴时代。在这种风气之下，〔那自丛书或公私著述——如《永乐大典》等——之中〕辑出佚书，也是这运动中的成就的一部分。

第三项成就便是考古——发现古物。清代的学者好古成风，举凡商周鼎彝、泉币、碑版、壁画、雕刻、古陶、古瓷等都在他们访求之列。那时还没有什么科学的考古学，他们的研究也有欠科学性，也不太成系统，但是好古兴趣之浓，则是不可否认的。在这一时期的尾声里，这种好古的风气，也引起了几项重要的发现。其中之一便是殷商甲骨文的出土。甲骨〔于清末〕在安阳发现。安阳是商代最后的都城所在地。

以上便是近三百年国故学上的三大成就。我那篇文章也指出，传统学术虽有其不可置疑的成就，但是也有三大严重的缺点。

第一个缺点便是它研究的范围太狭窄了。因为那些学者对古韵、古义乃至古籍注疏的研究，都不是为这些资料的本身价值而研究的。他们的眼光和心力注射的焦点，只在注释儒家的几部经书。他们之中无疑的是有第一流的学者，把这些"辅助"科学作为独立的学问来研究的。例如对古代韵文的研究，就逐渐发展成古韵学。还有，在晚近数十年也有对经书以外的著作，例如对《墨子》的研究，也都独立成家。但是就大体来说他们都摆脱不了儒家一尊的成见，所以研究的范围也就大受限制了。

第二便是他们太注重功力，而忽略了理解。他们在细枝末节上用功甚勤，而对整个传统学术的趋势缺乏理解。这一点用英文来解释，实在是很不容易的。〔大致说来，学问的进步，有两个重要的关键。一是材料的聚积和分解，一是材料的组织与贯通。前者须靠精勤的功力，后者全靠综合的理解。〕清儒有鉴于宋明诸儒，专靠理解的危险，乃故意反其道而行，专力从事训诂、校勘之研究，而避免做哲学性的诠释。在前贤所致力的所有的作品上，他们都找出错误，但是他们却故意避免做主观的综合结论。〔所以近三百年来，几乎只有经师，而无思想家；只有校史者，而无史家；只有校注，而无著作。〕

这儿还有第三个缺点。那就是他们缺少参考比较的材料。上文曾说过，他们曾用经书以外的著作〔如诸子和史书〕来做训诂和音韵的比较研究，但是除此之外，他们就再没有其他的参考资料了。没有外界的资料来参考比较，而要对自己所学有真正的了解，那几乎是不可能的事。例如对古音古韵的研究，他们也确有其科学的一面，但是他们主要的研究资料则只限于《诗经》。有时他们也把研究的对象扩展到其他与音韵有关的著作，但是他们绝未想到那些也含有古音古韵的各地方言、口语〔尤其是〕华南各地的方言〔如广东话、福建话〕等方面的研究。当然他们对外国语文的比较研究，就更一无所知了。这些〔清代〕学者之中，就很少能懂得广东话、福建话、厦门话等华南方言的。当然他们更未想到朝鲜话、日本话和越南话当中也含有很多中国古代的音韵的了。

有鉴于〔前辈学者的成功与失败，并针对〕这三大缺点，我说我们北京大学同人愿意提出下列三点来复兴和提倡对国学的研究：

第一，用历史的方法来尽量扩大研究的范围。这项历史方法〔研究的范围〕要包括儒家的群经，儒家以外的诸子，乃至于佛藏、道藏——不管它们是正统还是邪门；古诗词与俗歌俚语既同时并重，古文与通俗小说也一视同仁。换言之，凡在中国人民文化演进中占有历史地位的任何形式的〔典籍〕皆在我们研究之列。

第二，注意有系统的整理。我们要采用现代的治学方法，做有系统的整理。例如替古籍编"索引"或"引得"（index），便是其中之一。我国古书向无索引。近乎现代索引方法的，如清嘉庆朝（一七九六——一八二〇）〔汪辉祖所编纂的〕《史姓韵编》〔共六十四卷〕，便是重要的史籍索引之一。但除此编及少数类似的其他著作之外，中国古籍是没有索引可查的。所以我们主张多多编纂索引，庶几学者们不必专靠他们优越的记忆力去研究学问了。

我们还提出对中国古籍一种"结账式"的整理。正如商人开店铺，到了年底总要把这一年的账目结算一次。就以研究《诗经》为例吧，从古代、中古直到近世，有关《诗经》的著作不知有多少，但是很少经人有系统地整理过。所以有系统地整理《诗经》要从异文的校勘着手，从各种异文的版本里汇编出一个最佳的版本，从而开始对古音韵、古训诂的整理，把《三百篇》中每一首诗的各家研究的心得，都做出个有系统的总结。这就是我所说的结出一本总账来。然后我们便可以照样地做，把所有古今的研究所得汇集起来，〔对每种古籍都〕编出一部最后的版本来。

最后我们提出"专史式"的整理——诸如语言文字史、文学史、经济史、政治史、国际思想交流史、科技史、艺术史、宗教史、风俗史等等。这种专史式的研究，中国传统学者几乎全未做过。所以上述三种法则便可用来补救传统学术里缺乏有系统的研究之不足。

我同时还提出如何来补救外来参考比较研究资料不足的这一传统缺点。因为这一点是在狭隘的传统研究方法范围之外的。我们号召大学同仁尽量搜罗各式各样足资比较研究的文献。例如传统学者们用归纳的法则及触类旁通的比较研究，曾对古代文字做出许多正确的结论；但是由于汉文没有文法学，所以传统学者们从没有试过用文法分析来做研究的办法。可是在清代末期，一位中国学者马建忠便利用他对欧洲语文文法的研究而写出第一部叫作《马氏文通》的中国文法来。在我那篇〔《国学季刊发刊宣言》〕文章里，我指出世界〔各种语言〕所有关于文法的研究，我们都可用来做参考和比较。

在音韵研究上说，西方学者在音韵学上研究的成果，以及中国各种方言，乃至诸邻国如日本、朝鲜、越南等国的语言，我们都可加以利用来做比较研究。这样我们便可得出更新的结论和更高的成就。我并举出瑞典学者高本汉（Bernard Karlgren）过去二十年〔在二十世纪初期对"中国文字"〕研究的成绩，有清三百年中的中国音韵学者都不能望其项背。这就是因为他懂得一些欧洲语文，知道语言学上的规律，而用之于对中国音韵研究的缘故。他也利用了中国的南部方言，和日韩等邻国的语言〔来加以比较研究〕；所以他〔仅仅只有〕数十年的功夫，其成果则为清代学者数百年的成绩所不能及。

以上便是我们主张以新的原则和方法来研究国学的"宣言"。

最后我提出三句话来作为结论:

第一，用历史的眼光来扩大国学研究的范围。

第二，用系统的整理来部勒国学研究的资料。

第三，用比较的研究来帮助国学的材料的整理与解释。

这便是我们新国学的研究大纲，也就是我们北大同人在各方面努力和试验的目标。当然这正如耶稣所说的:"收获多多，耕者寥寥!"这就是当时国学界的情势〔1〕。

那时的北京大学实在非常困难。政府的财政收入始终未能改善。教授的薪金已是七折八扣，而且还是一年半载地拖欠不发。实际的情形是国家政局时在动荡之中，北方军阀既混战不已，南方国民党所策动的国民革命也正在开始。这便是这个〔多灾多难的〕一九二三年——五四运动的后四年，"北伐战争"发动的前三年!

我之所以不厌其详地来讨论这一《国学季刊》的"发刊宣言"，也就是说明在我们的《新青年》那个小团体解散以后，这个语文运动便已在向全国进军，并在文学上做其创造性的努力了。这一运动已不限于少数大学教授来起带头作用。大学教授们（尤其是北大教授），定下心来，整理国故，对整部中国文化史做有系统的整理，正是这个时候了。

二 我在干些什么

在这项运动中，我自己也得交代一下，我那时是在干些什么〔2〕。

要说明我自己那时在干些什么的最好方法，便是从一九二三年一跳跳到一九五四年十二月二日。这一天大陆决定对我做一个综合性的大批判——批判胡适思想，清算胡适的流毒。这一运动是由"中国科学院"和

"全国作家协会"在一次联席会议上决定的。〔他们组织了一个"胡适思想批判讨论工作委员会"，来领导和推动这个运动。〕"批判"的内容共有九项。〔每项另成立一个"小组"分别负责执行。〕他们清算我的九项，约略如下：

一、胡适哲学思想批判；

二、胡适政治思想批判；

三、胡适历史观点批判；

四、胡适文学思想批判；

五、胡适哲学史观点批判；

六、胡适文学史观点批判；

七、胡适的考据在历史和古典文学研究工作中，地位和作用的批判；

八、九、《红楼梦》的人民性和艺术成就，和对历来《红楼梦》研究的批判。〔原文录自《学习》，一九五五年，二月号，页四二〕

在这项批判运动中，所谓"古典文学"是包括一九四九年前的所有的文学作品，包括传统小说，例如《红楼梦》。八、九两项便是集中于我对《红楼梦》研究的批判。这也是他们清算胡适的第一炮，因为他们认为我是一位研究《红楼梦》的权威〔3〕。

这张单子给我一个印象，那就是纵然迟至今日〔一九五八〕，大陆还认为我做了一些工作，而在上述七项工作中，每一项里，我都还留有"余毒"未清呢!

我自己如今回想一下，我在这全部工作中的努力，固然不很成功，但在某些方面我也做了一些事。本文既然是我自传的节要，我也不妨乘此机会略谈我自己今日认为我的努力尚不无成绩的若干项目。在这些方面，我至少为将来的学者还提出些新的观点、新的透视和一些新的方法。

其中之一便是那自公元前六世纪老子和孔子时代开始，绵延至今，凡二千五百余年的中国思想史。在这一主要阵地里，早在一九一九年——整整的三十九年前——我的《中国哲学史大纲》的第一册便出版了。我对以后诸卷未能出版感到遗憾，但是那第一册当时却是一本开风气的作品（a pioneer）。我那本著作里至少有一项新特征，那便是我〔不分"经学""子学"〕把各家思想，一视同仁。我把儒家以外的，甚至反儒非儒的思想家，如墨子，与孔子并列，这在一九一九年〔的中国学术界〕便是一项小小的革命【4】。

我在过去三十多年虽然没有出版〔《中国哲学史大纲》〕续集，但是我仍然写了若干专著，其中好几种也都是以专书形式问世的。例如我对《淮南子》的研究就有四万多字。〔见胡适著《淮南王书》，一九三一年，新月书店出版。〕《淮南子》是道家哲学中的巅峰著作之一。

我还有些其他成书的著作，如《戴东原的哲学》〔一九二七年，亚东图书馆出版〕。戴震〔东原，一七二四——一七七七〕是他自己那个时代中最接近科学的学者之一，他可能也是〔乾嘉学派中〕没有尾随〔当时的学风，对宋明〕哲学传统革命的少数学者之一。相反地，他在致力于精湛的校勘学和训诂学之外，也还〔承继宋明理学的传统〕写了一些他自己的哲学著作。

三　研究神会和尚的始末

在中国思想史的研究工作上，我在一九三〇年也还有一桩原始性的贡献。那就是我对中古时期，我认为是中国禅宗佛教的真正开山宗师，神会和尚的四部手钞本的收集〔与诠释〕。在这方面我想多说一点来阐明我如何用一种新观念、新方法的尝试和成就。

根据传统的说法，禅宗的故事是很简单的。一次〔在灵山会上〕有位信徒向释迦牟尼献了一束花。释迦拈起一朵花〔但并未说话〕，各大弟子皆不懂这是什么意思，这时有个弟子大迦叶（Mahakasyapa）乃向佛微微一笑。释迦乃说："大迦叶懂了！"乃以秘偈和佛法〔所谓"正法眼藏"〕传给大迦叶。这个〔有名的"拈花微笑"的传统故事，〕据说便是禅宗的开始。这样便代代相传，一共传了二十八代。这第二十八代祖师便是菩提达摩（Bodhidharma）。相传他于公元五百年左右〔约在中国南朝齐梁之际〕到达中国。达摩莅华之后又〔在中国信徒之中〕把秘偈〔和袈裟〕所谓"衣钵"一代传一代地传到"六祖慧能"。慧能为广东人，是个文盲，原来是位"獠獠"〔当时广东境内的一种半开化的少数民族〕。

慧能虽不识字，但是他一路做工行乞游方到了北方，终于被"五祖弘忍"所赏识，乃于某日午夜秘传以"衣钵"，乃成为"禅宗六祖"。〔这便是中国佛教史上有名故事，说他在墙上写了一首"偈"——"菩提本非树，明镜亦非台……"的那一段公案。〕

自从这位不识字的和尚接得了衣钵，其后禅宗中的五大支都出自此门……这是中国佛教史上传统的说法。简言之，便是自释迦以后，禅宗在印度共传了二十八代；〔达摩东来以后〕在中国又传了六代。在六祖慧能以后，中国各门禅宗都是从"六祖"这一宗传下去的。这也就是一篇禅宗简史。

但是只把这一传统说法稍加考证，我立刻便发生了疑问。我不能相信这一传统说法的真实性。在一九二三和一九二四年间，我开始撰写我自己的禅宗史初稿。愈写我的疑惑愈大。等到我研究六祖慧能的时候，我下笔就非常犹豫。在此同时我却对一个名叫神会的和尚发生了极大的兴趣。根据唐代所遗留下来的几篇有关文献，神会显然是把他那不识字的师傅抬举到名满天下的第一功臣。

慧能——如实有其人的话——显然也不过是仅仅知名一方的一位区域

性的和尚，在当地传授一种简化佛教。他的影响也只限于当时广东北部韶州一带。他的教义北传实是神会一个人把他宣扬起来的。神会为他拼命，并冒着杀头的危险，经过数十年的奋斗，最后才把这位南方文盲和尚的教义传入中原！

〔由于史料有限，〕我只是读了点有关神会的文献，便对这位和尚另眼相看。在我把中国所保存的资料和日本出版的东京版《大藏经》和《续藏经》（尤其是后者）搜查之后，我终于找出了有关神会的大批史料。那些都是中国和尚和佛教信徒们执笔的，许多竟然是唐代的作品。其中部分唐代史料，使我对神会的研究又有了新的兴趣。例如九世纪有一位叫作宗密的和尚，他在谈到他当时的禅宗时，对神会便给以崇高的地位。据宗密的记载，那时禅宗已有了七支之多。神会和尚的〔"荷泽宗"〕便是当时的七宗之一。

但是这位不顾生死，为南方禅宗而奋斗，多少年遭迫害、受流放，终于经过安史之乱而获政府加惠的重要和尚，除了宗密所留下的一点点记录之外，他自己本身竟然没有丝毫著作传之后世。那时唐朝几乎为安禄山所颠覆，玄宗逃离长安往四川避难，途中自动逊位之后，太子即位〔灵武〕，重率诸将，以图匡复。

在这段戡乱战争的过程之中，政府的财政却异常拮据，士兵无饷可发，政府只好筹款应付。筹款的方式之一便是发放佛道二教的"度牒"。人民之中有欲皈依宗教，〔或为免役免税而皈依的，〕可向政府纳款领取"度牒"。每一度牒索款十万钱。那简直是一种国家公债。政府为推销公债，因而借重这位年高德劭而又能说会讲的老和尚，在东都洛阳帮忙推销。神会推销的成绩甚佳。据说这项筹款的成功，实为戡乱战事顺利进行的一大因素。

其后〔肃宗〕皇帝为酬庸神会助饷之劳，乃召请神会入宫，并于公元七六二年（代宗宝应元年）在洛阳重修佛寺为其驻锡之所。是年神会便在该寺圆寂，享寿九十五岁。

〔上面的故事是根据宗密和尚的记载，和其他唐代遗留下来数种有关文献的纪录。〕根据唐代文献，宗密和尚在九世纪上半期颇为得势。〔所幸的是〕在唐武宗（公元八四一——八四六）迫害佛教的前夕，他便死了。（宗密是一位颇有头脑的和尚。他留下了一些有关唐代禅宗发展的史料，这些材料都是八九世纪中国禅宗史的最重要的资料。）

神会死后〔很多年，终于〕被追封为"禅宗七祖"。因此他那位不识字的师傅、广东籍的慧能和尚也就间接被公认为正统的"禅宗六祖"了。

这段禅宗小史说明了神会的重要性。他确定了由南方禅宗，来替代了自八世纪初期便主宰中原的北方禅宗!

北方禅宗的地位原是由两三位有力的和尚〔——"楞伽宗"里的九十多岁的高僧神秀，和他的两位弟子普寂和义福〕所确立的。他们被唐朝中央政府尊崇为"两京法主，三帝国师"。"两京"是指当时的西京长安和东京洛阳。"三帝"则是指"则天皇帝"（武后自称"皇帝"）和她的两个儿子，"中宗"和"睿宗"。这三位"皇帝"在宫廷之中对这些和尚大为尊崇。尤其是那第一位名叫神秀的和尚。

神秀和尚于公元七百年（武后久视元年）入宫，死于公元七〇六年（中宗神龙二年）。在这些年中，北禅实在主宰一切。神秀和他的两个大弟子不但备受〔朝廷〕的尊崇，同时在民间也都被偶像化了。〔刚案：据说神秀于久视元年入宫时，武后和中宗、睿宗都跪迎。他死的时候，长安城万人痛哭，送葬僧俗，数逾千万。其哀荣的盛况，亦不下于一千二百多年之后胡老师在台湾省的出殡大典。〕

神会和尚成其革命大业，便是公开地直接地向这声威显赫的北派禅宗挑战。最后终于战胜北派而受封为"七祖"，并把他的师傅也连带升为

"六祖"。所以神会实在是个大毁灭者，他推翻了北派禅宗；他也是个大奠基者，他奠立了南派禅宗，并做了该宗的真正的开山之祖。这就是佛教中的禅宗！

一九二六年我以"中英庚款顾问委员会"中国方面三位委员之一的身份去欧洲公干。那时英国决定退还〔一部分〕中国对英国的庚子赔款〔作为培植留英学生之用〕，因为该款用途尚未完全确定，我应约去欧洲出席"中英庚款全体委员会"。我因而想乘此机会往伦敦和巴黎一查唐代遗留下来的有关禅宗的资料。那些未经九世纪、十世纪，特别是十一世纪和尚们糟蹋过的史料。我想找出六、七世纪，尤其是八世纪，偶然地被在敦煌保留下来的有关禅宗史的史料。

这些敦煌写本大致是第五世纪至十一世纪〔自北魏至北宋一段时期〕的遗物，前后包括了六百多年。这写本总共有一万卷以上，一直在甘肃敦煌一间石室之内被密封了〔将近一千年〕。

敦煌原有几座佛寺，多建筑于岩洞之旁。其中有一座千佛寺，寺内有一间〔密封的〕石室。其中藏有万卷以上五世纪以后的经卷写本，许多也至迟是十一世纪早期〔北宋初年〕的遗物。这一间被密封起来的石室，封外的墙壁上都绘有壁画。那可能是战争期间，庙内的和尚在逃走之前，把这间图书室封起，并画上壁画，使人不疑壁画之后还有藏经。

这千佛寺原为一座佛寺，但是在公元一九〇〇年前后已经是僧道杂居了。一次有一位〔王〕道士做打扫工作，无意发现这壁画之后似乎有门的迹象。他把这门打开了，便发现了这些经卷写本。这位道士既不识字，人又愚蠢，他乃打主意把这些卷子出售给附近乡民〔作为仙方〕以医治牙痛或头痛。一般愚民也就向他购买这些仙方破片，烧成灰烬，加水吞食，冀图治病。他们这样对古物的摧毁已经有相当年月了。所幸敦煌人口稀少，所以这些"仙方"亦无从大量出售。他们这样的买卖一直到一九〇七年

〔始为学者们所发现〕。那一年〔瑞典籍的考古家〕斯坦因（Sir Aurel Stein）从印度进入中国，沿途考古，一直到了敦煌。他听说这宗大量发现的中古写本，乃亲往查访。他向那位道士行了点约值七十两银子的小贿，便运走了七大车的卷子写本，经印度而去，终为伦敦的"大英博物馆"所收藏。

翌年，一九〇八年，法国的汉学家伯希和（M.Paul Pelliot）也闻讯往访，也就从敦煌运走了大约三四千卷。伯希和因为能读汉字，又懂一些中亚细亚一带的方言，所以他说服了这位道士，让他在千佛寺内住下，慢慢选择。所以他后来运往法国"国家图书馆"的一些卷子，都是经过选择的。那些只是重钞的佛经，他都一概留下不要。他取去的都是些普通佛经以外的佛教著作，以及有关道教、儒教的写本，或是一些注明年代和人名的佛经钞本。他并且把汉文以外的卷子，如梵文及中亚细亚方言等写本，都全部拿去了。所以巴黎所藏的敦煌卷子实是一部选集，和一些有年代和人名记录的钞卷。

伯希和自敦煌取道北京返国。在北京，他找了些中国学者来帮忙查对这些中文卷子。这样才惊动了中国的学术界，学术界人士才报告了政府。清廷中央政府乃立即通知甘肃地方政府，不再许外人窃取，并明令把全部卷帙运京保存。这一来全部敦煌经卷的古董价值乃举世皆知。因此在该项钞卷运京，又被人沿途偷窃。为应付点验起见，偷窃的人又往往把长卷剪成小卷来充数。由于监守自盗的结果，上千上百的卷子又被偷走了。所以后来敦煌卷子，除了在伦敦"大英博物馆"、巴黎"法国国家图书馆"和中国"北平图书馆"所收藏之外，还有千百卷被零售给中国和日本的私人收藏家。这便是这宗敦煌钞卷的一段沧桑史，也可算我个人自述的一个注脚。

长话短说。当我在一九二六年到欧洲去的时候，我想如有可能的话，我决定便访伦敦、巴黎两处的敦煌藏卷，看一看这一些唐代钞卷，对于中国佛教史，特别是禅宗史有没有新发现。我在伦敦看了一百卷，在巴黎看了五十卷。使我且惊且喜的则是我居然发现了许多有关中国禅宗史的重要资料，尤其是有关八世纪中国北派禅宗和其同时的其他禅宗各支的资料。

我在巴黎所发现的便是三卷未注明〔人名和年代〕的有关神会和尚的史料，在伦敦我也找到一份〔类似的〕残卷。由于个人研究兴趣所在，我对搜访这些史料是早有准备的。所以这些资料我一看便知。因而我把它们照样复制，回国之后再加以校勘，便在一九三〇年把它们出版了。出版的日期是我发现了它们的后三年。我把这本书叫作《神会和尚遗集》〔一九三〇年，亚东图书馆出版〕。这本书的问世实在是对重治中国禅宗史的一个里程碑。

在一九二六年之前我们所知有关神会和尚的著述只寥寥六百五十九个字。这个短篇对这位禅宗历史的真正创造者的了解实在太有限了。可是在一九二六年我竟然找到了约有两万字的资料。

我在巴黎所发现的三份钞卷，过去一千二百年都无人知晓。其一便是《神会和尚语录》，此卷甚长。第二件是有原标题的叫"菩提达摩南宗定是非论"。这是一份战斗文献，是神会对北派禅宗的道统真伪与教义是非的公开挑战，因为南北两派都自称是祖述达摩的正统。另一残卷则显然也是上述战斗文献的一部分。〔刚案：英文稿此处语义混杂不清。译文系参考《海外读书杂记》重校的。〕

这份战斗文献活生生地记录了神会和尚和一位名叫"崇远法师"的对话录。崇远法师是一位问难者，〔他向神会提出问题由神会加以解答，〕就像现代电视上〔新闻节目里〕的主持人（moderator）一般。这位崇远法师也是位性格人物，他把这幕剧弄得更为戏剧化。

在这次问难中，崇远法师问曰："〔北宗〕普寂禅师，名字盖国，天下知闻……何故如此苦相非斥？岂不与〔神会大和尚，您自己〕身命有仇？！"

神会和尚答曰："我自料简是非，定其宗旨。我今弘扬大乘，建立正法，令一切众生知闻，岂惜身命？！"〔原文录自《菩提达摩南宗定是非论》；读者亦可参阅柳田圣山主编《胡适禅学案》，正中书局，一九七五年台初版，页二八一。〕

这便是这位神会和尚的精神！当然，我并不是说神会这一挑战是什么样的天才。我而且怀疑他这一挑战是公正有据的，或者他的挑战正和北宗所自我夸耀的一样无据。我必须说，一部禅宗史包括神会在内，百分之九十都是伪造的。这是我的估计。

但是我搜寻禅宗史料的动机，则是想找出八世纪中的所谓禅宗创立时的真相而已。这样我不但找到了神会和尚的语录，同时我也找到了唐代文献中所提到的伟大的〔南宗、北宗争法统的〕作战纪录。这纪录是我在伦敦、巴黎两地所藏的敦煌经卷里找到的。

我在伦敦所发现的残卷也很有趣。那是中国所流传下来的〔有关神会记录的〕六百五十九字中的一部分。但是这残卷却是这记录最早的钞本。这件唐代写本与现存的国内流传的神会著作，仅有丝微的不同。

以上四种，便是我〔于一九二七年在巴黎和伦敦〕所影印的敦煌卷子。后来我把几份卷子与我自己所写的神会的传记，一起详加考订之后，便于一九三〇年合成一册〔由上海亚东图书馆〕出版，定名为"神会和尚遗集"。我那九十页的《荷泽大师神会传》〔本文收入《胡适论学近著》，第一集，一九三五年商务版，页二四八—二九〇〕，可能是当今中国用现代观点所写的唯一的一本完全的和尚的传记了。

好了，我究竟发现了些什么样的故事呢？上文曾提过，一九二六年以前，中国佛教史家所可找到的神会和尚的作品，不过寥寥六百五十九个字而已。但是我的书在一九三〇年出版之后，神会的著作便递增至两万多字。这样我才能写出一本神会全传来。这本完全的传记中，包括我对神会思想的初探，对他观念的诠释，和我自己研究的结论。我认为〔一般佛学家和佛教史家，都当作慧能所著的〕所谓《坛经》，事实上是神会代笔的。《六祖坛经》是过去一千二百年，禅宗佛教最基本的经典，也是中国、朝鲜和日本的一部圣书。但是我以〔禅宗〕内部的资料，证明它是神会的伪托！根据我的考据，神会实是《坛经》的作者，因为《坛经》中的许多观念都和我在巴黎发现的《神会和尚语录》及其他有关文献，不谋而合。

以上便是我发现中最精彩的部分。但是这一发现影响之大则非始料所及，因为它牵涉到要把禅宗史全部从头改写的问题。由于这位大和尚神会实在是禅宗的真正开山之祖，是《坛经》的真正作者，但是在近几百年来，他却是在禅宗史上被人忽略了。其原因便是当南宗的地位最后被朝廷肯定为禅宗正统——甚至也可说是整个佛教的正统——之后，显然一时弄得举世扰攘，所有的和尚都要挤进来分一杯羹。因而佛教中的所有门派都自称与南派禅宗有历史渊源，从六祖慧能上溯至菩提达摩。时日推移，这一自达摩至慧能的谱系因而一分为二：一门禅宗自称祖述怀让，怀让是慧能在湖南的大弟子；另一宗则自称出自慧能在江西的大弟子行思。

在八、九两世纪中，湖南、江西二省原是禅宗的中心，两省之中所有〔老和尚〕都自称是慧能的弟子〔或再传弟子〕。后来这两支都发展起来，蔚成大观。例如著名的临济宗便出自这两支。当他们得势之后，他们就改写历史，各以己支一脉相延是正统嫡传。日子久了，神会之名就渐被遗忘，甚至完全不提了。

怀让、行思两支后来居上，竟然变成禅宗里的正统嫡传。《景德传灯录》便是如此下笔的。我是治佛教史的少数作者之一，读佛教史时在字里行间，发现了神会和尚的重要性。我认为神会扮演了一个很重要的角色。事实上，他的重要性，在九世纪的一位有学问的和尚宗密，也曾经证实过的。

我写神会和尚实在也就是改写禅宗史，给神会以应有的历史地位，并指出他向北宗挑战是何等的重要，终使他死后被追封为禅宗的七祖，间接地他也使他师傅慧能被追升为禅宗的六祖。

事实上，这一追谥，还是神会死后一百多年的事，当时并经唐代两大作家柳宗元和刘禹锡的记述。柳、刘二人均于慧能正式被朝廷追升为"六祖"时著有碑铭的。

还有一件使我高兴的事，则是我的神会传记出版后两年〔一九三二〕，另一神会遗作的敦煌卷子，又在日本被发现了；由我的书做参考，证明其为神会遗作。这一份并无标题的敦煌经卷落入一位日本收藏家石井光雄之手。但是日本学者则是参阅我的神会传，而证实为我所发现的神会遗作《神会和尚语录》之一部。这一个题目〔"神会和尚语录"〕原是我加上去的，我们始终不知道这个卷子的原题是什么。

一九五九年，另一位日本学者入矢义高，又在斯坦因收藏的敦煌经卷中，发现了另一同样内容的卷子。这卷子之前有一篇短序，题目叫作"南阳和尚问答杂征义"。

石井光雄的卷子发现之后二年〔一九三四〕，铃木大拙博士与一位友人，乃把它参校"胡适本"之后，予以付印出版。那是个活字版印本，书名为"禅宗大师神会语录"。这份石井光雄发现的卷子共有一万五千字，其中有一半与我发现的第一件《神会和尚语录》雷同。其中有一部分显然是从《菩提达摩南宗定是非论》中抄下来的。稍后铃木先生在"国立北京〔平〕图书馆"所收藏的敦煌经卷中，又发现另一文件。他把这文件付印出版，并加一篇他自己写的导言，说这一文件的内容与《六祖坛经》颇为相似，那与我所阐述的神会观念也是相同的。

许多年过去了。一直到一九五六年，当铃木博士与他的一位学生路过巴黎时，法国学者告诉他，他们又发现了一卷显然是神会的遗作。但是他们无法通晓其内容，所以我也就买了一份该项卷子的影印本。我现在〔一九五八年〕正在校勘这份卷子。其实这份卷子中包括两种神会遗著。其一便是《菩提达摩南宗定是非论》中的一大段节录，另一件则包括我在一九三〇年所出版的第三件。所以现在《定是非论》已经有两万字左右，差不多已经是全璧了。

最近法国学者又发现了一些文件。伯希和死后，他们显然是从伯氏以前所收集一些无标题的卷子之中，又发现了另一份残卷。那卷子里不但有一卷神会，而且有两卷神会。第一件中大部分都是神会的战书〔《定是非论》〕。另一件也很有趣，那是和铃木在"国立北京〔平〕图书馆"所发现的是同种而较佳的经卷。但是那较早发现的老卷缺少个题目。那件无题经卷，铃木只是疑惑它也是神会的遗作〔但是他还不敢确定〕，而这分新发现的卷子不但完整无缺，并且还有个题目。这题目一开始便书名"南阳和尚"。南阳是河南的一个重要县治。"南阳和尚"这一头衔毫无疑问地是当地人民对神会的尊称，因为神会曾在一座南阳的寺庙内住过十年。在南阳期间他以博学善辩闻名于时，所以才有"南阳和尚"的称呼。

所以铃木博士多少年前在发现那宗文卷时所引起的大疑案，终于在我的襄赞之下完全证明了。这些便是我近年来有关中国思想史的最近的著述。〔5〕

注释

[1] 近六十年来，不论左右、前后或中间派的中国知识分子，对胡适都有一项共同的责难。那便是胡氏在"五四"前后搞"新"文学、"新"思想、"新"文化……最多不过六七年他就不再"新"了。相反的，他却钻进"旧"书堆里去，大搞其国"故"来。

激进派和国粹派对他的冷嘲热讽，固不必多提，而最为他惋惜的则是那所谓中间派自由主义知识分子。他们原是以适之先生马首是瞻的。大家正在追随他，鼓噪前进，他忽然"马首"一掉，跑进故纸堆里去了，怎不令人摇头叹息，不得其解？！

胡适后半生为什么专钻字纸篓呢？他自己在本篇内所做的解释则是新文化运动的最后目标原是"再造文明"；而"整理国故"则是走向"再造文明"的次一步，是件合乎逻辑、顺理成章的事。

但是浩如烟海、乱如垃圾的"国故"，岂是胡适之一辈子、两辈子、三辈子可以"整理"得了的？"整理"不完，那么中国的"文明"就不要"再造"了吗？这分明是句自我解嘲的遁辞，是不能服人之口的。问题是：他老人家为什么明知故犯，这里我们倒不妨稍事探索。

适之先生原是位"启蒙大师"。当年启蒙大师的专业，原是"输入学理"。输入学理之道有两种：欧洲大陆留学归国的，便传抄革命标语；美国庚款留学的，则"输入"一套套"美国教科书"。

学西洋文学的夏志清先生嘲笑胡老师，说他在留学期间也曾读过几本西洋文学名著，回国之后就再也不读了。因此他落伍了，最后甚至"被逼说谎"！这句话虽嫌重一点，它对今日学文科的"留美学人"，也倒还适用，不只老辈胡适之先生一人已也。

老实说，志清兄与在下也都是读"美国教科书"的老手。不怕读者见笑，笔者本人亦尝面壁九年，读了整箱的美国教科书。问题是：读了这些"教科书"之后，又意欲何为？回国卖洋货？凭良心，除掉几本教科书，我辈还有什么可卖的？做"超博士的继续进修"（post-doctoral studies）？国内又哪里有这些洋设备和研究环境呢？留在美国"继续进修"吧，但是在这本行多如狗的学术环境里，哪里又缺你这位外国来的半坛醋呢？如不自量力，硬要吃"本行饭"，那就只有去教少数民族的大学——"下放农村，插队落户"；并且既下之后，也就永无"上调回城"之望。看看这个西半球的上海市，公共租界之内，华洋杂处，哪里就少咱一碗饭吃呢？想想百里洋场之内的"国剧""唐餐"和图书文物，于是心一横，聘书退掉，还是学非所用的好。在一个"文化友谊商店"（cultural gift shop）之内，追随群贤之后，卖点祖国土产，还不是照样过活？！

我辈后学，聪明才智虽不逮前贤之万一，而文化环境倒是大同小异的。六十年前胡适之先生那一辈留美学生，一旦"学成归国"之后，老实说，除了几箱教科书，他们也没有太多余粮可售。国内也没有足够的图书设备和研究环境，好让他们来对"西洋文学、史学"一类的科目做"超博士的继续进修"。这样则大师小师们就只有三条路可走了：

第一，搞"实行学理"，组党干革命。张君劢先生不就是个有名的党魁吗？

第二，人家"革命"，我来"建国"。这就是"独立评论派"。

第三，誓不下海，死守山林，做个"纯学者"，这就是适之先生。但是"输入学理"是搞不成了。洋教科书上的东西，毕竟有限，哪能搞得了许多？好在我们祖宗积德甚厚，千斯仓，万斯箱，遗产丰盛，是永远"整理"不清的；因此"马首"一掉，"整理国故"去者！这就是我们胡老师这位新文化运动的"逃将"，纸遁而去的全盘经纬！

可是说穿了，今日学"文科"的千百位穷通各异，患得患失的所谓"留美学人"，试问咱们之间，哪一位不在开"文化土产店"，努力"整理国故"或"整理国新"呢？中国文人今日在美国尚且如此，遑论当年？！

要言之，近百年来的中国现代化运动是个整体。在其他方面都没有完成现代化的情况之下，学术现代化是不可能的。学术既然没有现代化，我们就只能搞搞小脚放大的过渡时代的学术（transitional scholarship）。这样搞搞半新不旧的"整理国故"，才是合乎逻辑和顺理成章的。

【2】"整理国故"这条路胡先生显然是走对了。那至少使他的中年时光没有白费。他的"科学的治学方法"也派了用场。我们如把胡氏整理国故的成绩和任

何乾嘉大师或民国巨儒来平列互比，笔者个人便觉得到现在为止适之先生还是前空古人，后无来者的！

最近在一本文学杂志上读到吴世昌君一篇有开《"秦女休行"本事探源》的"考据"文章，"兼批胡适对此诗的错误推测"。读后不禁为之失笑。真觉得胡适之幽灵不灭。胡老师说，他一生的学术研究是围绕着"方法"二字打转的。吴氏今日欲重振批胡余威，而他自己所搞的"考据方法"却是不折不扣的胡适派——是胡适之的徒子徒孙。可是作者找到了一两篇鸡毛蒜皮的小"证据"，便敢说"胡适是个不读书的人！"这就等于是一个篮球员投进了一两球，便说他的教练（coach）不会打篮球一样的可笑了。

〔3〕五十年代大陆上"批胡"运动的最大"错误"，便是把胡适说得一无是处。胡适所研究的学问简直没有一桩是对的。天下哪有这样"全错"的学者呢？"批胡"原是从批判俞平伯的《红楼梦研究》开始的。但是迟至一九六四年八月十八日，毛泽东在一项"关于哲学问题的讲话"里，却说"蔡元培对《红楼梦》的观点是不对的，胡适的看法比较对一点"。这个两相矛盾的"红学"小插曲，也是极有趣的。

〔4〕胡适之搞《红楼梦》，不但比"老"红学家要"对一点"，恐怕比"新"红学里的吴世昌、赵冈，余英时等小将，可能也还要"对一点"，也很难说。可是胡氏"整理国故"如他在本文里所列举的"方法"，就有"对"，有"不对"了。他"不对"的地方，便是胡老师把"科学方法"，误为"科学"的本身。以为掌握了"科学方法"（其实胡先生的"方法"，只能说是"合乎科学的方法"，而不能径名之为"科学方法"），"科学"便在其中矣。这就"不对"了。

老朋友何炳棣先生最欣赏社会学家瞿同祖先生对我国古史上"礼"这个字的新解释。"礼"是我国古代的"礼义之邦"的"根本大法"。"礼"，这个根本观念不搞清楚，《十三经》算是白读了，而胡适之的"训诂学"，就是"训"不出什么叫作"礼"。

事实上，同祖所搞的"礼"，只是"东周"（春秋战国）时的礼。至于"夏礼""殷礼"，乃至"西周"的礼，是否是一回事，实在大有问题。隋唐以后，那批"礼部尚书"们所搞的"礼"，当然更与古礼风马牛不相及了。

须知"礼"这个东西，中国并没有专利权。试问哪一个初民没有 ritual 呢？而这个 ritual 则因各民族的"社会发展"而各有不同的阶段性的变易。用西方的传统的说法，则石器时代有石器时代的 rituals；铜器时代有铜器时代的 rituals。用马克思学派的说法，则原始公社，有原始公社的 rituals；奴隶时代与封建时代，亦各有其 rituals。如果我们也承认中国文明是世界文明的一部分，那么把我们的 rites（礼），也放到世界历史的橱窗里，和人家"联合展览"一下，我们这个东西，又是什么样的货色呢？

　　所以搞"整理国故"的人，多少要有一点现代社会科学、比较史学（comparative history）、比较文学（comparative literature）、比较哲学（comparative philosophy）等方面的训练，各搞一专科。否则只是抱着部《十三经》和诸子百家"互校"，那你就一辈子跳不出"乾嘉学派"的老框框。跳不出而偏要跳，把一部倒霉的老杜威的《思维术》也拖下水，那就变成贝聿铭所说的"穿西装戴瓜皮帽"一类不伦不类的"过渡时代的学术"了。老实说，胡老师的中西合璧，倒穿得挺合身的。吴世昌把什么"形象思维"也拉去和"秦女休行"派对，就有点令人受不了了。

　　在胡先生著作里，比较接近"科学"（社会科学）的，要算是他《井田辨》里那几篇文章。其实吾人如把那几篇文章认真读一下，便会发现他们辩者双方，连"井"是个什么东西也没有搞清楚，遑论"井田"。

　　胡适之先生——乃至三千年来我国掉书袋的士大夫——都以为"井"只有一种，那就是我们今日所常见的井。其实拿石块作工具的尧舜禹汤，哪里会"凿"我们现代人用的井呢？他们所谓"凿井而饮"的"井"，可能只是个小水塘，或因地形构筑的小蓄水池而已。

　　美洲印第安人的井，多半是白人用机器代凿的。哥伦布未来之前，他们的"井"是跟那聪明的小动物水獭（beavers）学的。水獭会利用树干、树根，因地制宜造个蓄水池（beaver pond）。印第安人学会了，也照样地造起他们的井来。

　　我国近代文字学家叶玉森解释"井"字，说是像"四木交加形，中一小方，乃像井口"。这个"井"如为土井，用"四木交加"做个"井口"，起什么作用呢？如为石井，为什么"井口"又舍石而用木呢？可能的解释，便是我国先民的"井"，和我们后来印第安族的宗兄宗弟的"井"是一个样子。叶君如说"四木交加，乃像井边"，可能就全对了。四木交加的水塘（井），在水枯之时，就只剩下中间一点点的水，它就变成大篆中的"从点"的井（丼）字了。我们的先民如此，许多印第安人到今天还是如此。

由古井的形式，我们也就可了解神农氏教民稼穑是什么回事了。初民本以渔猎为生，但是蓄水池边，不经意地长了些玉米（corn）和芦笋（asparagus）一类的野菜。偶嚼之，觉其甘美，因而乃加意在池（井）边，扩大种植起来，作为副食品。据美洲人类学家和考古学家说，这可能就是印第安人耕种的起源；我国神农氏所搞的可能也是这一套！所以古"耕"字，原作"畊"，"田在井旁"。金文里的"耕"则是"井在田上"，（耤），都与蓄水池有关。汉儒许慎说"耕"（畊）字是"古者井田，故从井"，真是百分之百的胡说。

石器时代（甚至铜器时代）的初民——如我国的唐尧、虞舜和现代的印第安人——是不能凿出我们后世的"井"，更不可能大兴"水利"（irrigational system）来"教民稼穑"的，他们所搞的只是在蓄水池（井）边，种点"自留地"（田）罢了。

美洲的印第安人，便一直是"耕于井畔"的，只有墨西哥的孛布罗（Pueblo Indians）族，才有点"水利"的迹象。稼穑的情形在我国殷商时代究竟是什么样子，实在很难说，至少在今日我们可以认识的四千多甲骨文里，似乎还未出现过"畊"字。

可是到我国铜器时代的末期——西周时代，农业便十分发达了。有水利有农业，则土地的"边际价值"便增高了，土地的私有观念便发生了。强横的酋长们，霸占土地为私有，一般小民只能搞点"自留地"，这样一批为儒家历来所奖励的顺民，才唱出什么"雨我公田，遂及我私"的诗歌来。

今日的荷兰人还在吹牛，说纽约市最繁华的曼哈顿区是他们祖先用二十四块袁大头，向一位印第安酋长买来的。印第安人到现在还不承认这宗买卖，因为那时的印第安人根本没有土地私有的观念。那位酋长只是收了二十四块钱，搬了一次家而已，他并没有出卖"祖宗遗产"。

所以我国古代的所谓"井田"，可能是那位最会吹牛、最富于原始幻想的孟老夫子，读了公田私田的旧诗，把那古篆"井在田上"的"耕"（耤）字，拆散了，从而望文生义的结果。

胡适之先生在那场有关"井田"的笔战里，可算把古书翻遍了，但是他始终没有搞出些什么新答案，其关键便是搞"整理国故"，也应有一点 social science approach 才好。

[5] 胡适之先生谈宗教也有个不可补救的弱点，这弱点正是他"整理国故"弱点的反面。在"整理国故"内，他的"科学"还不太够；在"整理佛教"里，他的"科学"又太多了点。"学问"和"宗教"是两个时时有边界纠纷的大国，但它二位并不是一样东西。搞学问重在"学"，重在"识"；搞宗教重在"信"，重在"悟"。尤其是佛教，如果一位学者，既不信又不悟而偏要在"思想"上去碰它，那就只能搞点佛教的"史实"（factual history）来消遣消遣了。

鄙意以为要搞"佛学"，先得从"学佛"搞起。佛教是个百分之百的出世的东西。无"出世之心"的人，如何能求"出世之学"呢？适之先生是位什么都能"出"的人，他就是不能"出世"。"入世之笔"，写不出"出世之文"，所以他的"方法"就不灵了。笔者在忆胡之文中，本尚拟有"佛学与学佛"一题，想谈谈胡老师的"老胡禅"与"野狐禅"的比较研究，后来写腻了，更怕读者也误腻了，就藏拙了。

但是从"学问"上去看，胡先生倒的确把一部"禅宗史"弄到前空古人的程度。可是他就不能谈"禅"，要谈也不深。他欢喜谈《六祖坛经》，但他兜来兜去则是"坛经史"。《坛经》本身是个什么东西，对他倒是次要的。

胡先生的"科学"，常常领着他去骂和尚，说："个个和尚都说谎！"但是我们熟读《新约》便知道，哪个和尚的"谎"比耶稣撒得更大？！所以我们如以胡适的"科学方法"来解剖耶稣，则耶稣便是古往今来，世界上第一个"大骗子"。这样，那我们还过什么"圣诞节"呢？

所以一个学者，断不可以处理"学问"的方法，去处理"宗教"。宗教是另有一番境界的。不论有神的耶教，无神的佛教，乃至那些颇带宗教气味的早期道学先生，在这一境界里都是殊途同归的。"真"与"假"，"骗"与"不骗"，俗人的心智而已，实在无关宏旨。

一次，纽约市宣扬佛教最力的大居士，老友沈家桢先生送了我一本易读的佛学名著《名山游访记》。我一夜未眠就把它读完了。后来沈公打电话来问我"读后感"。我说这位作者，为什么动不动就说"吾辈为生死大事而来"呢？未等我说完，沈君便笑着说："你比他高明。"

原来这位作者曾在清末遍访名山宝刹，餐风宿露，吃尽人间苦头。但是这番苦行的目的却是要"了"他所不能"了"的"生死大事"！笔者这个未能忘情名利的凡夫俗子，怎敢承担沈居士高明的谬奖？我只是觉得不学佛则罢，要学则境界总得高一点才好。"生死大事"奚足萦怀。

再者，一个人如果为"了生死"而"了生死"，则大可不必学佛。上有程朱陆王的"明心见性"，下有郑板桥的"难得糊涂"，都比佛教高明多了。相形之下，闭关面壁才是糊涂人自作聪明呢。但是人生之不可"了"者正多，"生死"小焉者尔。

前些年纽约市郊有一个叫 Wainwright House 的业余研究比较宗教的团体，约笔者去讲"禅宗佛学"。我分明知道他们找错了人，但是在主持人坚邀之下，我还是去了。在我向那些虔诚而可敬的宗教（多半是耶教）信徒宣读了一些"胡适"和"铃木大拙"之后，我以"不做和尚也说谎"的自嘲心境，也说了一些"我所知道的禅"，居然也使听者动容。

我的大意是：

佛的最高境界便是"自了"。但是一个自私的"自了汉"绝不能"自了"。可是那些追求"自了"最虔诚而还是"自了不了"的人，却是些最"无私"、最"忘我"、最"慈悲为怀"的忠臣、孝子、革命烈士、抗战英雄、情种、烈妇……也就是有火一般情感和正义感的人。他们有深爱、有大恨。他们所"自了不了"的，不是"生死"而是"爱恨"。但是"恨"易销，而"爱"难填。

生为"抗战将士"，那时我们对日本侵略者，那样的深仇大恨，你何能追求自了，削发为僧呢？生为一个大政治家，你看见饿殍载道，父母易子而食，嗷嗷待救的百万哀鸿，你怎忍心掉头而去，遁迹空门呢？……小而言之，骨肉之情、男女之爱、对禽兽之怜，这些对一些有人性、有佛性的人，也是难舍难分的。

上有衰亲，下有弱息，你如何"出家"？宝玉对林妹妹说："你死我做和尚。"但是她偏不死，你和尚也就做不成了。最近在电视里看到加拿大猎户捕杀北极小海豹。他们把可爱的小海豹一棒打死，用铁钩钩住，在冰上拖走，老海豹蹒跚地随后哀鸣不去。看此电视之后，你怎忍心去听法师讲四大皆空，而不去参加反加拿大旅游的示威呢？

这些都是"众生皆具"最起码的"佛性"。一个人若历尽沧桑，生命经验中再有无限风波和"无涯之憾"……如此则其人生旅程中便"禅机四伏"，他要追求的岂是"了"一己而已哉？他能了其"欲"，而不能了其"愿"。地藏菩萨把他对世上悲天悯人的一切之爱，都集中到一个总爱里去，立下个大"愿"，叫作"地狱不空，誓不成佛"（也就是誓不自了）。所以他老人家"修"了几百年，到现在还在地狱里赶鬼，进不了"涅槃"，做不了"自了汉"！

　　所以一个老先生，上了年纪知道此生为日无多，因而临时抱佛脚，遍访名山，去"了"一下"生死"。这种"佛"，还是不学的好。在这方面，我们儒教里的《十三经》，实在比五千卷的《大藏经》高明多了。但是走向另一个境界，《十三经》就只是一种"入世之学"了。

　　我们的胡老师就是个最高明的"入世的学者"，他老人家哪里能谈禅？！

原载《传记文学》第三十四卷　第六期

▼

第十一章

从旧小说到新红学

上文我曾说过"整理国故"——有系统和带批评性地"整理国故"——是"中国文艺复兴运动"中的一部门。我也曾提出我们致力研究的一方面便是中国思想史。我个人比较欢喜用"思想史"这个名词，那比"哲学史"〔更为切当〕。我并举出我对禅宗史的研究，以及我如何从头改写禅宗史，用它作例子〔来说明我们整理国故的方法和过程〕。

今天早晨我想来谈谈中国〔传统〕小说。那是中国文学史的一部门。在以前诸章里我曾举出那几部小说名著，它们都已经畅销了好几百年。由于它们用活文字〔白话〕来替代文言，对近代中国文学革命运动的贡献至大。我也指出，这些小说名著便是过去几百年，教授我们国语的老师和标准。我并强调那些对这种小说有热爱的中国男女和在学青年，于潜移默化之中，便学会了一种有效率的表达工具。这工具便是这一活的文字——白话。它不只是口语，而且是文字，因为这些小说名著已经把这种活的文字的形式统一了，并且标准化了。

所以我们这一文学革命运动，事实上是负责把这一大众所酷好的小说，升高到它们在中国活文学上应有的地位。

我在中国文艺复兴运动的初期，便不厌其详地指出这些小说的文学价值。但是只称赞它们的优点，不但不是给予这些名著〔应得〕的光荣的唯一的方式，同时也是个没有效率的方式。〔要给予它们在中国文学上应有的地位，〕我们还应该采取更有实效的方式才对。我建议我们推崇这些名著的方式，就是对它们做一种合乎科学方法的批判与研究，〔也就是寓推崇于研究之中。〕我们要对这些名著做严格的版本校勘和批判性的历史探讨——也就是搜寻它们不同的版本，以便于校订出最好的本子来。如果可能的话，我们更要找出这些名著作者的历史背景和传记资料来。这种工作是给予这些小说名著现代学术荣誉的方式，认定它们也是一项学术研究的主题，与传统的经学、史学平起平坐〔1〕。

我想我实在不必在这方面去鼓吹，最好的办法还是采取实际的行动。因此从一九二〇到一九三六的十六年之间，我就花了很多时间去研究这些传统小说名著。同时我也督促我们的出版商之一的"亚东图书馆"在这方面多出点力。"亚东"是一家小出版商。除掉陈独秀和我们一般朋友，编写了一些书交给他们出版之外，简直没有什么资本〔来印其他的东西〕。最后我说服了他们来出版我们的……德刚，我应该怎么说？——〔德刚答道：〕"整理过的本子。"对了，有系统地整理出来的本子。意思是包括：一、本文中一定要用标点符号；二、正文一定要分节分段；三、〔正文之前〕一定要有一篇对该书历史的导言。这三大要项，就是所谓"整理过的本子"了〔2〕。

一　第一部"整理过的本子"

"亚东"首先选了两部较短的本子来付印。其一便是那部讽刺小说《儒林外史》。我常用英文把它译成 "An Unofficial History of the Literati Class"（知识阶级稗史）。〔德刚插话：大陆上的英文版译为 "The Scholars。"〕对的，大陆出了部新的英译本叫 "The Scholars"（学问家），那也是相当正确的译名。

这是一部在十八世纪出版的部头比较小的小说。这部小说在〔二十年代〕当时并非畅销书。但是它现在却以新姿态——标点本——出现。书前还有陈独秀、钱玄同和我的序言。当这本书在一九一九年出版时，竟然一纸风行，深为老幼读者所喜爱。这一来我的出版商也就相信这也是个生财之道。后来果然如此。

那时陈独秀、钱玄同和我对本书皆甚为推崇。但是我还没有足够的资料，能替本书作者，我的安徽同乡吴敬梓先生作篇全传。因此在该书出版之后，我也就开始收集有关作者传记的资料。这项采幽访贤的工作甚为有趣。因为一般目录学家对吴敬梓的作品都没有著录。所以我把吴氏著作查明交予我的书商，要他们加意搜寻。

有一天，一位书商果然带来了一厚册吴敬梓的诗集〔《文木山房诗集》〕，集后还有编纂人——吴氏颇有天赋的儿子〔吴烺〕——一首有关选印诗集的诗。这是全世界唯一的孤本，名著《儒林外史》的作者的诗集。我只花了一块半钱〔约合当时美金五角〕便买到了。我把吴氏的诗文集和安徽《全椒县志》参校研究，所以在《儒林外史》标点本出版后三年，一九二二年冬，我就能写出一篇相当完备的《吴敬梓（一七〇一——一七五四）年谱》了。

我研究的第二部小说是《水浒传》。《水浒传》很像英国的《罗宾汉》（Robin Hood）那传奇英雄的故事。赛珍珠（Pearl S. Buck）把它译成"All Men Are Brothers"（四海之内皆兄弟也）实在很差劲。"水浒传"原意是"湖畔强人"或"水边盗贼"（The Bandits of the Marshes）。那是一部谈一百单八条好汉的故事，他们被苛政所迫，不得已违反本意，落草为寇[3]。

这部小说在中国一直是一部畅销书，因为它描述一种"罗宾汉"一流的英雄好汉，为青年读者所喜爱。同时也是因为这一百单八条好汉中的几位领袖，都有其特出的性格的缘故。

我于一九二〇年七月发表了篇详尽的《水浒传考证》；翌年六月，我又写完与前文几乎一样长的考证续篇。两篇加起来总共有四万五千多字。算起来比萧伯纳（George Bernard Shaw）为他所写的剧本所加写的导言的平均长度还要长一些。

在这篇序言中我指出这部小说不是一气呵成的作品。它是中国传统小说中，那种逐渐演变出来的〔历史〕小说的代表作。

中国〔传统〕小说大致可以分为两大类。一种是历史小说，这种小说是经过长期演变出来的，每部小说的开始，可能都只是些小故事；但是经过长时期的发展，才逐渐演变成一种有复杂性格人物的长篇小说。

《水浒传》便显然是发源于十一世纪一篇描写三十六条好汉的故事。终于由三十六人逐渐演变为一百零八人，从一个短篇逐渐发展成长篇的章回小说。像《水浒传》这类的章回小说，其发展的过程，和中古欧洲那种"罗宾汉"浪漫故事的发展大致是一样的。

中国传统小说中的第二种，便是一些个体作家创作的小说。我在上节所提到的那十八世纪吴敬梓所著的《儒林外史》便属于这一类。

现在我们要研究上述这两种小说，我们对它们的研究方法因而也就大有不同。在我为《水浒传》所写的两篇序言里，我就指出，要研究这种历史小说，我们就要用我所说的历史演变法。我们必须要从它那原始形式开始，然后把通过一些说书人、讲古人所改编改写的长期演变的经过，一一搞清楚。

在一九二〇年，那时市面上所通行的《水浒传》便是那部已流行了三百年的七十一回本。这个本子三百年来一印再印，已不知道印过几百万册了。这部七十一回本，也的确是一部善本，人物性格的描写皆栩栩如生，因此一般读者都视为当然，认为这就是《水浒传》了。但是我指出，这部小说实在是经过长期演变的。正不知有多少无名作家，逐年逐月，东修西改，不断删增，才达成这最后的形式的。我说从早期的记录看来，明朝的《水浒传》无疑的是有好几种不同的本子。这部大书有一百回本，有廉价通俗的一百十五回本和一百二十回本。我举出这三种本子来说明《水浒传》在不同的时代，却有其不同的发展。

在我第一篇考证发表后的几个月，我便收到来自日本的通信，说这三种不同的本子，在日本都可以找得到完好的版本。这真使我惊喜交加。在数年之内我们又发现，不但日本有，中国也可以找到。我自己就颇足自豪地买了一部一百二十回本。我又花一块钱一部，买了好几部一百十五回本，分赠朋友；并以此来说明我的考证，不只是历史的幻想，〔而是有物证的〕。渐渐地其他版本也不断地出现了。例如还有一种粗制滥造的一百二十四回本，便是其中之一。其后十年之内，商务印书馆便出了一部一百二十回的善本，我并且为这部书写了一篇长序。同一时期我的朋友李宗侗，又校印出一部一百回本。所以我研究的结果，发现了《水浒传》是代表一种历史小说，其最后形式是经过几百年的演变才完成的。例如十六七世纪之间所形成的一百回本，原是从十一世纪末年〔一种较简单的本子〕演变出来的。

可是在十七世纪时，中国出了一位有革命性的文学批评家金圣叹〔原姓张，名采，字若采，号人瑞〕。圣叹〔于一六六二年〕由于领导反抗清朝官吏的一些政治迫害，而被贪婪无知的清廷官吏〔巡抚朱国治〕所杀。金圣叹是一位有眼光的人，一位有文学革命思想的文学批评家。他就能指出《水浒传》是一部足与最上品古典文学平起平坐的杰作，在文学上足与两大史学名著《左传》和《史记》媲美。这部七十一回本——通称"贯华堂本"，便是他校评付刻的。这部七十一回本后来甚为流行。在这部书里，每一回都有金圣叹的评语。他对一些精彩的字句，也分别有其批语，这些批语都十分精彩。这部金圣叹批的《水浒传》一直被重刻了三百年。这个本子风行之后，其他较早的本子就逐渐被湮没了。

可是我指出《水浒》的故事还有许多更老的本子。最早的一本是仅有数千字的小故事叫作《宣和遗事》。那是一部约在十二三世纪〔南宋时代〕的作品。但是在元曲盛行的时候，许多剧作家就利用这故事来随意衍伸渲染〔创作戏曲〕。我便指出后来水浒里的许多性格人物，与早期元曲里同一人物的性格描述，却完全不同，有时甚至相反。那也就是说在十四世纪元曲作家采用这一故事时，《水浒传》还无定本去限制作家的构思，所以他们还可根据自己的幻想去创造人物的性格。

时日推移，那些说故事的民间艺人，乃根据元曲和古今各种不同的本子去说书，而这种说书人简直可以随心所欲，有始无终地编造下去。最后在十六世纪〔明代中叶〕，乃逐渐有人综合这各种不同版本的《水浒传》编成一部巨著——例如一百回本、一百十五回本和一百二十回本。至十七世纪〔经过金圣叹一批〕，乃又被缩成七十一回本。在文学内容上说，这七十一回本实在比其他各种版本要高明得很多。但是我们要了解这七十一回本形成经过的历史，我们就必须要体会到它经过正不知有多少无名作家，不断增删而成的长期而缓慢的过程。

以上便是我所提倡〔用来整理传统小说〕的历史方法，这也是我致力于整理中国传统小说而向广大读者介绍的第二步〔也是更实际的〕工作。

二 新红学的诞生〔4〕

我所致力的另一部小说便是《红楼梦》。这部小说最近曾由我的朋友，哥伦比亚大学的王际真教授稍事删节，译成英文。他以前已经出版过一部节译本。本年〔一九五八〕他又加以补译，另出一本比较完备的译本。

我对《红楼梦》的研究就说来话长了!

第一，我要说的便是《红楼梦》是我上面所提过的"第二类小说"的代表。那是个别作家的创作，迥异于长期演变而成的历史小说。对这种第二类的小说，我们必须用一般历史研究的法则，在传记的资料里找出该书真正作者的身世，他的社会背景和生活状况。在许多方面，我对《红楼梦》的研究都是前所未有的。

我的第一篇《红楼梦考证》是在一九二一年三月出版的。出版之后我立刻又获得了许多新材料，在许多细节上又加以补充改写。现在我《文存》中所收的那一篇，也是新版《红楼梦》里所附印的那一篇，便是我在一九二一年十一月所改写的。

经过多年的搜寻，我于一九二二年发现了《红楼梦》的作者曹雪芹的一位友人敦诚的长篇诗文集——〔《四松堂集》〕的钞本。这钞本是部孤本。敦诚出身满洲宗室。他的诗文集有刻本，也有钞本。但是这钞本比刻本有用。因为钞本中有许多有关曹家的事为刻本所无。所以在一九二二年我就把这一发现写成文章发表了。

五年之后我又购得另外一件重要资料，那是《红楼梦》的一部残缺的钞本，〔后来"红学家"通称为"甲戌本"，是现存《红楼梦》最早的钞本。〕这抄本只有前十六回〔一至八、十三至十六、二十五至二十八〕，但是全书却有〔"脂砚斋"等人的〕详尽的评注。一部分是作者的自注，〔刚按：适之先生始终认为"脂砚斋"是作者曹雪芹本人，故曰"自注"。但是继起的"红学家"俞平伯、周汝昌、林语堂、赵冈、潘重规、周策纵诸先生，则认为"脂砚斋"另有其人。周汝昌君竟认为"脂砚斋"是位女人，甚至是曹雪芹的老伴"史湘云"！林语堂先生也深信此说。其实也都是些证据不足的"假设"而已。〕评注的另一部分则为作者曹雪芹的两三位好友〔畸笏叟、梅溪、松斋〕所作。〔刚按：脂砚斋以下的"批书人"，以畸笏所批，最多最详。周汝昌认为这位自称"老朽"的畸笏叟是"史湘云"的另一笔名。是耶？非耶？总之自适之先生以后，"红学界"值得一提的二世祖、三世祖，以周汝昌君用功最勤，发现也最多；但是胆子也最大，文章风格也较低。今姑存其说。〕我这一发现实是《红楼梦》最早的钞本。

后来我又找到了一部更全的七十七回本，号称八十回本。〔此钞本后来红学界通称"庚辰本"，为北平徐景署所藏，书名与"甲戌本"同，亦称"脂砚斋重评石头记"。〕我也替这部更全的钞本写了一篇很长的考证〔《跋乾隆庚辰（一七六〇）本脂砚斋重评石头记钞本》〕于一九三三年发表了。〔原文见商务版《胡适论学近著》第一集，页四〇三—四一五。〕

所以从一九二一至一九三三年，我对《红楼梦》的研究历时十二年之久，先后作了五篇考证的文章。这项前所未有的研究的重要性是多方面的。在我做考证之前，研究《红楼梦》而加以诠释的已有多家，简直形成了一门"红学"。让我且举颇有惊人之笔的三家为例：

第一家认为《红楼梦》是反映清朝开国之君顺治皇帝的一段恋爱故事。书中的男主角"宝玉"便是隐射顺治，那美丽而短命的女主角"黛玉"则隐射董鄂妃。

第二家就更离奇了。那是我的上司，北京大学校长蔡元培先生所首倡的。蔡氏认为《红楼梦》是一部隐射汉民族抗满的〔政治〕小说。〔书中的故事〕便是整个康熙一朝的政治现象。"宝玉"是隐射康熙皇帝的废太子〔胤礽〕，大观园中的诸美人则是暗指当时的名士。例如"黛玉"便是暗指朱彝尊，黛玉的情敌"宝钗"则是暗指高士奇。诸如此类。

第三家倒是有相当的重要性。这一家说《红楼梦》是描写满族名士纳兰性德的身世。纳兰在英文《清代名人传》（Arthur W. Hummel, *ed.*, *Eminent Chinese of the Ch'ing Period*, Vol. Ⅱ, p.662.）中有专传。我这里不妨顺便说一说。纳兰性德（一六五四——六八五）是一位了不起的人，是〔康熙朝〕当时一门有权势的满族世家〔武英殿大学士（俗称"宰相"）纳兰明珠〕的公子。这位青年倒是一位文学奇才。他在十几岁的时候，已经颇有才名。他的情诗〔《饮水词》〕，也真是美艳感人，因此才有人把他和《红楼梦》扯在一起。

但是我在我的长篇考证里，便把上述三家斥为无稽之谈。我指出这部名著与上述三大家的惊人之论毫无关系。否定诸说之后我也提出更有建设性的建议。我认为要认识这部巨著，一定要找出作者的身世，并且还要替这部名著的版本问题作出定案。

在寻找作者身世这项第一步工作里，我得到了我许多学生的帮助。这些学生后来在"红学"研究上都颇有名气。其中之一便是后来成名的史学家顾颉刚，另一位便是俞平伯。平伯后来成为文学教授。这些学生——尤其是顾颉刚——他们帮助我找出曹雪芹的身世。雪芹原名曹霑，雪芹是他的别号。

为搜查曹雪芹的家世，我们又找出他的祖父曹寅来。曹寅诗文皆佳，原为康熙皇帝遣往江南来羁縻当地士子的秘密文化特务。作为清廷的秘密文化特务，他获任当时南京、扬州一带收入最丰的优差肥缺。他的收入倒不是去贿赂或收买当时的读书人，而是有意地去救济全国的寒士——特别是长江下游，江浙一带的贫儒寒士。

我所要特别指出的，则是曹雪芹是曹寅的孙子。曹寅的父亲曹玺——也就是雪芹的曾祖——曾在南京做过二十一年的"江宁织造"〔一个直属于皇帝的私家账房、内务府，管辖南京一带丝绸纺织工业以备宫廷御用的财务官〕。曹寅本来已在苏州做过四年的"苏州织造"，后来调往南京，又做了二十一年的"江宁织造"。在此同时他又在扬州四度兼任"两淮巡盐御史"。这两项官职是当时大清帝国之中最能充实宦囊的优差肥缺。

曹寅死后，其子曹颙又继承父职，做了三年"江宁织造"，死于任上。曹颙殁后，曹寅一位过继的儿子曹頫——可能就是雪芹的父亲——又接着出任"江宁织造"至十三年之久。所以他们曹家三代出了四位"织造"。任期加起来，先后逾五十八年！这件事实便是《红楼梦》上所常常提到的所谓"世袭恩宠"了。〔刚按：在适之先生以前的文章里，他总说曹颙是曹寅的次子，在本章中则说是"过继的儿子"，这是他接受周汝昌的说法而改变的。〕

任何人读《红楼梦》，都会感觉到那〔荣、宁二府里〕荣华富贵的气氛，一种官宦世家的传统。所以我们必须先要了解那种五十年不断的"江宁织造"家庭背景，然后才能谈到了解这部小说。这便是我考证的一方面。

但是康熙皇帝死后，诸皇子争位。雍正虽然终承大统，但是他〔这位皇四子〕也没有什么名正言顺的承继特权。所以他一旦即位之后，便对原先和他争位的弟兄，乃诛囚不遗余力。在这场夺权斗争之中，曹家也受到株连。不特与曹氏有关的皇亲国戚悉被推翻，曹家自己也受了"查抄"之祸。家产充公，婢仆星散，树倒猢狲散，转眼也就穷困不堪。曹雪芹长大之后，正赶上这场不幸，而终至坎坷一生！

这许多遭遇，作者在他的《红楼梦》的前几回中都说得清清楚楚。他也向来没有掩饰这部小说的自传性质。但是我这一自传小说的说法一旦提出之后，却不易为读者所接受。因为一般读者的思想——尤其是知识分子的思想，早已为上述诸家的政治故事、民族意识等说法，先入为主了。因此我和我的朋友们，真是历尽艰辛，找出这些传记资料——不特是曹雪芹的传记资料，而且是曹氏一家的资料——来说明这部小说原是一部自传。

这小说中最令人折服的一项自传性的证据，便是那一段描写贾家在皇帝南巡时曾经"接驾"的故事，而且不只是接驾一次、而且接驾数次。史料在这方面是可以作为佐证的。康熙皇帝曾六度南巡，雪芹的祖父曹寅，便曾"接驾"四次。不但"接"了皇帝的"驾"，而且招待随驾南巡的满朝文武。康熙在扬州和南京皆驻跸曹家。所以不管曹家如何富有，这样的"接驾四次"，也就足够使他们破产了。

我考证的第二步，便是《红楼梦》本文上的问题。我指出根据早期各方资料，《红楼梦》全稿未完曹雪芹就死了。雪芹死后他的遗嘱可能把这部未完的小说，以钞本方式，廉价出售。这钞本大致只有八十回。可是后来我发现，甚至前八十回也非全璧。其中六十七回〔《见土仪颦卿思故里，闻秘事凤姐讯家童》〕中的一部分，以及其他各回中也都有些残缺之处。这些都说明作者死后，只遗下一部八十回的残稿。这残稿在传阅之中，又经人一再手抄，而抄书的人又可能只是些低能的录事，因而错误百出。

这样经过二十五年的传抄，始由两位有心人来加以整理，赞助付刻。其一〔程伟元〕出资印刷；另一人为汉军旗人高鹗乃加以续写，把残稿补成全书。高鹗一共补写了四十回，才竟全功。在他程、高二人的序言里，他们便坦然说出他们续了四十回。

他二人所说的故事原是这样的。他们先发现了〔八十回以后的残稿〕二十回，后来又在一肩挑旧货贩卖的"鼓担"上，无意中又发现其余二十回的残稿。拼凑之下，果然"接榫"。所以据他们说，这一部百二十回的《红楼梦》，实是在多少年耐性搜寻之下，忽然喜从天降，果然在一个鼓担小贩的杂货之中发现了。但是这位学者高鹗，倒颇为续写而自豪。他始终没有完全否认那后四十回是他补写的。他曾把此事告诉他的朋友，似乎也是他的姻兄张问陶。张问陶后来写了一首诗〔送高鹗，有"艳情人自说红楼"之句〕提到《红楼梦》。在这首诗的小注中，他曾提到后四十回〔为"兰墅所补"，〕是指高鹗续作的。

这些都是当时人的见解。所以我根据我的青年朋友顾颉刚、俞平伯二人所发现的证据，来说明《红楼梦》后四十回之所以与前八十回不大一致的道理，那实在是出于高鹗的善意作伪之所致。

我同时又找出全书前后更多的矛盾之处来说明《红楼梦》是出诸两

位作家的手笔。这第二位作家高鹗，显然是熟读前八十回之后才动笔的。但是没有哪一位作家可以把一部未完成的小说巨著，能补得天衣无缝的，所以高君续稿中的破绽是可以理解的。在高君的破绽中，我们便很容易看出哪些不是原作者的手笔了。〔刚按：胡先生这些话不但太武断，而且也"破绽"重重。曹雪芹在乾隆二十一年丙子（一七五六），已成书八十回，此时距他死还有七八年之久。乾隆二十五年庚辰（一七六〇），该书已经脂砚斋"四阅评过"，此时距雪芹"书未成，泪尽而逝"也还有三年。那么雪芹在"泪尽而逝"之前在写些什么呢？所以林语堂先生断定高鹗是"补"足残稿而不是"续作"，是极有见地的话，也是笔者深信不疑的。见林语堂著《平心论高鹗》，载"中央研究院"历史语言研究所《集刊》，一九五八年十一月第二十九本《庆祝赵元任先生六十五岁论文集》下册，页三二七—三八七。〕

所以我在《红楼梦》考证文章的结论上说，我的工作就是用现代的历史考证法，来处理这一部伟大的小说。我同时也指出这个"考证法"并非舶来品。它原是传统学者们所习用的，这便叫作"考证学的方法"。这一方法事实上包括下列诸步骤：避免先入为主的成见；寻找证据；尊重证据；让证据引导我们走向一个自然的、合乎逻辑的结论。

注释

〔1〕把小说当成一项"学术主题"来研究，在中国实始于胡适！今日左右中三界知识分子，都视此为当然。然适之先生启蒙之功，就可以在历史上一笔抹掉吗？

近闻大陆与台湾对"五四"六十周年都有相当隆重的纪念活动。出乎意外的是中国社会科学院也曾举行了为时数日的学术讨论会。参加讨论的有各阶层的各机关和部分高等院校及有关部门的代表二百六十四人，共宣读论文一百五十六篇。有的组对五四时期历史人物的评价问题，进行了讨论。大家认为五四时期曾经存在着"好的一切都好、坏的一切都坏的形式主义偏向，六十年来这种偏向并没有克服，它对实事求是地评价历史人物造成很大的困难"。因此在小组会上，大家对李大钊、陈独秀、胡适、吴虞等历史人物的评价问题，展开热烈的讨论云云。

一切迹象显示，胡适和孔夫子一样似乎在大陆又逐渐抬头，受到部分的"平反"和"恢复名誉"。胡适一部分留在大陆的手稿，也逐渐被整理发表，他在学术上的贡献还是被继续承认的。

〔2〕这句适之先生和笔者当年的对话，不意漏网之鱼似的也在哥大发表的胡氏遗稿"整理过的本子"里被保存了下来。这句话原是我从胡公著作上看到的，但是胡氏在口述之前因为无暇做 homework，所以他自己反而忘记了。

〔3〕赛珍珠所译的《水浒传》里面"差劲"的地方正多着呢！"赛珍珠"和她的中国姊妹"赛金花"一样，这个翻译的艺名本身，就不太"雅"。这位"诺贝尔文学奖得奖人"在中国之所以被人开了一辈子玩笑而不自觉的道理，主要的原因便是她汉文水准不够，而翻译本身又是件天大的难事。

严复认为"信、雅、达"是译事的三昧。其实他所说的只限于翻译《天演论》《穆勒名学》等一类的说理之书。如果是翻译文学著作，笔者就觉得还要加个"神"字。

一次笔者读到一位留美剧作家，把宋江《坐楼杀惜》的"乌龙院"译为"The Black Dragon Residence"。我就觉得他没有把宋三郎"金屋藏娇"的神韵译出来，所以我给美国学生讲课时，乃把他改译为"Black Dragon's Den"。den 这个字多少有点神秘和浪漫的气味，质之译界方家，不知以为然否？

至于《水浒传》书名的翻译，赛珍珠是翻走了样，但是胡先生那条译名，也还是不太妥当。大陆上"四人帮"搞"水浒批判"时，把《水浒传》译成"Water Margin"，那样便把"水浒传"的"传"字译漏了。以前我曾建议胡先生译成"The Waterfront Guys"。waterfront（水浒）原来也是西方江湖豪杰聚止之地。guy 虽是俚语，却有"光棍""泼皮"之意。后来笔者在课堂上曾要美国学生试猜此书的内容，他们异口同声说是"牛仔的故事"（a Western story）。所以笔者译文虽欠雅，意思倒是译出来了。姑志之，以俟通人明教。

本来世界各国每种文字都各有其特点。例如中国的"歇后语"和英文里的许多 riddles 就几乎无法翻译。五十年代之初，林语堂先生正在翻译《红楼梦》。我问林公，那第三十三回《不肖种种大受笞挞》中，宝玉向个老妈妈说："老爷要打我了……要紧，要紧！"谁知这老妈妈是个聋子，她听成"跳井，跳井"，因而宝玉未找到救兵而被爸爸大大地揍了一阵。这故事如何翻译呢？

林先生说他是这样译的：宝玉对老妈妈说："Very important！Very importan！"老妈妈听成"Very innocent！Very innocent！"所以宝玉就被打得皮开肉绽，累得"老祖宗"也要回南京去了。

赛珍珠如何能比得林语堂呢？所以她翻起《水浒》来，就嫌差劲了。这是个语言水平的问题。越是不通的人，越是胆子大。哥大就有一位教授，中文说不到一两句，白话文一段也看不懂，浅近的文言连最浅的"光临便饭"一类的小条子也看不懂，更不谈下笔写作了。但是他所教授的却是唐宋八大家的"高级古文"，岂非咄咄怪事？！然而天下即有这种意想不到之事。这样说来，"四海之内皆兄弟也"也就不算是坏的翻译了。

[4] 近六十年来的"红学家"，从早期的蔡、胡、陈、钱，到最近台湾的"幼狮十八家"，有著录可考的至少在三百人上下。如果这三百篇也可文以类分的话，笔者不揣浅薄，就斗胆把他们分为三大派：

第一，"猜谜附会派"。这派的附会猜谜且有笨巧、大小之分，也有政治、哲学、入世、出世之别。自蔡孑民先生而下到潘夏（重规）先生，和潘公在香港新亚书院所成立的"红小组"和组里的组员们，胡适之先生便一杆子把他们都打入"笨猜谜"。笔者不敢附和胡说，且名之曰"大猜谜"。大猜谜也不只蔡、潘两家。近三十年来把"大观园"一分为二，剖成"两个阶级"的李希凡、蓝翎等"斗争派"，和把《红楼梦》划成"两个世界"的余英时先生的"人文派"，以及一些"佛道派""玄学派"，也都和旧"索引派"的出发点差不多。大家都在搞大猜谜。

这个大派之下，也还有些小派或巧派。他们要在茶余酒后把曹雪芹这部大"谜书"或大"淫书"来揭揭底。例如"贾宝玉'初试'云雨情"，这个"初试"的对象是他的大丫头袭人呢？还是小侄媳可卿呢？又如"因麒麟'伏'白首双星"，所"伏"的是目前的"白首双星"——史太君和那位"呵呵大笑"的老混账张道士呢？还是作者没有交代的将来的小白首双星——"一芹一脂"呢？曹雪芹这支笔十分狡猾，狡猾到使我们在小小的童子军帐篷内也没有太平日子好过的程度。这是种小猜谜或巧猜谜。但是不论谜底有巧拙，猜谜者人物有大小，其猜也则一。要"猜"，那答案就 debatable 了。

第二派则是比较实际的"传记考证派"。这一派的老祖宗便是有"考据癖"的胡适之先生。"考据"是个科学玩意。要考据就得让证据说话，不可有先入为主的观念。如果先把"阶级"这个观念扣牢，然后"找证据"，把曹雪芹来个"阶级分析"，那么曹雪芹的"阶级成分"也就永远查不清，《红楼梦》这部巨著也就永远读不完了。

第三派大致可以叫作"文学批评派"。批评也有大、小之分。胡适说："《红楼梦》不是一部好小说，因为它没有一个 plot。"这话虽是西洋文学批评中的老调或滥调，但是这也是个从大处着眼的大批评。纪晓岚评《文心雕龙·原道篇》说："文以载道，明其当然；文原于道，明其本然。识其本，乃不逐其末；首揭文体之尊，所以截断众流。"现在受西洋文学训练的"红学家"，所搞的都是这个"大批评"派。从好处说，他们是"识其本，乃不逐其末"。从短处说，读《红楼》的人，如不从十来岁开始，然后来他个五六遍（毛泽东就说他看了六遍），不把《红楼梦》搞个滚瓜烂熟，博士们也就无法"逐其末"了。这大派便是当代文学界新兴的青年职业批评家。

等而下之的则是那些把《红楼梦》读得烂熟的业余牛皮匠。他们对《红楼梦》有由衷的爱好，而他们所热衷讨论的话题则集中于刘勰所说的什么神思、风骨、情采、章句等方面的细枝末节。这一派虽多半是业余性质，但是《红楼梦》却是个无底洞。一旦不幸翻身落洞，则草蛇灰线，也是治丝愈棼，瓜蔓无穷的。

《红楼梦新探》等巨著的作者赵冈先生便是位经济学教授，他搞"铜臭"搞腻了，也想到怡红院随喜一番，闻点"花香"。结果花香铜臭两难分，只好解衣下海，亮相一番。

笔者不学，三十年来读闲书，阅尽诸公"考红"之作，感染亦多。年前执笔写胡适之先生的文学观，便有意为红学一世祖以下的九流十家来个——如胡氏所说的——"结结账"，把存殁诸家次第甲乙来写点红书读后感。然深恐悬崖撒手，堕入深渊，自讨苦吃，乃知难而退。

不过林黛玉毕竟是我们的大众情人。《红楼梦》也是中国知识分子，人人必读之书。学人不读《红楼梦》，方帽加头也枉然。因而有时觉得（着重"觉得"二字）有些"红学家"胡扯，扯得离了谱，还是骨鲠在喉，不吐不快。

近三十年来集上述三派之大成，治红学最勤，也是"得地独厚"的新红学家，要算是《红楼梦新证》（一九五三年初版，一九七六年增订重排）的作者周汝昌先生了。就材料（包括可靠的和不可靠的，必要的和不必要的）搜集来说，这是一部了不起的巨著。可是在分析、考订和运用材料方面，这部巨著对工余看闲书的读者来说，则失望之处，也是数不尽的。

周君之书开宗明义就把"一般'考红'的文章"分为两大类。说它们都是乌烟瘴气的。作者说："要除这层烟瘴，更无其他办法，只有用我们的照妖镜——历史唯物主义和辩证唯物主义观点的科学考证——使这些牛鬼蛇神，一一现形出丑。"

在那些"现形出丑"的"一般文章"之中，那位"谬论"连篇的胡适，自然更是丑中之丑了。可是细读周氏八十万字的大著，再翻翻胡适五六十年前所写的那几篇小文章，两相对照，我发现周君所用的"考证方法"，事实上还是胡适的那一套。

记得五十年代中期，胡氏看到周汝昌捧为至宝的"曹雪芹小像"，便说那像是"假的"。"这个像的主人根本不姓曹！"他本来一笑置之。那是笔者等几个人好事，力劝他写出来，才有《海外论坛》（一九六一年一月，二卷一期）上《所谓"曹雪芹小像"的谜》那篇短文。

周书于一九七六年再版时，虽然作者曾读过胡文，但是他对胡公所提出的"谜"

却不做正面答复。他只是强调肯定他书上所印的"第二幅"曹雪芹小像（陆厚信所绘，现藏郑州博物馆）。适之先生今已长眠地下，他老人家如还健在的话，我相信他还要说第二幅也是假的。

胡公生前告我，那第一幅上的落款"旅云王冈写"和小印二方，"根本是伪造"。因为他在民国十八九年间看到此图真迹时，这个款和印还没有加上去呢！

笔者今日把这两幅画像的照片细细比较，就怀疑此二像是出诸一人手笔，所画的对象也似乎是同一个人。如果第二图的画家陆厚信实有其人，则第一幅可能也是他画的。若果如此，则第一幅若非曹雪芹，则第二幅也就不可能是他了。这两幅画，还大有文章可作。汝昌一口咬定，有疑处不疑，就谈不上考证了。

周书内对曹家世系的考订，则落笔尤为轻率。周君直承胡适之的衣钵（汝昌哪里懂得什么"照妖镜"或"风月镜"呢！）认为《红楼梦》是曹雪芹的自传。胡适只不过就"接驾"诸条笼统地说了几句罢了，而汝昌则"捡起红枣当火吹"，竟把这个胡适的"自传说"认得绝对化。按周君的逻辑，只要把《红楼梦》中的姓贾的换成姓曹的，则这部"满纸荒唐言"的小说，便是百分之百的信史了。天下哪有这等事？！

他们胡、周师徒二人都替曹家修过家谱，胡修曹家"世系"（这是"红学"中的破天荒之作），虽因早年文献不足，小有错误，但是胡氏倒是根据史料下笔的。汝昌修的，虽然史料满筐，但是却"凭空捏造"。这也可看出他二人治学的基本态度。

先看胡纂曹氏家谱：

胡氏查出曹家从龙入关的一世祖叫曹锡远。锡远生振彦。振彦生二子——曹玺与曹尔正。曹玺又生二子叫曹寅、曹宜。曹寅又生两个儿子叫曹颙、曹頫。曹颙便是曹雪芹的父亲。雪芹的叔祖父曹宜，则只生一个儿子叫曹颀。

至于曹尔正那一支，则有雪芹的叔祖曹荃，和曹荃的儿子天祐。

六十年来史料的累积，反映了胡氏此说有点小错。原来曹寅只有一个儿子叫曹颙，而他的弟弟曹宜却有四个儿子。后来因曹寅、曹颙父子相继任"江宁织造"而死于任所，遗下两代孤孀无依，康熙皇帝善心大发，乃把二房的小儿子过继给大房，并继任"江宁织造"，庶几使大房遗属有靠。这个过继的儿子便是曹頫。所以曹頫其实是曹寅的"四侄"，而不是如胡适早年所想象的"曹寅的次子"。把这点小错改正，胡订曹家世系，便可修改略如下表：

这个改正的曹家世系，很合乎中国传统宗法社会组织的逻辑。第一，曹振彦的两个儿子皆是"尔字辈"。曹玺原名"尔玉"，因为被康熙皇帝的"御笔"写在一起，变成个"玺"字，乃天意难违，将错就错地改名曹玺。曹玺既因"圣恩"而改为"单名"，他的子孙也都沿用"单名"。以下各代的"辈分"则要看名字的"部首"了。曹玺的两个儿子——曹寅、曹宜的名字，都用"宝盖头"（宀）；他的五个孙子的名字，则都用"页字旁"。

中国的传统大家庭中，多半只有"堂兄弟"才"大排行"，"从堂兄弟"则不排。所以曹尔正的孙子和曹玺的孙子就不一定要用同一个部首的字了。所以上表中这个排法是很合乎宗法社会的逻辑的。因此所有康雍乾三朝与曹家有关的可靠的文献上——如《八旗通志》《八旗满洲氏族通谱》《八旗画录》（以上三书哥大皆藏有原版）和周汝昌所引的《曹氏五庆堂谱》——所载的大致与上表均很符合。

可是周汝昌君对这些文献上的白纸黑字却全不相信。他硬说曹雪芹的亲祖父不是曹宜。曹宜是曹尔正的兄子。但是雪芹的亲祖父——也就是曹颙的生父——究竟是谁呢？汝昌乃凭空捏造出一个叫"曹宣"的名字来！

"曹宣"这个名字在任何与曹家有关的文献上都找不到。那硬是周汝昌先生和他的哥哥祐昌兄弟二人"凭空捏造"的！

不特此也，汝昌在他那本相当有分量的厚书里的曹氏世系谱表和年表上，也竟然无中生有，堂而皇之，若有其事地用了起来，什么"〔雪芹〕二叔祖宣，玺次子""堂伯桑额，宣子""堂伯颀（？）……宣子""父颀，宣四子"。（见《新证》第二章，《人物考》）

试问"宣"是哪里来的呢？曰：是周汝昌替曹雪芹的亲生祖父取的名字。这件事岂不太荒唐吗？一个写历史的人，怎能替历史人物乱取名字呢？

这种写法也是对一般读者太不负责任了。笔者非红学家，也无心研究红学。但是笔者是一位《红楼梦》的爱好者，也是一般红学书籍的普通读者。正因为是个普通读者，所以要挺身而辩之，因为周君这种苟且落笔的作风，他害不了有研究的红学家，他们可以摸他的底，但是受祸最深的却是我辈对红学没有深入研究的普通读者。

根据这个无中生有的名字，周君便替曹家家谱之外，另造了一个《世系表》如下（见周书页五三）：

周君有什么理由要硬改人家的家谱，调换人家的祖宗呢？他的理由如下：

一、曹寅字子清，有弟字子猷。周君说后人把子猷的正名误为曹宜。但是"宜"字与"猷"字有什么关系，硬牵在一起？据他说，只有"宣"字与"猷"字，在古书上才时常连用。所以子猷的正名，一定叫曹宣。这个"望文生义"的理由，也是汝昌替人家乱取名字唯一的理由。

不过古今名人的"名"与"字"在字义上一定要有关系吗？孙文字逸仙，汪兆铭字精卫，周祜昌字缉堂，乃至曹寅字子清，又有什么关系呢？

再者，"猷""犹"本是一个字。《礼记·檀弓上》："仲子亦犹行古之道也。"历来经师都说周文王不立长子伯邑考而立次子武王，所以后人有爱于次子者，"亦犹行古之道也"。后世父亲在经书上断章取义，把"仲子"取名"子猷"是不难理解的。所以曹玺把他的"仲子"取名"子猷"，实在用不着周汝昌先生画蛇添足，把他硬取个"曹宣"的名字！

二、曹宜另有其人。据周君的考证，曹宜于康熙四十七年（一七〇八）曾送佛去普陀山，而根据乃兄的忆弟诗，这时子猷已经死去"十稔"了。再者雍正十三年（一七三五），内务府的档案还提到曹宜在做"护军参领兼佐领加一级"；同一年乾隆所颁的"诰命"也提到曹宜是曹振彦之孙，曹尔正之子。所以周汝昌判定：曹子猷万万不就是曹宜。

但是那乾隆初年，"奉旨所刊"历时九载的官书《八旗满洲氏族通谱》以及其他的当时文献，为什么都分明记载曹寅、曹宜为兄弟二人呢？周君认为那都是手民之误。他甚至若有其事地说："钞胥或刻工的工作都很单调无味，而继续无休，时间一久，容易遗误；偏偏又遇'曹宣''曹宜'两条易混的项目紧挨着，眼睛一眩，便钞掉了一行或刻丢了一项，这确是曹宣迷失的根本原由罢。"这真是胆子最大的"大胆假设"！

我国帝王时代——尤其是修《四库全书》的乾隆时代——那奉旨纂修，历时九载，记载满洲氏族中所有皇亲国戚的官书，正不知有多少翰林学士、宏儒硕彦，精心勘校；它能让一两位"刻工""钞胥"，"眼睛一眩"，便把那声势显赫三代四织造的曹家祖宗弄错了？此事不但曹家不答应，对乾隆皇帝来说，那也是犯了"大不敬"之罪。我国"三世不修谱为不孝"的宗法社会里，族谱是第一宗圣书，编纂校对是最为郑重的。笔者前文所提胡铁花先生谈修谱之事，足为佐证；笔者不学，亦尝撰长文妄论我国的谱学，所以我们断难接受周汝昌的"眼睛一眩"之论。

再者，曹寅上康熙的奏折上，也分明说的是"臣弟曹宜"。在那个功服分明的宗法社会里"臣弟"与"臣堂弟"是不能混称的。对皇帝乱用，也要犯欺君之罪的。博学如周君者，焉有不知之理？

还有，早期《红楼梦》钞本上"避讳"的问题，也不可一笔抹杀。"甲戌本""庚辰本"和"戚本"里，作者对他两位祖父曹寅、曹宜的名字似乎都有"避讳"的迹象。

"庚辰本"第五十二回，晴雯补裘至深夜，作者不愿提"寅正初刻"，而说是"只听自鸣钟已敲了四下"。下面的"双行小注"（胡适说是"作者自注"）说是避"寅"字讳。胡适据此而肯定作者是曹"寅"的孙子。周汝昌亦同意此说。

可是海外两位大红学家，周策纵、潘重规两先生则不能接受。潘君并指出第二十六回中的"庚黄""唐寅"的故事，说作者"又写又说，又是手犯，又是嘴犯"，而否定此说。策纵并举出雪芹的曾祖原名"尔玉"，因说"《红楼梦》里的玉又从何避呢？"

这潘、周二问题均不难回答，宗法社会里"避讳"这件事，原是可避则避之，并不是死避。韩文公说："其父名仁，其于不得为人乎？"正是这个意思。周公所举的"玉"字，更不成理由。古人所谓"二名不偏讳"。孔子母亲的名字叫"徵在"。所以孔子就"言徵不称在，言在不称徵"了。韩愈的《讳辨》不是说得很清楚的吗！

至于曹雪芹不说"寅时"，是否是"避讳"，吾人固不得而知，但是至少那位"批书人"是如此说的。如果那位"批书人"正如周汝昌所说的是"史湘云"，难道我们还不相信那云鬟纤腰的美人史湘云，而偏要去相信那两位白发苍苍的老头子潘重规、周策纵乎？！

不特此也。曹雪芹不但避"寅"字讳，他还避"宜"字讳呢！周汝昌在《红楼梦》最早的两部钞本——"甲戌本"和"戚本"——上面发现个大秘密，他又误为"钞胥"之错。

周汝昌说："木版书的'宣'字，因为两个小直划上下出头，稍稍一连，尤其容易看成'宜'字。"接着周君似乎是漫不经心地用圆括弧，加一条夹注："（甲戌本、戚本里的宜都作"宜"，三横划）。"

这个"三横划"的不成字的字"宜"，里面显然有文章了！

低能的"钞胥"（俗称"录事"）做"单调无味，而继续无休"的抄书工作是可能一误再误的。胡先生便曾指出他们把一个草书的"真"字抄成"十六"。笔者本家前辈有位纨绔子，有次用重金请"枪手"代作文章，投考秀才，结果还是名落孙山；因为他把草书的"希圣希贤"中的"希圣"二字抄成"又布上天"，结果上不了天，还亏了大本。

所以抄书一误再误，是可以理解的。但是甲戌本、戚本里把所有的宜字"都"抄成"宜"字，则不可能是笔误。这两个古本，都最接近作者的原稿。在原稿里作者把"宜"字一律故意写成"宜"，这分明是避讳的写法。如果曹宜真如周汝昌所说是曹尔正的儿子，曹雪芹则绝没有为"已出五服"的族祖避讳的必要。就凭这一点，我们也可猜想曹宜是雪芹的亲祖父。否则这个不成字的"宜"字，我们便无法解释。

笔者幼年读改良私塾时，塾师还要我们把"孔子名丘字仲尼"这句读成"孔子名某字仲尼"，把丘字读成某字。写大字或作小楷，遇到丘字则写少一笔，或"多一笔"成为"乒"或"乓"，说是"避圣人讳"！

"避讳"这个东西是我国宗法社会里最荒唐的制度之一。但是任何坏的东西，往往也有其好的一面。"避讳"在我国后来的"校勘学"和"版本学"上所发生的功用实在太大了。

周汝昌先生被这个"宜"字弄"眩了眼"，便显然说明他对传统学术上的"避讳"方式，还不太清楚。写起书来，一挥八十万言，架势甚大，连胡适也被他看成个"不读书的人"。其实他自己也只是"半路出家"，并没有像胡适一样，真真碰过"版本学"和"校勘学"；所以他老人家对这个"宜"字就不得其解了。当然我们也承认周君所举的"内务府"那两件档案是有其极高的学术价值的。"曹宜"这个"双包案"，还有待于有功力的"红学家"——尤其是有地利的"红学家"——去继续发掘。

总之，周君那"八十三万人马"，来势汹汹，是十分吓人的。但是读者们如把他这大队人马的哨长、蓬头们都拖出来细细检阅一下，其问题也多得吓坏人。纵使我们只"识其本，而不逐其末"，他的"本"也有问题。俗语说"老婆是人家的好，文章是自己的好！"周君之痛骂高鹗，就犯的是这个毛病。当然犯这个毛病的并不只周君一人，而以周为最罢了。

六十年来"红学"发展的过程中有个极大弱点便是搞"红学"的人——自胡、蔡、陈，钱到俞平伯、周汝昌、潘重规、余英时……他们都是"批评家""考据家""哲学家""思想家"，却很少"作家"；所以"红学家"们多半不知"作家的甘苦"和作家们从灵感、幻想、经验等，到构思、布局、创作、增删等的艰苦历程。所以他们每每为"文章自己的好"这一不知不觉的潜意识所支配，而乱下雌黄。

"红学界"里有丰富创作经验的唯鲁迅与林语堂二人。可惜他二人都不愿用情哥哥寻根究底的考据憨劲，但是他二人却代表"红学"里的作家派。他们的话是有其独到之处的。林语堂先生认为"后四十回"不是高鹗的"续作"，而是高氏对曹雪芹原有残稿的"补写"。这一论断，是十分正确的！

至于周汝昌对高鹗的"谩骂"，林氏就说"周是不配谈高鹗的人"（见《平心论高鹗》，页三四七）。这句话虽重了点，也倒不失为作家派的红学家的持平之论。

原载《传记文学》第三十五卷　第一期

▼

第十二章

现代学术与个人收获

在前数次录音里，我曾略微叙述我怎样替那些一向为文人学士所轻视的白话小说的新版书写序言和导论。我也曾提到我对我自己所说的"价值重估"（Transvaluation of values）〔这一概念〕的认识和执行。那也就是把千百年来一向被人轻视的东西，在学术研究上恢复它们应有的正统地位，使传统学术方法和考据原则等也可用之于对小说的研究。

〔在现代的中国学术里，〕这一个转变简直与西洋思想史上，把地球中心说转向太阳中心说的哥白尼（Nicolaus Copernicus）的思想革命一样。在中国文化史上我们真也是企图搞出个具体而微的哥白尼革命来。我们在学术研究上不再独崇儒术。任何一项有价值的学问，都是我们研究的对象。把汉学研究的范围扩大，本来也是我个人野心的主要目标。

在这些年里，我个人所从事的批判性的整理国故的工作，至少也有两大目标：一个便是中国文学史，另一个便是中国哲学史。后来我总欢喜把"中国哲学史"改称为"中国思想史"。

这两方面也是我留学归国以后，整个四十年成熟的生命里〔学术研究〕的主要兴趣之所在。现在我想就把这两方面，来把我个人的些微成绩，做个概括的总结〔1〕。

一　揭穿认真作假的和尚道士

在思想方面，我曾提过，我几乎把一部禅宗史从头改写。

一般说来，我对印度思想的批判是很严厉的。"佛教"一直是被国人认为是三教之一（另外两教是"儒教"与"道教"）。可是无疑的道教已被今天的一般学术界贬低为一团迷信了。道教中的〔一套"三洞、七辅"的〕所谓圣书的《道藏》，便是一大套从头到尾，认真作假的伪书。道教

262　…

中所谓〔"三洞"〕的"经"——那也是道藏中的主要成分，大部都是模仿佛经来故意伪作的。其中充满了惊人的迷信，极少学术价值。

至于佛教，它至今还是日本、高丽、越南、缅甸、泰国和锡兰的〔最主要的〕宗教〔甚或是国教〕。许多人也认为中国虽然不完全是个佛教国，但也可说是部分的佛教国。我自己在这方面的工作，可说是破坏性的居多。我必须承认我对佛家的宗教和哲学两方面皆没有好感。事实上我对整个的印度思想——从远古〔的《吠陀经》〕时代，一直到后来的大乘佛教，都缺少尊崇之心。我一直认为佛教在全中国〔自东汉到北宋〕千年的传播，对中国的国民生活是有害无益，而且为害至深且巨。

当然打翻了牛奶，哭也无用！〔刚按：这是一句美谚。孩子们打翻了牛奶，总是要哭的。〕做了就是做了，木已成舟，还有什么可以说的呢？我把整个佛教东传的时代，看成中国的"印度化时代"（Indianization period）。我认为这实在是〔中国文化发展上的〕大不幸也！这也是我研究禅宗佛教的基本立场。我个人虽然对了解禅宗，也曾做过若干贡献，但对我一直所坚持的立场却不稍动摇：那就是禅宗佛教里百分之九十，甚或百分之九十五，都是一团胡说、伪造、诈骗、矫饰和装腔作势。我这些话是说得很重了，但是这却是我的老实话。

就拿神会和尚来说吧。神会自己就是个大骗子和作伪专家。禅宗里的大部经典著作，连那五套《传灯录》——从第一套在宋真宗景德元年（一〇〇四年），沙门道原所撰的〔《景德传灯录》〕到十三世纪相沿不断的续录——都是伪造的故事和毫无历史根据的新发明〔2〕。

这便是我的立场。我这个立场，在中国、日本，乃至那些由于禅语晦涩难解，反而为人所喜爱的英语国家里，都不为〔研究佛学的〕人所接受。〔因为〕天下就有专门喜欢把谰言、骗语当成宝贝的人啊！〔刚按：这里适之先生气得胡子乱飘的情况，是他老人家太"科学"了。研究宗教，他过分侧重了学术上的"事实"，而忘记了那批搞禅宗佛学的人，却很少是研究"思想史"或"训诂""校勘"的人。他们所追求的往往侧重于生前的意义和情感上的满足。"禅"这个东西，在这些方面是确有其魅力的！〕

我个人对那种自动地把谰言、谎语等荒唐的东西，当成宝贝，就是没有胃口！所以我坚持"中国的印度化时期"，是中国国民生活上一个大大的不幸!

关于这种不幸，可证明的方式实在太多了，这里我不想深入讨论。我只是坦白地招认，我的任务之一，便是这种"耙粪工作"（muckraking）〔把这种中国文化里的垃圾耙出来〕罢了。我是有我的破坏的工作好做的。大体上说来，我对我所持的对禅宗佛教严厉批评的态度——甚至有些或多或少的横蛮的理论，认为禅宗文献有百分之九十五以上是欺人的伪作——这一点，我是义无反顾的。在很多〔公开讨论〕的场合里我都迫不得已，非挺身而出，来充当个反面角色，做个破坏的批判家不可!

二 老子比孔子更"老"

但是在许多其他的文化公案上，我的立场有时反被认为比我的一些朋友们更为保守。关于老子的时代问题，便是个例子。我对这一问题是站在比较保守的传统立场的。我认为老子是孔子的同时人，但是是孔子的前辈。孔子可能的确向老子"习礼"的，尤其学习丧礼。我也认为《老子》这部书，不是伪书。我当然不否认《道德经》这部小书，其中或有后人的伪增字句，但是大体说来，它的原始性是可靠的。

这些观点，现在都变成"胡适博士极其守旧"的确实证明了。至少也可看出"胡适博士"是不像他自己自吹自擂的那样"前进"了。但是我在考证老子年代问题上也做过一些工作。我认为把老子其人和《老子》其书弄晚了几百年的那批人的证据，实在不足深信罢了。我对这件文化公案是持存疑态度的。他们如能举出任何足以说服我的证据，我都会欣然同意的；但是到目前为止，我还未见到有人提出一件足以说服我的证据。所以我自己对这一问题的态度，到今天仍然是相当保守的。

三 并不要打倒孔家店

我还要提出另一件公案。

有许多人认为我是反孔非儒的。在许多方面，我对那经过长期发展的儒教的批判是很严厉的。但是就全体来说，我在我的一切著述上，对孔子和早期的"仲尼之徒"如孟子，都是相当尊崇的。我对十二世纪"新儒学"（Neo-Confucianism）（"理学"）的开山宗师的朱熹，也是十分崇敬的。

我不能说我自己在本质上是反儒的。多少年前〔一九三四年〕，我写过一篇论文叫《说儒》，讨论儒字的含意和历史。"儒"在后来的意思是专指"儒家"或"儒术"，但是在我这篇长逾五万言并且被译成德文的长篇论文里，我便指出在孔子之前，"儒"早已存在。当孔子在《论语》里提到"儒"字之前，它显然已经被使用了好几百年了。孔子告诫他的弟子们说："女为君子儒，毋为小人儒！"他本视"儒"字为当然，这名词在当时本是个通用的名词，所以孔子才用它来告诫弟子。

在这篇《说儒》的文章里，我指出"儒"字的原义是柔、弱、懦、软等意思。〔《说文》解释说：〕"儒，柔也。"我认为"儒"是"殷代的遗民"。他们原是殷民族里主持宗教的教士，是一种被〔周人〕征服的殷民族里面的〔上层〕阶级的，一群以拜祖先为主的宗教里的教士。

在三千年前（公元前一千一百二十年至一千一百一十年之间），殷人为周人所征服。但是这些殷遗民之中的教士，则仍保持着他们固有的宗教典礼，继续穿戴殷人的衣冠。他们的职业仍然是治丧、相礼、教学，教导他们自己的人民。这些被征服的"殷人"，可能还是新兴的周王国内人民的绝大多数，亦未可知。在西周、东周统治的六七百年中，他们的礼教已逐渐渗透到统治阶级里去了。

在我看来，孔子和老子都属于这个殷遗民中的教士阶级。孔子就向来没有否认他是殷贵族的子孙。他说他是宋国的统治阶级，而宋人实是殷人之后，所以孔子亦自称"殷人"。在我那篇长逾五万言的《说儒》里，我就指出"儒"是殷遗民的传教士。正因为他们是亡国之民，在困难的政治环境里，痛苦的经验，教育了他们以谦恭、不抵抗、礼让等行为为美德，〔由于那种柔顺以取容的人生观，〕他们因此被取个诨名叫作"儒"；儒者，柔也。

老子便是个最标准的〔以软弱为美德的〕儒派哲学家。《老子》这本小书中所宣扬的观念，可能远早于老子和孔子。本质上是宣扬以谦卑为美德的哲学，也是中国哲学里第一次出现了一种自然主义天道观的哲学体系。一个日月运行显然无为的宇宙，可是宇宙之内却没有一项事物是真正地无为的。是所谓"无为而无不为"。根据这宇宙的自然现象，老子因而把早期的一些什么宽柔忍让、无为不争、以德报怨、犯而不校、不报无道等观念综合起来，连成一体，〔形成一种新的道家的哲学体系。〕不过老子却强调，犯而不校、忍让不争，却是最强的力量。那根本不是弱，相反的那正是强有力的伪装。

我在《说儒》那篇文章里，便说明老子是位"正宗老儒"，是一个殷商老派的儒，是个消极的儒。而孔子则是个革新家，搞的是一派新儒，是积极的儒。孔子是新儒运动的开山之祖，积极而富于历史观念。他采纳了一大部老儒的旧观念。他也了解不争哲学在政治上的力量。在证明老子早于孔子，或至少是与孔子同时的最好的证据，便是孔子在《论语》里也提到"无为而治"这个政治哲学上的新观念。

再者《论语》里所说的"以德报怨"，和《老子》里所说的"报怨以德"，二者的语法结构也完全相同。这些内在的证据，也说明了孔子对这个"报怨以德"的道德观念，和"无为而治"的政治哲学结为一体的完整的哲学体系，是深深了解的。

孔子对这个旧儒美德不但了解而且也甚为欣赏。因此他乃发动一个特地着重"仁"的新派儒学。仁者，人也。在此之前，"仁"字未尝单用，"仁""义"总是并用的。只有孔子才特别强调"仁"。孔子之前，与孔子之后，"仁"字都不是单独使用的。孔子说："无求生以害仁，有杀身以成仁。"这个观念除非我们把它译成"人的尊严"（human dignity）之外，实在别无他译。

这种人文主义的观念强调个人在社会中地位的重要性，以及个人通过教育和仁政以影响社会的重要性。这种立论乃导致出"修己以安仁"这一〔孔子所倡导的〕新观念来。

这实在是儒家哲学里的一个新概念。所以我认为"儒"似乎是一种社会阶层。它更可能原来只是一种诨名，逐渐被用成一种可尊可敬的、教士阶级所专用的类名。

我所用的这些证据都不是出自任何反儒的文献，而是出自儒家本身的经典。我用它们来说明孔子本人，以及他的一些及门弟子们，是靠相礼——尤其是祭礼、丧礼，为衣食之端的。在这种〔用礼仪的〕场合里，他们都是主持人。他们是"礼"的实行者、传教士；他们也是祭礼、丧礼中的祭师，他们以此为生。〔刚按：可能就像犹太人的"祭师"（rabbi）。〕孔子便是这种礼的职业主持人，他的弟子也是如此。

在这篇《说儒》的文章里，我认为孔子的老师老子，也是一位以主持礼仪为业的"知礼大师"——尤其是一位丧礼专家。这一点在《礼记》的《曾子问》那一章里，即有此项记述。在这章里，孔子述老子论礼的共有四条。其中有一条引孔子的话，说："昔者吾从老聃助葬于巷党，及堩，日有食之。老聃曰：'丘，止柩就道右；止哭以听变，既明反而后行。'"孔子因而问他为什么〔这一丧葬行列〕要等日蚀之后，才能继续前进呢？老子为此乃解释了一大阵。

我认为这段古书并非伪作。清初的学者们，为想证明这段记载的真伪，乃用推算日蚀的方法来推算孔子青年时代有无日蚀。他们一共推算出两个不同日蚀的年代来。一次日蚀发生在孔子十六岁的那一年，另一次则是在孔子三十岁的那一年。我个人认为孔、老相逢是发生在孔子十六岁的那一年。我想那时孔子去鲁适周，其时老子正是在那古都之内担任主持古礼的大师。

所以我说老子不但是一位老儒，而且是一位根据自然主义的天道观而形成一种哲学新体系的哲学家、实行家和传教士。但是他的哲学基本上是一种消极的、虚无的、不争的和主张〔一国的政府应该〕无为而治的。这可能正是代表早期的儒家——那种宽容不争、懦弱的柔儒。但是在那篇文章里我也指出，那位富于历史意识的孔子，对这些历史成分并不一笔抹杀。他也能欣赏〔那种"宽柔以教，不报无道"的柔道，也能尽量吸收那倾向于自然主义的天道观念，也能容纳那"无为"的政治理想〕，不过孔子却能在百尺竿头更进一步，去创立出一种新人文主义。这种新儒是造成一种能负荷全人类担子的人格，要人"无求生以害仁，有杀身以成仁"〔要养成一种"笃信好学，死守善道""造次必于是，颠沛必于是"〕的尊严的人格。

根据这个"仁"的观念，以及"修己以安仁，修己以安百姓"的观念，孔子因而变成一位伟大的民主改革家。他要宣扬一种以"性相近也，习相远也"为基础的教育原理，更主张一项了不起的四字真言的教育哲学叫作"有教无类"。"类"，也就是社会阶级。那也就是说教育人民是不管受教育者的阶级成分。这一观念之形成，也使孔子变成世界上最伟大的教育家之一。通过教育这条路，孔子和儒教终于征服了中国，主宰了千百年来的中国人的生活和思想。

这里我也不想再多说了。〔在申述我上述的观点之时，〕我事实上没有引用一条一般学者所不熟悉的证据。我的证据是古书上常见的，大家都耳熟能详的。我并没有引用一条新证据，可是我却认为我那篇《说儒》却提出一个新的理论。根据这个新理论可将公元前一千年中的中国文化史从头改写。我的理论便是在武王伐纣以后那几百年中，原来的胜负两方却继续着一场未完的〔文化〕斗争。在这场斗争中，那战败的殷商遗民，却能通过他们的教士阶级，保存一个宗教和文化的整体；这正和犹太人通过他们的祭师，在罗马帝国之内，保存了他们的犹太教一栏；由于他们在文化上的优越性，这些殷商遗民反而逐渐征服了——至少是感化了一部分，他们原来的征服者。

我想这一〔反征服的〕最好的例子，便是"三年之丧"了。"三年之丧"毫无疑问地是一种殷商的制度。但是这种最不方便、最难施行、最无理可讲的制度，居然逐渐通行全国，并且被一直沿用了有两千多年之久。

我在更早期所写过的一篇文章《三年丧服的逐渐推行》〔作于民国十九年（一九三〇）七月〕里面，便曾提出"三年之丧"这个制度，纵迟至孟子时代，还没有通行。孔子的弟子中即有人对这一不合理的制度提出反对。在《论语》和《孟子》里记载孔子和弟子们对话〔便说得很清楚。《论语》里记子张问："高宗（守制）三年不言。"夫子曰："何必高宗，古之人皆然！"清初经学大师毛奇龄"遂疑子张此问，夫子此答，其在周制当必无此事可知。何则？子张以高宗为创见，而夫子又云'古之人'，其非今制昭然也"。（见毛奇龄《四书剩言》卷三）〕，《孟子》里也记载着孟子与滕文公有关"三年之丧"的有趣对话，〔滕文公说："吾宗国鲁先君莫之行！"又说，"吾先君亦莫之行！"毛奇龄便认为"先君"为始祖，而非"近代先君"也。〕这对话便是由于孟子向滕国的幼主滕文公，推销三年之丧这一制度，而引起的滕国君臣的抗议。

这种抗议后来在汉朝也曾发生过。〔汉文帝的窦皇后，相信黄老，便曾一再反对，那由儒生叔孙通所奏订的"三年之丧"。〕可是到公元二世纪初年，〔汉安帝永初三年（公元一〇九年），邓太后临朝，始有"不为亲行三年服，不得选举"的规定。〕其后遂明定现职官吏，都得遵行，慢慢地"三年之丧"遂通行全国，以至于今日。

像"三年之丧"这样的制度，便是一般人视为当然的制度之一。孔子说："三年之丧，天下之通丧也。"这一点我就不懂了。我想不是孔子在说谎，便是孟子在说谎。可是我的朋友傅斯年就向我建议说，孔子所说的"天下"，实在是专指"殷人"。殷民族是那时周王朝里人民的大多数，所以孔子始有此言。我觉得傅君的论断甚有道理，所以我就把他那篇论文《周东封与殷遗民》〔与我自己的文章一起在《国学季刊》上〕发表了。

我个人深信，这几篇文章实在可以引导我们对公元前一千年中〔自殷商末年至西汉末年〕的中国文化、宗教和政治史的研究，走向一个新方向〔3〕。

我举出上述诸节来说明我对治中国思想史的深思熟虑之后的意见。当然根据这些新观念来重写中国文化与宗教史诸方面，我都是相当笼统的。因为我自己还抽不出时间来做我一直想做的工作——有持续性地来重写中国文化史、宗教史和思想史。

由于我对佛教的特殊看法，我只是对中国中古（公元第三世纪到十一世纪）思想史，下一番研究工夫，想把那一时期的思想史，加以重写。我承认我对佛教，以及印度思想在中国文化上所发生的作用，这些方面的批判，难免是过分严厉了。但是可能正因为我站的是严厉立场，才能触发我完成一项相当满意，也相当富于毁灭性的中古思想史的著作。

四 双线文学的新观念

让我再说点有关中国文学史方面的事。

在上文我已经提过的，在研究中国文学史方面我也曾提过许多新的观念。特别是我把汉朝以后，一直到现在的中国文学的发展，分成并行不悖的两条线，这一观点。在那上一级的一条线里的作家，则主要是御用诗人、散文家，太学里的祭酒、教授和翰林学士、编修等人。他们的作品则是一些仿古的文学，那半僵半死的古文文学。但是在同一个时期——那从头到尾的整个两千年之中——还有另一条线，另一基层和它平行发展的，那个一直不断向前发展的活的民间诗歌、故事、历史故事诗、一般故事诗、巷尾街头那些职业讲古说书人所讲的评话等等，不一而足。这一堆数不尽的无名艺人、作家、主妇、乡土歌唱家，那无数的男女，在千百年无穷无尽的岁月里，却发展出一种以催眠曲、民谣、民歌、民间故事、讽喻诗、讽喻故事、情诗、情歌、英雄文学、儿女文学等方式出现的活文学。这许多〔早期的民间文学〕，再加上后来的短篇小说、历史评话，和〔更晚〕出现的更成熟的长篇章回小说等，这一个由民间兴起的生动的活文学，和一个僵化了的死文学，双线平行发展，这一在文学史有其革命性的理论实是我首先倡导的，也是我个人〔对研究中国文学史〕的新贡献。我想讲了这一点也就足够说明我治中国文学史的大略了。

从一九二七到一九二九三年之间，我住在上海。在此期间我对中国文学史写了一本大部头的书叫《白话文学史》（上卷，一九二八年，上海新月书店出版；一九五七年台湾启明书店重印）。但是这部书只从汉代写到唐代。我总欢喜把这部叫作"中国活文学史"，那时我曾许愿要写一部续集。可是我现在又改变主意了。我想写一部汉代以前的〔《中国古代活文学史》〕。要写的话我当从最早的活文学《诗经》写起。我要写一部有关孔子、孟子和老子的活文学。他们那时正和现代的白话文作家一样，是用口语著述的。等到我可以抽出时间来的时候，我想写一部新的中国文学史，把那些死文学全部丢掉。总有那么一天，我要写出这部上卷古代篇和唐以后的下卷现代篇。当然我现只是许这样一个愿罢了。〔刚按：胡先生说过这一段话之后，便把他那《白话文学史》的"自校本"送给我了。可惜的是适之先生这个愿始终未能实现。当今有志接棒的后辈学人，盍兴乎来！〕

五 再谈谈中国思想史

〔适之先生问：我们还可谈多少时候？德刚答：至少二十分钟。〕在这最后二十分钟内，我想再谈谈中国思想史这方面的研究。我自己对中国思想史的概念是，中国思想史上有个古典时期。这是个有创造性的时代，一个有原始性的固有思想时代。这时代如以公元计算，大概是公元前第一个一千年。这个时代包括孔子、老子以前的思想家。但是最主要当然还是他们同时前辈，那些《诗经》上保留下来的写训世诗的诗人们（didactic poets）。他们都是真正的思想家，他们的作品也都是中国文化史上最可靠的史料。从这些远古的思想家开始（通过春秋战国时代〕一直到汉代，我都概括地叫它作"古典时期"。这是中国思想史上最有创造性，最有原始性的固有思想时代。

在两汉四百年的大一统之后，到公元二百多年的时候，便出现了一个合久必分的局面。中国的中古期便从这个分裂开始【4】。这个中古期有几项〔值得注意的〕趋势。第一个便是在文化上、种族上有一种"变于夷者也"的趋势。这时边疆少数民族在中国历史上开始抬头，并逐渐扮演重要角色。纵在东汉倾覆之前，蛮夷便早已入居内地与汉人杂处。公元第三世纪便是他们造反革命的时候了。从公元第三至第六世纪，中国（至少是华北和中原）是被蛮夷主宰了。在这同一时期汉民族也开始南移，侵入中国南部和西南山岳地带。这个蛮夷入主的局面，同时中国也把无数蛮夷的文化兼容并包，便是这个中古期的特点之一。

六 中古期的宗教

第二，中古期的〔另一特点便是宗教，所以中古期也可叫作〕宗教时代。佛教的东传的开始虽还在中古期之前，但是佛教在中国势力之形成则在公元二百年以后。

当佛教逐渐兴起之时，一个土产的宗教，道教，也开始形成。道教是第三世纪在四川开始的。其中一支叫〔"五斗米道"的〕"黄巾贼"，就几乎把东汉闹垮。

关于佛教的东传和它于短期之内风行全国的经过，我个人的理论是，佛教不只是取道陆路，自克什米尔（Kashmir）、中亚细亚以进入中国；海道自印度经锡兰，通过交州（今越南）、广州（特别是交州）以抵中国，也是东传的要道。交州的北部〔今日南越顺化以北的疆土〕原是中国的一郡。因地邻印度，有海道可通，印度的商人与教士乃取道东来。在公元一世纪时，东汉开国之君光武帝的幼子楚王刘英已经在今日的皖省〔安徽〕的长江北岸开始信佛。所以旧说以为佛教东传是于公元六七十年之间〔汉明帝刘庄，梦见金人，身有日月，飞绕殿廷〕开始的，这一说法完全是无稽之谈。

佛教东传可能早于公元前一世纪。到公元后一世纪，它已能使在长江下游最有力量的王子楚王英〔为浮屠斋戒祭祀〕，皈依佛法。至公元二世纪，东汉桓帝已经在其宫中，搞"浮屠、老子并祀"了。

所以在公元三世纪，佛法已大行于中国，而民族主义的观念，乃促使国人，群起宣扬道教以为抵制。因此在公元四、五世纪时，国人信道之风大盛，大概由于道教毕竟是国货啊。这种以国货抵制舶来品，就很像现代中国大家"提倡国货，抵制洋货"一样的心理吧。

在此同时，传统的儒教在汉代也发生了本质上的变化（这样说来，我的"中古期"或者尚须稍为移前数百年，把两汉也包括进去）。汉代初年，在董仲舒等人的策动之下，儒教也起了前所未有的蜕变。董仲舒多少仿效墨子"墨教"的办法，企图把儒术宗教化。董氏以"灾""异"之说，来崇奉一个至尊、至大、至爱的上帝。上帝以灾异示人主以祸福。洪水、烈火都被说成"灾"，日蚀、月蚀或妇人生须，都被说成"异"。"灾""异"都被看成上帝对人主做祸福的预兆。

所以汉代究天人之际的新儒教，实在是要以"天人感应"的理论把儒家变成一个新宗教。董仲舒之后，灾异之说简直流行了几百年。所以中国在中古期事实上有三种宗教在同时流行。第一便是那入口的夷教——佛教；第二便是佛教的中国对手方——道教；第三便是尚灾异之说，董仲舒那一派的儒教。

七 骈体文有欠文明

中古时期第三大特点或要素便是中国语文的蛮夷化。我国现在还有许多人喜欢六朝的骈体文，认为那文体甚美。其实这种文学所用的根本是一种死文字。在公元第二世纪的时候，那个和二十世纪中国幅员一样广大的大汉帝国，切迫地需要一种全国通行的国语，作为智慧、文化、政治、法律等的交通媒介。因此政府便对古典时代所通行的古文加以利用，而且奠定了一种文官考试制度，务使政府所有公职人员，一律能使用此一古典文字。能读能写的人，当然对受任为政府官吏也就有其优先权。这便是中国文官考试制度的开始。

可是这种古典文字这时已经不再是个优良的交通媒介。所以在其后一段为时数百年的中古期，人民大众乃利用歌谣、故事等形式，另创出他们自己的文学来。"汉魏六朝乐府"里所收集的便是这些东西。换言之，也就是政府专司音乐的官署——"乐府"所收集的民间歌谣。这些民间诗歌，都是一些情歌、恋歌，歌颂英雄的赞歌，讽喻世情、哀怨世事的民歌等，其中尤以情歌和英雄赞歌篇幅最多。

但是当时的文人学士们，却不愿与一般平民百姓同起坐，因此他们也发展他们自己对文字使用的方法。他们创制了"骈体文"，有时也叫作"四六文"。在这项文体中，对要说的事物，他们偏不去直说，而字句排列之间，则必须有对偶。下句中的动词一定要对上句中的动词，上句里的形容词，下句也要用形容词来对，诸如此类。这便叫作对句。句子念起来是四字一句，或六字一句，或先四后六。这一来文人学士便叫它"四六文"或"骈体文"了。

我对"四六文"的解释便是"四六"是以韵文来代替标点符号。我想我的解释是个正确的解释，虽然有许多人认为是荒谬的。但是〔天下事〕往往就是最简单的解释，却是最正确的解释。因为中文不用标点符号，所以有些学者乃推演出骈体文，使读者念起来易于断句。如果一个人掌握了"四六"的体裁，把握了对句里的韵脚，念起来他自然就起了标点的作用了。佛经的翻译便是如此。因为中文无标点符号，所以佛经的译者，多用四言对偶体。我把中国中古期的文章体裁说成"鄙野"或"夷化"（barbarism；barbarization），就因为它和古代的老子和孔子所用的体裁完全不同，和后来所谓唐宋八大家的古文，当然也迥然有别。

其实中古时代的拉丁文也是如此的，那就是所谓"修道士的拉丁"（Monk's Latin）。在印度也有所谓"沙门梵文"（Monkish Sanskrit）。在中古中国我们的学者也发展出一种相当有欠文明的"四六"文体。因此在这个"中古期"尚未结束的时候，以古文方式出现的一个文学改良运动，已经逐渐在展开了。

古文〔运动〕的意义便是恢复古代的文艺，把文章的体裁恢复到《论语》《孟子》那种文体上去。这种古文一直也是中古期的教本。〔《论语》《孟子》上所用的那种古文，原为"鲁语"，发源于今日山东省的西部。孟子出生地点便接近古鲁国。鲁国也是孔子的宗邦。这种以鲁语为基础的古文，对虚字的用法是十分细致的。因此它是的确值得学者模仿的。在后来的古文运动中，它也就变成这一运动中的中流砥柱了。

八 现代的中国文艺复兴

〔中古期以后〕现代的情形又是怎样回事呢？从广泛的历史意义来说，我叫这个现代阶段为"中国文艺复兴阶段"。大体说来这一阶段从公元一千年（北宋初期）开始，一直到现在。假如你还想向前延伸的话，我前文已经提过，我们可以把唐代也包括进去。但是唐代基本上毕竟是中古期的一部分，虽然唐代也产生一些反传统的诗人。这些人也反对中古期的野蛮主义（barbarism）——这个中国中古期的杂种【5】。

但是我始终主张"现代阶段"自公元一千年（第十一世纪）开始。因为就在这公元一千年前后，宋真宗〔在公元一〇〇八年，大中祥符六年〕梦见其祖宗送给他一部"天书"，其时群臣之中有〔王钦若其〕人，竟说天书不止一部，而有数部同时出现。真宗乃亲自设坛祭祷，敬受天书，而这部天书居然在皇宫内〔的承天门上〕发现了。其后真宗每次出巡〔封泰山，禅社首〕，他都要宰相手捧天书，专乘前导，并诰示天下，上苍赐福。

我个人认为〔上述荒诞不经的迷信〕实在是中古期的最后阶段。公元第十一世纪之所以能成为一个中国的"革新世纪"，便是这个时代里发生对这种荒谬的〔中世纪迷信的〕一种反抗。

第十一世纪又可分成上下两个阶段。第一个阶段是十一世纪上半期，由范仲淹所领导的政治革新阶段；第二个阶段则是王安石的变法运动。

范、王二人所领导的运动，实不止于政治改革，同时也是一种文化革新——牵涉到人对鬼神观念的基本改变。这种改变是从反抗中世纪所盛行的宗教开始的，也是对出世人生观的一种反抗。

中世纪那种出世的人生观，是要人不要做人，去做个长生不老的罗汉或菩萨。一个人要去"舍身"或焚一指一臂，甚或自焚其身，为鬼神做牺牲——这就是"中古期"！整个的"现代"阶段，就是对这种中古〔风气〕的反抗。所以"现代"的哲学家都是一些叛徒或造反专家。他们群起攻击这种中古的人生观，认为它与人生真义，背道而驰。

这些革新派人士都是熟读——佛教东来以前的——中国古代的圣贤之书的。他们都为传统思想如孔子所说的"修己以安仁"等所薰染。也就是这种〔孔孟〕思想，促使他们从事政治、经济和教育等各方面的改革。从另一方面来说，他们也开辟了一个〔文化的〕新时代。纵使是所谓"理学"，也都是在第十一世纪萌芽的。

当王安石变法失败之后，宋神宗也死了。太后临朝，乃召前反对党首领司马光入阁主政。司马温公当政后乃尽废新法。因此那原为一位少年有为的帝王神宗皇帝所亲自督导，由王安石及其党羽所推行，前后凡六十年的新法，一年之内便全部报废了。

司马光和他的朋友们，邵雍和程颢、程颐兄弟，也就在这个时候倡行了

"道学"或"理学"了。这些所谓"道学先生"或"理学家"，也是这个"现代"运动的一环。他们〔原先是在政治上〕当反对党失败下来的。他们反对"新法"，认为求速效的"新法"，是与他们反对党的哲学是两不相容的。

他们之所以把他们的哲学叫作"理学"或"道学"，那是受中古期的道教的影响。道教认为宇宙运动不息，无始无终，是一种自然主义的无为而无不为的天道观。既然"无为而无不为"，那么人生于世也就"莫之为而为"了。因此那些变法人士，要使人君亲见、亲闻然后心悦诚服地在政治、法律、经济、教育上采取迅速变法的哲学，也就不为这批"莫之为而为"的哲学家们所能接受了。因此他们才要加以批判。所以理学之兴是反对变法的党人所促成的，也就不足为异了。

但是这批反对派也是属于"现代"〔这个范畴〕之内的。既然我所说的"现代中国"这个概念便是反抗中古的宗教，和打倒那支配中国思想历时千年之久的佛教和一切洋教，那么这些反对王安石变法的人，当然也就属于这个"现代"〔的范畴〕之内了。

把被倒转的东西再倒转过来，他们披心沥血地来恢复佛教东传以前的中国文化、思想和制度，这便是他们的目标。但是这一个复古运动是行不通的。他们不了解在经过千余年印度化运动之后，要使纯粹中国式的远古文明完全恢复是办不到的。但是经过千年的佛学训练和中世纪各种宗教的训练，国人的思想也就能主动地去寻找新生事物，这一点反而可以发远古圣贤所未发。他们现在是戴上了新眼镜。从这些新眼镜里他们来重探中国古文明，因此也就能把旧样翻新了。

在这些〔有新见解的〕研究之中，他们也找到了一项新发现，那便是在儒家的一本小书《大学》里面，发现了一种新的科学方法。在这项从公元第十一世纪便开始的中国文艺复兴里，他们在寻找一个方法和一种逻辑。这就是培根（Francis Bacon）所说的"新工具"（Novum

Organum），也就是〔法国哲学家〕笛卡儿（René Descartes）所提倡的"方法论"（Discourse on Method）。"现代"的中国哲学家要寻找一种新逻辑、新方法，他们居然在这本只有一千七百字的小书里找到了。

《大学》里有一句〔原作者〕从无解释的话叫"格物"。他说："致知在格物。"一切始于格物。"格物"这两个字，〔历代解经的学者〕对它做不同的解释大致有五十余条。但是其中最令人折服的一家，便是十一世纪的二程（程颢，一〇三二——一〇八五；程颐，一〇三三——一一〇七）兄弟和承袭而完成二程子之说的，更伟大的十二世纪哲学家朱熹（一一三〇——二〇〇）了。他们解释"格物"是："'格'，至也；'物'，犹事也。穷至事物之理，欲其极处无不到也。"

"物"者何？二程子兄弟中的弟弟，伊川程颐，认为"物"无不包。大及天地之高厚，小至一草一木，皆为"物"。"致知在格物"是把你的知识延伸到极限，这便是科学了。〔刚按：笛卡儿主张人类的知识要由博返约，把最笼统的知识用剥笋的办法剥到核心，而这核心的真理可一望而知，无待证明（self-evident）。反其道而行，由约而博，则每一层笋皮上的真理也都是 self-evident。如此类推，则一个人的知识不论如何高深渊博，也都是层层相证，信而有征了。笛卡儿这一套"格物致知"之说，比我们的明道、伊川、晦庵、阳明，都要高明一筹，不像我们的哲学家只会看着竹子去格物，结果格出了神经衰弱症。当然笛卡儿是位了不起的数学家，而我们的道学先生、理学大师都不懂数学。不过笛卡儿比我们的二程子，也小五百岁啊。〕

所以我要把这一个自十一世纪到十九世纪的历时八百余年的文化运动做一总结。这批道学先生和理学家，他们是不能摆脱宋代以前千年的传统对他们的影响。我们可以看出这场中国现代的文艺复兴运动，并不是桩有心推动的运动。它是半有心、半无心地发展出来的。原来各种时代的一切文艺复兴运动，一切思想变迁，宗教改革，乃至一切文化生活的变迁，都是如此的。

在这场伟大的"新儒学"〔理学〕的运动里，对那〔道德、知识，也就是《中庸》里面所说的"诚则明矣，明则诚矣"的〕两股思潮，最好的表达，便是程颐所说的："涵养须用敬，进学则在致知。"后世学者都认为"理学"的真谛，此一语足以道破。〔刚按：这两句话译成白话则是"要提高你的道德标准，你一定要在'敬'字上下功夫；要学识上有长进，你一定要扩展你的知识到最大极限。"适之先生对这两句话最为服膺，他老人家不断向我传教的也是这两句。一次我替他照相，要他在录音机边做说话状，他说的便是这两句，所以胡适之先生骨子里实在是位理学家。他反对佛教、道教乃至基督教，都是从"理学"这条道路上出发的。他开口闭口什么实验主义的，在笔者看来，都是些表面账。吾人如用胡先生自己的学术分期来说，则胡适之便是他自己所说的"现代期"的最后一人。〕

所以现在有两桩事有待我们学习：要"敬"，理学家认为一定要静坐，坐得如"泥塑"。这种练习，也就是中古宗教上打坐参禅等被延伸到"现代"来了。但是这第二句"进学则在致知"，就是个新方法了。

从某些方面来说，朱子本人便是一位科学家。他对古代典籍深具批判能力。朱熹也是研究古音韵的急先锋。他开始怀疑《书经》中大部都是伪作，平时对古籍的处理也完全不拘泥于传统，每每使用新方法，另创新论。所以从这一方面来说，我国自十七世纪初期其后凡三百年的学术研究，实在并不是反对朱熹和宋学；相反地，近三百年来的学者实是承继了朱子治学的精神。这也是个崭新的观点〔6〕！

我看我们就说到此为止吧。这多多少少也是我个人研究现代中国文化史的一个基本概念。

注释

〔1〕本篇是适之先生英语口述自传的最后一章。在本章里他把早年的——也可说是毕生的——成就，结了个小账。我们也不妨根据他的"夫子自道"，来为胡氏在学术文化上的贡献，简短地概括一下。

大致说来，适之先生是一位圣之时者也。他一生在学术上的成就，是与他有生之年的这个时代密切配合的。我们也可以说胡适之是"胡适的时代"里的第一位大师吧。

然而"胡适的时代"是个什么样的时代呢？要知道胡适时代，一定先要知道这同一时期，我们的国家所通过的是一个什么"时代"。"胡适"是不能超出"中国"的。

二次大战后的历史家、政论家乃至一般社会科学家，都把全世界的国家大致分成四大类：

一、未发展或低发展国家（underdeveloped nations），如中、南非洲的一些黑人小国；

二、发展中国家（developing nations），如中国、印度、中东、中南美诸国；

三、已发展国家（developed nations），如西欧、苏联、日本、加拿大诸国；

四、超发展国家（overdeveloped nations），如今日的美国。

他们所着重的"发展"一词，当然基本上是指"经济发展"而言。殊不知"经济发展"，并不是一枝独秀的。经济一发展——用一个今日已被报章杂志庸俗化了的经济史上的专门名词"经济起飞"来说吧——经济一起飞，则其他文物制度（social & cultural institutions）也就与之相辅而行。相反的，一个"现代国家"（着重"现代"一词）如果经济落后，则其他的文物制度，也就不会"超车"了。因为在"现代"的政治经济结构里，各种制度都是相互连锁的结成个文化整体（cultural entity）。在这个整体（严复译为"特都"total）之内的个体 （严译为"幺匿"unit），要来个六亲不认，个别突出，这个锋头是出不掉的。

就以学术一项来说罢。如果一个国家在经济上还是个"发展中国家"，那这一国家中的学术文化，也就不可能跻于"已发展"之列。

一九六五年笔者以哥大所主持,福特基金会所支援的"哥大——德里合作计划"(Columbia Delhi Project)成员之一的身份,与老友胡昌度教授同访印度的首席学府"德里大学"。在一次会议上我问该校当局,德大所藏各种文字的图书总量有多少。该校图书馆馆长葛勃德(S. Das Gupta)教授告我说"大致二十五万册"。这个总数仅与笔者当时所管理的哥大所藏的汉文图书数目相若。(其时哥大中文图书总数约十七万 volumes。但是一本西式装订的 volume 往往包括线装书数册。如八百册的线装二十四史,洋装之后,只作一百二十个 vols. 记数。所以哥大当时纵是中文图书一项便在二十五万册上下。)

印度那时是个"发展中国家",所以它只能有个"发展中大学"和"发展中图书馆和实验室"。如此则做起研究工作来,也只能搞一点"发展中学术"。

美国这个国家便不一样了。经济过度发展的结果,使它全国都害了严重的"超发展病"。就拿"污染"(pollution)来说吧,美国今日便没有哪一个湖或哪条河可以让人随便游水;这湖里河里的鱼虾含毒量往往也很大,不能随便捕食。

他们在学术界所害的"文化污染病"(cultural pollution),其严重程度也不在它的江湖之下。例如今日在美国从事所谓"中国研究"(Chinese Studies)的专业人员,真何止数千人。因而他们的分工就不得不细,分工太细,从好的方面说,那真是专才如林,因此王大娘的臭裹脚,王小狗的开裆裤,在美国都可以找到博士级的专家,来加以研究。但是从坏的方面说,则这些裹脚布专家,除了一双臭裹脚之外,他连王大娘的腰带、兜肚也就一无所知了。等而下之的则是一些招摇国际间的文化骗子。他连个"光临便饭"的小条子也看不懂,而偏能在知名的学府内,大教其中国古文!最可叹的却是发展中国家里的文化官员们,往往也过分自卑,崇洋成病。每每不惜以人民血汗来奉承这种不知天高地厚的文化骗子,使他们益发以优越人种自居,而对其所学污染愈甚。这便是发展中学术界与超发展学术界,过犹不及的两种不同的毛病。

我们的"现代中国"又处于一个什么"时代"之中呢?

我国自"同治中兴"以后,以迄至今,便一直在"发展中"这个阶段里打滚。在这个绵延一百多年的发展中阶段里,我们几起几伏,但是却始终未能冲出这个阶段。因而我们近百年来的"学术"(scholarship),也和印度一样,始终是停滞在"发展中学术"（developing scholarship）这个阶段之内。整个国家的学术形势既然如此，则"形势比人强"，胡适之先生也就不能摆脱这个形势，所以终胡氏之生，他始终便是个"发展中"的学者。

什么是"发展中学术"呢？

请以机械技术（technology）为例：

在美国这个"超发展"的国家里，机器帆船、机器脚踏车，乃至无轨电车、内燃机火车头，以及一大部分的铁轨，都早已不是交通工具了。其他初级机械如小型水力发电机、沼气灯等也都废弃不用了，而这些东西，却仍然是"发展中国家"的至宝。如果一个发展中国家，舍此器械不用而好高骛远，到超发展的国家里来胡乱采购些"精密机器"；这些东西搬回去，不但不适用，而且会造成浪费和混乱。因为一个国家的经济发展是有其固定程序的，停滞固然不好，大跃进仍然是错。所以现代西方搞经济发展的学者们，乃把这种程序概念化。他们认为引进科技，要恰如其分，因而把这种科技名之曰"恰当科技"（Appropriate Technology）。

在一个国家的"学术"发展的程序中，亦复如是。在"发展中学术"这个阶段里，他们所能搞的也就是一种"恰当学术"（appropriate scholarship）。换言之也就是一种不新不旧、不中不西、土洋并举、风力电力两用的"机帆学术"。在这个阶段里如舍"机帆"不用，而去搞"原子轮船"，便反而"不恰当"了。老实说，胡适之先生搞了一辈子所谓"科学方法的批判性的整理国故"，便是他那个时代的"恰当学术"；他老人家本身也就是一位了不起的"恰当学人"（appropriate scholar）。既然我们整个的国家，整个的学术界还停滞在"发展中"阶段，胡公受了时代的限制，他也不能单枪匹马，闯入"已发展"阶段了。用一句胡适自己的话，就叫作"矮子限制了长人的发展"。

笔者近年来论胡之作累积至数十万言，在拙作中我就一再提到胡先生治学是缺乏社会科学的训练。笔者这种评论，并非讥评胡先生不懂社会科学，要他再去读个社会科学博士。胡先生治学自有其成就，亦如乾嘉学派自有乾嘉学派的贡献一样，我只是就学问本身而言。胡先生那一套，再向前走一步，就进入社会科学的领域了。海外历史学界如何炳棣先生所搞的，就可说是"超胡适时代"（The post-Hu Shih era）的史学了。我们的学术界如不长期停滞在"发展中"阶段，而早已进入一个新的社会科学的时代，以适之先生的聪明才智，他是一定会跟进的。但是如果我们这条文化船始终开不出去，却要这位老乘客或老舵手胡适去跳海前进，是有欠公正的。

最近笔者拜读汪荣祖教授所编的《五四研究论文集》中，吴森博士评胡的著作，我便觉得有欠公平。吴先生显然是年纪太轻，他就很难体会"胡适时代"的学术环境。

胡适之在他那个时代向中国介绍"实验主义"——就和当时人介绍马克思主义一样——只能介绍些口号。口号以外的东西要深入浅出地写出来是不容易的，甚或是不可能的。不深入浅出地写出来，在那个时代的中国（现在显然还是如此），是没有人看的，也没有人印的。

有一次老朋友、研究画史的专家王方宇教授请教胡先生有关"讲演"和"教书"的诀窍。胡先生说："讲演要深入浅出，教书要卑之无甚高论。"这句中国实验主义的名言，不但在当时的中国是"实用"的，我们今日在美国误洋人子弟还是如此。例如我们向美国同事和学生们讲《红楼梦》，在讨论班（seminar）上来他个"一从二令三人木"，这不是对牛弹琴吗？胡适之先生当年不能在中国搞"实验主义"里的"一从二令三人木"，也是同样的道理。

老实说，搞繁琐实验主义——甚至如胡秋原先生一再批判的繁琐行为科学——纵在今日美国也是个"文化污染"。搬回中国，尤其是六十年前的中国，去吓唬老几呢？！

但是就实验主义口号性的基本涵义来说，我倒并不觉得胡适之所搞的，与我一住二十五年的哥大校园内所搞的，有什么基本上的不同。稍微有点区别的，则是"七十子亡而大义乖"以后三家八派——尤其是杜威死前数年，走向行为科学一条新路上，一些小枝节罢了。质之吴博士，不知以为然否？

适之先生在二度访台之后，回纽约时告我说："现在台湾青年写信给我，都称我'胡适先生'……'胡适先生'，也很好！也很好！"他的意思显然是，以前大陆的青年，包括笔者本人在内，都称呼他作"胡适之先生"或"适之先生"。现在"台湾青年"不谙古礼，所以称他"胡适先生"，但是"也很好！也很好！"

这虽是件有趣的小事，但是这也标志出胡公一生的两个阶段："适之先生"是开五百年文化新运的一位大师，老祖；"胡适先生"则只是一个政治上和文化上的偶像。

笔者襄赞胡先生所记录的这本小书，所讨论的多半都是属于"适之先生"的那一半。至于"胡适先生"那一半，还希望后来居上的"台湾青年"们，来加以校正补充吧！

【2】夏威夷大学的哲学教授老朋友张钟元先生有一次告诉笔者，他在纽约华埠某次宗教集会内，遇见了一位自台湾来的相当有名望的佛教法师。他二人盘道之余，这位法师竟然不知道《景德传灯录》是个什么东西。这把张教授可吓得面色发青。其实这位法师修行起来可能就比那些熟读"传灯录"的所谓"学问僧"，要早成正果！笔者在前文就曾提过，宗教与学术原是两回事。做和尚就做和尚（尤其是禅宗里的和尚），进涅槃就进涅槃。做和尚、进涅槃又不是读博士、考科举，要参加"口试"，对付"岁考"，管他什么"传灯录""点灯录"呢？胡适博士要明乎此，他在这篇回忆录里，就不会对我们的大和尚、老法师们，那样恶言恶语的了。

【3】适之先生这篇《说儒》，从任何角度来读，都是我国国学现代化过程中，一篇继往开来的划时代著作。他把孔子以前的"儒"看成犹太教里的祭师（Rabbi）和伊斯兰教——尤其是今日伊朗的Shiite支派里的教士（Ayatullah），这一看法是独具只眼的，是有世界文化眼光的。乾嘉大师们是不可能有此想象；后来老辈的国粹派，也见不及此。

余英时先生说得好，历史无成法，但是历史有成例。因为人总是人，正如狗总是狗，猫总是猫一般。猫种虽有不同，但是所有的猫都捉老鼠，狗种虽有不同，所有的狗都会摇尾巴。人种虽有不同，人类的行为却也有其相通之处，其社会组织，因而亦有其类似之处。吾人如把其类似之处绝对化来以论历史，变成了教条史家固然不对；把不同的文明看成绝对不同的东西，也同样是错。适之先生这篇文章之所以不朽，便是他杂糅中西，做得恰到好处。

再者，胡氏此篇不特是胡适治学的巅峰之作，也是中国近代文化史上最光辉的一段时期，所谓"三十年代"的巅峰之作。我国近代学术，以"五四"开其端，到三十年代已臻成熟期。斯时"五四"少年多已成熟，而治学干扰不大，所以宜其辉煌也。这个时期一过以迄至今，中国便再也没有第二个"三十年代"了。适之先生这篇文章，便是三十年代史学成就的代表作。

【4】胡氏把一部中国史按西方学术界的传统办法，分为古代、中古和现代。这种分法有好多人不赞成。马克思学派另有其分法，固不必谈了。马派以外的也有人认为中国史不应按西方标准来分期，因为史有中西之别。

其实我们人类统治了这个地球到现在为止还不足一万年。比起古恐龙（Dinosaurs）一百五十万年的统治期，真是微不足道。何以在最近的万年之内，黄白红黑的人类文明一时俱起？这只有上帝才能回答。在这种一时并起的各种人类文明里，其过程原是很相似的。古生物学家，今日追研恐龙的生活，恐龙还不是恐龙？一百五十万年以后，如果恐龙再起，回头再来研究人类，则人类还不是人类？所以过分着重民族史，而忘记了它只是人类史的一部分，也是见小失大的。如果一个整体可以分成三期，则其中组成部分随之也分成三期，又有何不可？这也是"夭匦"不能超出"特都"的道理。

据说在台湾时期的沈刚伯先生便劝学生不要学西洋史，因为学西洋史不能成名。这是他老人家为及门弟子的"前途"着想的菩萨心肠。因为在今日中国史学界的名利市场里（不管是国内或是国外），学西洋史都是死路一条。

难道我们这个古老的文明民族，就不需要学人研究西洋史吗？非也。这是我们的时间未到。等到我们从"发展中学术"前进到"已发展学术"的时候，西洋史也就要大行其道了。在我国传统的学术里，读一部《三通》，就可做"通人"了。在"已发展"的中国里，"通人"恐怕就不那么容易做了。搞中国历史的，像沈老师那样的西洋史的"庄子"，恐怕也是必需的。言念及此，我们也可约略告慰我们了不起的西洋史老师，怀才不遇的沈刚伯先生于九泉之下了。

【5】在这一段里胡先生对"六朝文"，可谓"诋毁不遗余力"了！笔者那时替他做"功课"，帮他录音时，便颇不以为然。我认为那是他"出者奴之"的成见。我并举出《今古奇观》上，《乔太守乱点鸳鸯谱》那一回里，我们中学时代都能背诵的，乔太守"乱点鸳鸯"的判词为例，认为"四六文"与"俗文学"并不是水火不容的冤家。今不妨将这段判词抄出，我想今日的中学生，还有爱好的，亦未可知。原词如下：

> 弟代姊嫁，姑伴嫂眠。爱女爱子，情在理中。一雌一雄，变出意外，移

干柴近烈火，无怪其燃；以美玉配明珠，适获其偶。孙氏子因姊而得妇，搂处子不用逾墙；刘氏女因嫂而得夫，怀吉士初非炫玉。相悦为婚，礼以义起。所厚者薄，事可权宜。使徐雅别婚裴九之儿，许裴政改娶孙郎之配。夺人妇人亦夺其妇，两家恩怨，总息风波。独乐乐不若与人乐，三对夫妻，各谐鱼水。人虽兑换，十六两原只一斤；亲是交门，五百年决非错配。以爱及爱，伊父母自作冰人；非亲是亲，我官府权为月老。已经明断，各赴良期！

乔太守这篇掷地有声的"四六文"，真是铿锵之至。中学生琅琅入口，也可知道点我们祖宗的文学遗产中，什么叫作骈俪。太守大人真是功不可没。

本来文学的好坏是决定在一般读者的好恶。文学批评家们，越俎代庖，硬说某种体裁好，某种体裁坏，都是他们自己的私见；而这私见就不一定正确，因为大多数的职业文学批评家，都是最拙劣的作家，同时也是有偏见的读者。胡先生来个恶言恶语，把"四六文"骂成"杂种"，犯的就是这个毛病。

六朝文原是汉魏以后的文学家，把诗歌散文，杂糅在一起的新发明，是一种极"美"的文体。这种以"诗歌入文"的干法，正如一位画家，沉醉于金石，他也能使"金石入画"。这种"美感"也是柳宗元所说"锦心绣口"，岂是"实验主义者"所可一点一滴地"实验"出来的。对文艺灵感不深的胡老师，还以少说为是！

［6］胡适之先生一辈子所最佩服的"现代"学者，便是"我们徽州"的朱子了。他认为朱熹是近六百年来，影响我国学术思想最大的思想家和学问家。他老人家就未尝对我说过一句有关朱夫子的坏话。一九六二年适之先生逝世之后，笔者在纽约中国知识分子所举行的追悼会上，就公开陈说胡先生是朱子以后，对中国学术思想，继往开来，影响最大的一位学者。

可是在近六十年来的"进步学人"的眼光里，朱熹则是万恶之源；他们认为把生气勃勃的中华民族搞成个"东亚病夫"的罪魁祸首就是他。

至于胡适之先生，则左右两派学人，今日对他也还是毁多誉少，虽然中间派的少数同文仍然认为他是一位圣者。

笔者不学，无意之中也写了数十万字的胡适评述。毁誉之间，吾何敢置喙？我只想以个人所见使适之先生在现代中国文化史中，能得其应得之位置；能做到增一分则长，减一分则短的程度，那真是传记作家们的最高境界了。只是笔者个人学殖甚浅，谬论一代大贤，终嫌未能适得其平。好在适之先生本人的门生故旧，以及对现代中国文化史有深入研究的资深学人，海内外仍多不胜数。倘能因笔者这两本讨论"胡学"的浅陋的"尝试集"，而引起他们更高明的反应，那我也就心安理得了。引领而望，实不胜馨香祝祷之至。

一九七九年七月四日下午三时
于美国新泽西州北林寓所

原载《传记文学》第三十五卷　第二期